今日中国

文化篇

中国的自信从哪里来？

中华文化学院 组织编写
于铭松 等 著

新世界出版社
NEW WORLD PRESS

图书在版编目（CIP）数据

中国的自信从哪里来？. 文化篇 / 于铭松等著. --
北京：新世界出版社，2022.10
（“今日中国”丛书）
ISBN 978-7-5104-7575-7

Ⅰ. ①中… Ⅱ. ①于… Ⅲ. ①中华文化—研究 Ⅳ.
①K203

中国版本图书馆 CIP 数据核字 (2022) 第 194024 号

中国的自信从哪里来？
文化篇

组织编写：中华文化学院
作　　者：于铭松 等
责任编辑：李莎莎
责任校对：宣　慧
装帧设计：贺玉婷
责任印制：王宝根　苏爱玲
出　　版：新世界出版社
网　　址：http://www.nwp.com.cn
社　　址：北京西城区百万庄大街 24 号（100037）
发 行 部：(010)6899 5968（电话）　(010)6899 0635（电话）
总 编 室：(010)6899 5424（电话）　(010)6832 6679（传真）
版 权 部：+8610 6899 6306（电话）　nwpcd@sina.com（电邮）
印　　刷：天津中印联印务有限公司
经　　销：新华书店
开　　本：787mm×1092mm　1/16　尺寸：170mm×240mm
字　　数：201 千字　　　　　　　印张：11.25
版　　次：2022 年 10 月第 1 版　2022 年 10 月第 1 次印刷
书　　号：ISBN 978-7-5104-7575-7
定　　价：58.00 元

出版说明

习近平总书记强调，讲好中国故事，要阐释好中国特色。要讲清楚每个国家和民族的历史传统、文化积淀、基本国情不同，其发展道路必然有着自己的特色；讲清楚中华文化积淀着中华民族最深沉的精神追求，是中华民族生生不息、发展壮大的丰厚滋养；讲清楚中华优秀传统文化是中华民族的突出优势，是我们最深厚的文化软实力；讲清楚中国特色社会主义根植于中华文化沃土、反映中国人民意愿、适应中国和时代发展进步要求，有着深厚历史渊源和广泛现实基础。为了生动讲好中国故事，传播好中华文化，中央社会主义学院（中华文化学院）与中国外文局联合策划、陆续推出这套“今日中国”丛书。

“今日中国”丛书由中华文化学院组织编写，汇集了其近年教学科研改革的最新成果。从 1997 年成立之日起，中华文化学院始终把传播好中华文化、讲好中国故事，作为自己的初心和使命。2016 年以来，中华文化学院立足“大文化”视角，创新共识教育方式，以文化认同促进政治共识，以文化认同增进各界人士对中国、中华民族、中国共产党和中国特色社会主义的认同，为实现中华民族伟大复兴的中国梦增添精神动力。

“今日中国”丛书正是在这样的创新和教学积累中逐渐形成的。丛书以传播中华文化为主要任务，内容既包括中华优秀传统文化，也包括马克思主义中国化的最新成果，是中华优秀传统文化、革命文化和社会主义先进文化的有机统一体，涵盖了宗教、信仰、价值观念、伦理道德、风俗习惯、文学艺术、科学技术、制度体系等。丛书力图讲清楚中华文化的核心要义、独特创造、价值理念和鲜明特色，阐明历史选择中国共产党、选择中国特色社会主义道路的必然性，阐明习近平新时代中国特色社会主义思想的精神实质和丰富内涵，同时又根据人群特点各有侧重。

中华文化源远流长、博大精深，“今日中国”丛书在内容上必定是沧海一粟。书中不完善的地方，敬请各界专家、各位读者指正。

目　录

导 论

自文明的曙光初照神州，中华各民族的祖先就在这片古老而辽阔的土地上繁衍生息。经过5000多年的迁徙、演化和融合，中华民族创造出独具特色、灿烂辉煌的中华文化：影响深远的诸子学说，浩如烟海的历史古籍，气象万千的诗词歌赋，匠心独运的书画雕塑，泽被后世的四大发明……这些都令世人推崇备至，惊叹不已。中华文化具有海纳百川、地承万物的气魄，历来以博大的胸襟面向世界，因兼容并蓄而丰富多彩，因推陈出新而永葆活力，因特色鲜明而远播四方。经过“长时段的连续性与伟大的转型”，中华大地形成了独具特质、具有强韧生命力的中华文明。

中华文明何以成为世界上绵延至今的古老文明？回顾历史，世界上那么多古老的文明，一个个因种种原因遭到破坏而消失，或出现大断层失去光泽。英国历史学家汤因比（Arnold Joseph Toynbee，1889—1975）认为，在近6000年的人类历史上，出现过26个文明形态，只有中华文明是延续至今、从未中断过的文明。对这个历史之谜，可以有多维的解答，但有一点始终凸现在我们视野之内，这就是中华文明自身所固有的特质。近代的历史学家曾就中华文化的特征提出这样几个问题：第一，地域辽阔，人口繁盛，先民何以开拓至此？第二，民族同化，世界少有，何以融合至此？第三，历史长久，连绵不断，何以延续至此？

这本书试图揭开这个历史之谜：中华文明所具有的特质，为中华民族提供了强大的凝聚力、顽强的生命力和巨大的同化力。它决定了中国疆域的历史发展轨迹，历代的中国政体，中国人的“内”“外”观。即使近代受到西方文明的强力冲击，中华文明体系及其特质也仍然持续深刻影响中国的文化与社会演变，包括价值系统的形成、伦理道德的演化、话语体系的转变，是我们实现新文明跨越的最基本的条件。这本书也试图让人们了解中国文明型国家建构等制度体系的文明基础，理解中国超大型国家有效治理乃至中国道路的历史文化根柢，理解中华文明与西方文明的差异，推动文明互鉴，构建人类命运共同体。

第一章

文化与文明：中国与世界

“同一个世界，同一个梦想”(One World, One Dream) 是2008年北京奥运会主题口号。这一口号文简意深，表达了中国与世界的关系，表达了一个拥有五千年文明、正在大步走向现代化的伟大民族致力于和平发展、社会和谐、人民幸福的坚定信念。进入新时代，中国人民在走向民族复兴的征程中，追求和平进步、和谐发展、和睦相处、合作共赢、和美生活的理想依然强烈。当下，需要用“文明互鉴”的理念，来表达中国与世界的关系。正如习近平总书记所提出的构建人类命运共同体理念：“要尊重世界文明多样性，以文明交流超越文明隔阂、文明互鉴超越文明冲突、文明共存超越文明优越。”

一、文化界说

文化是一个内涵极其宽泛和复杂的概念，在不同的学科和语境下，有不同阐释。“文”“化”，最早出现于《易经》贲卦的《彖》[1]：“刚柔交错，天文也；文明以止，人文也。观乎天文，以察时变；观乎人文，以化成天下。”这里的“人文”“化成”主要指以文治教化，也可以引申为以德治天下。在这里，文化与文明是在同等意义上使用的，体现出本义上的精神性、伦理性的特点。“文化”一词，在英文和法文中均作Culture，德文作Kultur，它们的词义均源于拉丁文Colere，本义为耕作和植物培育，后来引申到精神领域，有化育人类心灵、智慧、情操、风尚之义。最早较全面、系统定义文化的是被称为“人类学之父”的英国人类学家E. B. 泰勒（E. B. Tylor，1832—1917）：“文化或文明从一种广泛的人种学的意义上是一个复杂体，它包括知识、信仰、道德、法律、习俗以及其他所有人作为社会成员获得的一切能力和习惯。”[2]

一般而言，广义的文化涵盖社会物质领域和精神领域，狭义

1　《周易》是中国历史最早也是最重要的一部哲学典籍，既有天道规律，也有人道准则，囊括了天文、地理、军事、科学、文学、农学等丰富的知识内容。《周易》包括“经”和“传”两个部分。《易经》形成于殷周之际或西周前期，《易传》形成于战国时期。《易传》是对《易经》六十四卦的解释（每一卦有四部分：卦画、卦名、卦辞、爻辞；一卦共六爻，卦辞是对一卦六爻总的说明，每爻都有一个意思，表达这个意思的文辞叫作爻辞）。《易传》共七种十篇，即《彖》上下、《象》上下、《文言》、《系辞》上下、《说卦》、《序卦》、《杂卦》，前三种五篇插入经文，其余四种五篇独立成文，编在六十四卦之后。贲卦是《易经》六十四卦第二十二卦。《彖》解释了六十四卦的卦名和卦辞。

2　［英］爱德华·泰勒：《原始文化》，连树声译，广西师范大学出版社2005年版。

的文化则限定在精神领域。大致说来，文化包括五个要素：精神要素即精神文化、语言和符号、规范体系、社会关系和社会组织、物质文化。对个体而言，文化的功能是社会化；对群体而言，文化的功能是社会整合和社会导向。社会整合在整个民族的层面上发挥凝聚作用；社会导向引导本民族的成员赞赏什么，追求什么，选择什么样的生活目标和生活方式。

二、文明及中华文明

如前述，中国古典中文化与文明是在同等意义上使用的。只是近代翻译西方著作时，文明一词对应于 civilization 一词，因此有了一些新的意义，比如将人类所有族群的生活方式都称为“文明”。

文明指的是生产方式、认知方式与政教秩序——身心秩序的统一，即物质文明、政治文明、精神文明、生态文明的统一。一般而言，文明包括四个基本面：一个民族群在进入国家时代后以社会制度为核心的所有创造形态；一个民族群以生产方式为核心的所有实践形态；一个民族群的社会生活方式；一个民族群在历史与现实中所产生的全部精神创造物，也就是种种形式的社会文化。当然，也包括科技和生产力的发展与创造。[1] 哲学家和政治经济学家把人类世界划分为三个大的历史阶段：未开化（savage）阶段、野蛮（barbarian）阶段与文明阶段，分别对应原始社会、古代文明与现代文明。[2]

中华文明是中华民族在长期的历史实践中所形成的生产方式、认知方式与政教秩序。中华文明包含着物质和精神的多重意涵，具有内在的特质，明显区别于其他的文明形态，特别是经过“长时段的连续性与伟大的转型”，使得中华文明具有强大的凝聚力、强韧的生命力和巨大的同化力。

中华文明的初始只有“天下一家”的理念，没有世界的概念，更没有主权国家的概念，这种天下观的一个重要特点是主张疆域统一、“夷夏”一体、制度有效、文治教化，而天下的中心是“中国”，表现出中华文明的高度自信。但自中西文明交流、国人开眼看世界以来，人们发现，“中国”在地理上并非天下中心，在政治权力上、经济上也不是天下中心。特别是 20 世纪初以来，中国处于被西方殖民、被列强瓜分的状态，陷于亡国、亡种的地步。面对这“三千年未有之变局”，中华文明的高度自信在与西方文明的碰撞中，经历了“器物——制度——文化自卑”的转变过程。

1　吴娜：《探索中国文明的根基——〈中国原生文明启示录〉作者孙皓晖访谈》，《光明日报》2012 年 2 月 28 日。

2　邓正来：《世界社会科学高级讲坛讲演录》，商务印书馆 2010 年版。

但中华文明有一个特点：一旦遭遇外侮，就会迸射出自强之光。中国总是在接近谷底时获得重生，最惨痛的沉沦造就了最辉煌的崛起。近代的文化危机、人心危机、社会危机、民族危机、生存危机一道，激起了无法抵挡的新文化运动、人民革命，并发展为中国共产党领导的新民主主义革命与社会主义革命。

三、中华文明的底色是人文

中华文明强调以人为本、天人合一和民惟邦本。中华文明的成长超越神教，走出神的支配，确立人的主体地位，确立了敬天、敬宗、保民，确立了“以德配天”的君权神授说。因此，中华文明的底色是人文。西方文明的源头是古希腊文明、古希伯来文明、古罗马文明，汇总于基督教，并以宗教信仰的形式在西方构筑起庞大的文化体系。因此，西方文明亦称之为“基督教文明”，其底色是神谕。

中华文明在人与神之间，强调以人为本。“天地之性人为贵”，中华文明重视现世人生的意义，高度评价人类在宇宙中的地位和作用，体现出浓厚的非宗教的、理性主义的特点。孔子（前551—前479，春秋末期思想家、教育家，儒家学派创始人）认为“天道远，人道迩”，倡导“仁者爱人”，力图创造一个人人相爱，世界大同的理想社会。

中华文明在天地人之间，强调以人为中心，人是目的，充分体现了以人为本的文化精神。一方面，用人间之事去附会天之规律，把人的行为归依于天的意志的实现；另一方面，往往把主体的伦常和情感灌注于“天道”，并将其人格化，“天”成了理性和道德的化身。

中华文明在江山社稷与民众之间，强调“民惟邦本，本固邦宁”。一是以民为主：“民比天大”，它告诫统治者“民之所欲，天必从之”，而“天视自我民视，天听自我民听”，就是要统治者想人民之所想。二是为民做主。“天惟时求民主，乃大降显于成汤”，只有像明君成汤这样的“有德”之人才配为民之主。统治者要牢记“天之生民，非为君也；天之立君，以为民也”，“水能载舟，亦能覆舟”，牢记民心向背才是政治统治兴衰的关键。三是由民做主。也就是由人民当家做主，人民自己就是国家的主人。这三层涵义，贯穿了中国政治治理的始终。虽然在体制层面上，中国古代社会没有出现现代意义上的民主制，但从文化学的角度看，“民主”的思想在中国人的心目中从不陌生，它从哲学规律上俯瞰历史兴亡，从民本思想上制约君民关系。

中华文明的人文特质，有助于解决人类共同面对的问题。中华文明的人文特质包含了“上薄拜神教，下防拜物教”的现代理性精神。[1] 中华文明的人文主义以自律、克制、道德约束见长，可以防止拜物教的无限扩张，以道德和文化的力量“拯救”人类文明于“水火”，救治现代社会的混乱与危机，有助于克服现代西方社会病，有助于解决诸如物质主义、资源环境等人类共同面对的问题。

四、中华文明的“家伦理”

中华文明建立在以血缘关系为纽带的宗法制度基础上，呈现的是“国家”与“社会”相互嵌合与“家国同构”的状态。中华文明强调责任本位，责任本位的核心是“让”与“和”。在西方文明中，国家的产生以血缘宗族关系的瓦解为前提，要求“国家”与“社会”的两分。西方文明强调权利本位，权利本位的核心是“争”与“分”。

中华文明的家伦理以家国同构为基础。家是中国人社会生活的基础，也是历代统治者建立统治秩序的基础。孟子曰：“天下之本在国，国之本在家。”“家”是“国”的“原型”或“根本”，“国”是“家”的延伸。核心是小家，宗亲是大家，社区和单位是“公家”，公家之上还有“国家”。小家、大家、公家、国家，

1 楼宇烈：《中国文化的人文精神》，《中华遗产》2007 年第 8 期。

相辅相成，利益相符、观念相通、休戚相关。

中华文明的家伦理强调责任本位。中国文明以“家”为核心。中国的道德并非来自于宗教，而是源自家伦理，其中既包含家庭伦理，也蕴含社会伦理、政治伦理。责任本位是家伦理的重要特征，强调个人处于特定角色时，对其他人承担的责任。

就家庭伦理而言，“父慈子孝”“无限责任”是重要特点。与西方相比，中国人的家庭观念强，血缘关系、亲情伦理根深蒂固。父母对孩子有抚养、教育、帮助孩子成家立业的无限责任；子女有赡养父母、给父母养老送终，尽孝、光宗耀祖的无限责任。不同于强调个人自由权利的西方，“舍己为家”是中国社会伦理的楷模。家庭伦理是社会伦理、政治伦理的基础。中国历朝历代皆称“以孝治天下”。中华社会的最高理想是“老有所终，壮有所用，幼有所长，鳏寡孤独废疾者，皆有所养”的大同世界，这种理想明显衍生于家庭伦理。较之西方文明的宗教观、契约观等，家庭伦理要自然和牢固得多。[1]

就政治伦理而言，“伦理道义”“无限责任”是重要特点。几千年不间断的中国文明史之中，依照“伦理道义”客观地形成了利于国家稳定和整体利益最大化、对“百姓”承担着无限责任

---

1 潘维：《信仰人民：中国共产党与中国政治传统》，中国人民大学出版社 2017 年版。

的“政府”。政府的官员对民众有无限责任，执政者要承担历史责任。政府及官员强调“伦理道义”和“责任”。“伦理道义”，即扶老携幼的家庭伦理道德，以德服人；在行政上强调“责任”，即以照看百姓福利为“本”。“民为邦本，本固邦宁”。既然“民之所欲，天必从之”，而且“天听自我民听，天视自我民视”，伤害了百姓福祉就是“失天命”，就是“失责”。而“家国同构”“家国一体”的理念，从家庭可以放大到宗族、社区，再到郡县、国家、“社稷”、天下，使得中国人对家族、他人、社群、国家民族，甚至自然都负有“无限责任”，体现出强烈的责任意识。“天下兴亡，匹夫有责”，“苟利国家生死以，岂因祸福避趋之”，“先天下之忧而忧，后天下之乐而乐”，这些都是说士人要有以天下为己任的担当与抱负，说的也是“无限责任”。

中华文明的家伦理以家国同构为基础，强调责任本位，由此造就大中华之“合”——维护祖国统一，实现民族复兴是全体中华儿女的责任。中国文明的家伦理，以“视民如子”的治家之道而立国，形成了从道德观、群体观到民族观、国际观的“大家庭”伦理秩序。国家统一、民族复兴是以“大家庭”作为伦理秩序的支撑，并非以利益考量为中心。从现实的政治看，国家和人民之间相互承担着无限的责任。一个富强、民主、文明的中国，是国人最坚强的后盾。维护国家统一，实现民族复兴，维护广大人民最根本的利益，是国家和政府的“无限责任”；维护祖国统一、认同中华文化、中华民族，为实现民族复兴贡献力量是人民对国家的“无限责任”。在中国的文化传统和现实政治下，操弄“民族自决”“公投”“独立”，是一条不归路。

五、中华文明是中和型文明

中华文明突出表现为“尚和合”。这既是道德观念，也是哲学理念，既是艺术准则，也是生存方式的要求。而西方文明崇尚竞争，其“普世主义”导致文明冲突。

“尚和合”体现出普遍和谐的意识与和而不同的理念。

普遍和谐包括：“自然的和谐”，自然本身存在整体的和谐；天人和谐，强调“天地人”的整体和谐、“天人合一”；人际和谐，强调人与人关系的和谐，儒家倡导建立起以“仁义礼智信”为核心、以“中道”为德性基础，从而达到社会的和谐有序；身心和谐，强调人的形体与精神的和谐，儒家的“修身”为身心内外合一提供有意义的思想资源。

“和而不同”充分体现了中华民族的智慧和待人处事的博大胸怀，由此所培育的政教伦理与道德情性品格，成为古代哲学形而上理论的支柱和中国传统政治文化的精神内核。和而不同是社会事物和社会关系发展的一条重要规律，也是人们处世行事应该遵循的准则，是人类各种文明协调发展的真谛。

中华文明尚和合的相与之道，是协调人类各种文明的真谛。作为中和型文明国家，中国既没有对弱国进行过压迫和掠夺，也没有对强国一味顺从和屈服，纵然曾经有过深重苦难，依然渴望和平崛起，坚持中国道路，保持不卑不亢。

从历史上看，中国历史上的大一统王朝即使处于军事和综合实力的优势地位，也绝少主动挑起过大规模对外战争。几千年来，接受中华文明滋养的历代政权信奉道义政治、怀柔远人、天下归心，无称霸、无扩张、无殖民、无掠夺、无弱肉强食的炮舰政策，无强加于人的不平等条约。在处理中国和周边国家的关系时，中华文明坚持“礼”的制度、“道义”话语权[1]、“王道”的理念。正如习近平总书记在庆祝中国共产党成立100周年大会上强调的：“以史为鉴、开创未来，必须不断推动构建人类命运共同体。和平、和睦、和谐是中华民族5000多年来一直追求和传承的理念，中华民族的血液中没有侵略他人、称王称霸的基因。”

中华文明蕴含的这些理念，是协调不同文明的真谛，可以为正确处理中国与世界的关系、人类共同进步提供重要的价值支撑。

---

1 潘岳：《中华文明要为建构人类共同价值提供重要支撑》，《山东省社会主义学院学报》2017年第1期。

第一，超越文明中心论，重塑文明多元性。古老文明自身多具有多样性，西方的所谓“普世价值”并不能涵及中华文明。中华文明蕴含的基本价值包括：“己所不欲，勿施于人”——平等的基础；“己立立人，己达达人”——发展的基础；和而不同——民主的基础；以德服人的王道——和平的基础；“天下为公”——全球正义的基础。这五点可以归结为儒家的“仁”道[1]，这是人类的普遍价值，有了这些价值遵循，就可以正确处理中国与世界的关系。

第二，超越单一现代化，探索多样现代化。文明多元化决定了世界各国和地区现代化道路的多元化，“各美其美，美人之美，美美与共，天下大同”（费孝通，1910—2005，社会学家、人类学家），才是世界各国和谐相处的坦途。

第三，超越文明冲突，促进文明对话。2020 年开始的新冠肺炎疫情，是继第一次世界大战后期西班牙大流感以来又一次世界性大规模疫情传播事件。到目前为止，疫情的感染人数和致死人数在过去 100 年里并不是最高的，但由于全球化、信息化以及独特的国际政治环境，疫情对世界经济和世界政治的影响，可能是 100 年来最大的，构成了百年未有之大变局中的一次“黑天鹅”

1　陈来：《中华文明的核心价值：国学流变与传统价值观》，生活·读书·新知三联书店 2015 年版。

事件。以美国为代表的西方国家对中国进行了各种抹黑、诘难，中西文明的冲突加剧。西方世界只有回归科学，回归文明、理性对话，才能解决他们自己当下的问题，才能处理好与中国的关系。

第四，超越文明优越论，促进文明交流互鉴。[1]当前，全球要应对诸如资源环境、种族冲突、价值观输出、恐怖极端主义、传染病大流行等问题，只有中华文明与西方文明携起手来，才能更有效地找到正确出路，双方需要从中国文明中寻找力量，化解难题，弥合分歧，形成共识，“构建人类命运共同体”。

中和型的中华文明守中致和、中正仁和。当中华文明经由漫长历史航道里的一时低谷而走向复兴，意味着“见龙在田，天下文明”的到来，意味着中国将迎来一个革新自我的全盛时代，一个引领世界现代化的中国式文明时代。中华文明的基本价值，一定会在推进人类文明互鉴中，为人类对更好社会制度的探索提供中国方案，讲好中国故事，发出中国声音，打造具有中国特色、中国风格和中国气派的话语体系，为构建人类命运共同体，为人类和平发展做出重要贡献。[2]

1 潘岳：《中华共同体与人类命运共同体》，《学习时报》2018年12月19日。

2 于铭松：《中华文明的特质与构建人类命运共同体》，《中央社会主义学院学报》2017年第6期。

第二章

制度与治理：一个连续性文明的奥秘

中华文明以一个统一国家的形态存在，也作为一种多元一体的民族共同体、历史文化共同体而存在，还作为一种国族[1]信仰而存在。

中国是唯一一个以国家形态维系不断的文明古国。辉煌灿烂的古印度哈拉帕文明、两河流域的巴比伦文明、尼罗河流域的古埃及文明都已经烟消云散、不见踪迹，成为博物馆中陈列的遗迹与文物。而中国人依然吟诵着两千多年前的诗歌，阅读着两千年前古人就阅读的典籍，中国依然是中国。

秦汉王朝与罗马帝国曾在不同时空并存，尔后命运却迥然不同。中华文明能够保持统一的国家实体绵延至今，而罗马帝国崩溃之后，欧洲随即陷入四分五裂的封建王国并立的状态，最终发展成为现代民族国家。这其中的秘密究竟何在？古老的中华文明经历近代的耻辱与苦难，经过历代仁人志士的不懈努力，浴火重

1 国族：一个广义的人的聚集体，通过共同的血缘、语言或历史被紧密地联系在一起，通常被组织为独立的主权国家且占据一定的领土。典型的国族概念有中华民族、巴西民族、美利坚民族等。

生，旧邦新命，成就今日之新中国。从文明根性来看，这很大程度上归因于中国很早就锻造出大一统的国家治理机制。

一、为何逐鹿中原?

依据考古学家的研究，中国古代文明经历了从“满天星斗”到“月明星稀”的过程[1]，这本身就体现了中华文明融多元因素为一体而不断生长的内生演化模式。苏秉琦（1909—1997，考古学家）提出“满天星斗说”解释中国早期文明的起源，表明中华文明并不是以中原文化为核心的中心扩展模式，而是多元文化之间的相互融合的内生演化模式。

中国数以千计的新石器遗址可以分为六大板块：一是以仰韶文化为代表的中原文化，也就是传统意义上的黄河文化中心。二是以泰山地区大汶口文化为代表的山东、苏北、豫东地区的文化，其突出特点是不同于仰韶文化红陶的黑陶文化。三是湖北及其相邻地区，其代表是巴蜀文化和楚文化，如蜚声内外的三星堆古蜀文明。四是长江下游地区，最具代表性的是浙江余姚的河姆渡文化，还有以沟通天人的礼器——玉琮——为代表的良渚文化。五是西南地区，从江西的鄱阳湖到广东的珠江三角洲。六是从陇东

1 许宏：《何以中国：公元前2000年的中原图景》，生活·读书·新知三联书店2016年版。

到河套再到辽西的长城以北地区，最具代表性的是内蒙古赤峰的红山文化和甘肃的大河湾文化。该文化最典型的特征是沟通天人的玉器（玉猪龙）。张光直（1931—2001，美籍华裔学者，人类学家、考古学家）就曾指出，中原文化不断向周围扩展传播是一个错觉，是假定的共识，事实应该是各地文明的相互交流。[1]丰富多样的文明区域存在着相互之间的交流交融，不是一方吞并另一方，而是相互融合，最终融会形成了博大而精深、多元而一体的中华文明。

考古学界一直在寻找“最早的中国”，大多认为二里头文化（河南偃师）是中国文明进入国家形态的标志，最终发展成夏商周三代的灿烂文明。一个一直困扰历史学家的问题是，为什么历代王朝都要以征服或者获得中原为目标，历史上轮番上演的“逐鹿中原”背后到底是什么原因。即便是被视为所谓蛮夷的荆楚都跃跃欲试于问鼎之轻重，心向中原。这仅仅是因为“中原”是中国地理上的中心，而最适宜统治天下四方吗，还是因为中原是中国文明最早孕育、资源最丰富、政治经济文化最发达的区域呢？

同一时期，黄河中下游的仰韶文化并不是唯一发达的，长江中下游以及东北辽河红山文化也同样发达。中原地区资源最丰富、

1 [美]张光直：《古代中国考古学》，印群译，生活·读书·新知三联书店 2013 年版，第 434 页。

气候最适宜、交通网络很发达、地理条件最优越、文明最早开化等等因素，放在其他地区也可以成立。按照学者赵汀阳的研究，逐鹿中原的真正原因在于，中原不仅具有实质的物理权力意义，更具有重要的精神象征意义与符号意义。用马克斯·韦伯（Max Weber，1864—1920，德国社会学家、政治学家、经济学家、哲学家）的话说，获得中原就是一种获取正当性支配的精神权力。

中原之所以具有统治天下的合法性与精神权力，最根本的原因在于中原最早发明了汉字。文字代表了文明的可记录性与可传承性，有了文字，也就有了历史的记述。汉字是中国文明最伟大的发明。汉字起源于象形，而不是语音的记号，这意味着中原语音并不能独占汉字，也就是说，汉字可以独立于中原语音而成为普遍共享的精神载体。这个精神文化资源具有开放性与可共享性，这也决定了争夺中原的各方势力都可以非排他性地使用这项资源，进而向周边不断辐射与扩展文明的影响力。与之相比，西方的拼音文字在创造文化认同与确保大一统上就不如汉字。罗马帝国的官方语言拉丁文是表音文字，容易受到地方方言、土语的影响而发生演化。罗马帝国的上层阶级都能读拉丁文，基层民众的识字率较低，仍然保留原有的方言。书面语与口语发生了分化，因而拉丁文不能成为教化普通民众的工具。[1] 方言化的拉丁语之上

1　[美] 许倬云，《万古江河：中国历史文化的转折与开展》，湖南人民出版社 2017 年版，第 163 页。

产生了各国的民族语言（如拉丁语分化出了罗曼语支：意大利语、法语、西班牙语、葡萄牙语）。语言的分化与多样化助长了西欧的民族主义。[1]

二、为何追求统一协作？

中国人对统一秩序的追求往往让外国人感到困惑不解。为何不同风俗、不同语言、不同文化的各个区域非要实现统一？推动中国人追求统一秩序背后的力量到底是什么？

西方学界曾经盛行一种影响非常大的观点，即地理气候决定论。这个理论认为，中国和西方不同的地理气候条件导致中国和西方走向了不同的文明发展路径。希腊之所以形成城邦的分治，之所以要扩张，是因为希腊的地理环境比较破碎，地形崎岖，各区域被山脉和海湾分割开来，而且耕地稀少，土壤贫瘠。迫于地少人多的生存压力，希腊城邦都急于向外贸易与殖民扩张，以获取更多物资，占据更多的土地资源。由此造成了希腊城邦之间竞争激化，难以融合，缺乏凝聚力。与之相反，中国拥有一整块适合农耕的河流冲积平原，需要组织大规模的人力物力治理水患，建设灌溉工程，尤其需要团结、协作，这自然造成了中国人对于

---

1 ［美］本尼迪克特·安德森：《想象的共同体》，吴叡人译，上海人民出版社 2011 年版，第 45 页。

统一与凝聚力的价值偏向。总之，中国地理易于统一，而欧洲地理容易走向分裂。

实际上，决定一个文明根性的从来不是地缘、自然条件或经济因素，而是历史文化因素。正如钱穆先生（1895—1990，历史学家、思想家、教育家）所说："我不知法、比、荷、德的地形如何定须分离？我又不知同一条多瑙河顺流而下，如何定须隔断？但在中国春秋时，晋国人自称为'表里河山'，足可独立的。战国时，秦国见称为'四塞之国'，难于被侵的。后来的四川，人道是：'天下治，四川后治。天下乱，四川先乱。'试问如江、淮、河、汉诸大流，如太行、秦岭、五岭诸山脉，比较起欧洲地形来，何以必见为易于统一，不易分割呀？这里面决不是自然地理的关系，而是人文历史的关系。"[1]

历史学家何炳棣（1917—2012）指出，中华文明的重要特征之一是中国的氏族血缘延续得非常长久、巩固。中国新石器时期非常漫长，生产工具很落后，铁器到很晚才使用，但定居时间很早，农业开始得很早，因此协作性很强，工具不进步就得靠互相协作。因此群体之间的人的关系从一开始就受到重视，尤其注重人与人关系的协调、互助与协作，使之有助于群体生产。于是，以血缘纽带为轴心所形成的人与人的"伦常"关系，便以"名"

1　钱穆：《中国历史研究法》，九州出版社2012年版，第120—121页。

的称号固定为伦理秩序，即后来的“君君臣臣父父子子”，成了社会主要的组织形态和生活秩序。因此，梁漱溟（1893—1988，思想家、哲学家、教育家）称中华文明的特色是“伦理本位”。

在政治共同体的构造上，强调互助与协作就容易走向集约化的组织形式。李约瑟（Joseph Needham，1900—1995，英国生物化学、科学史学家，中国科学院外籍院士）认为，中国的农业靠季风调节，因而是水利式的。中国为了控制雨水和灌溉，必须建立一个强有力的国家与一个很大的官僚体系从事治水工程。因此，中国的官僚体系与控制雨水、水利和水运都有密切关系。中国超大规模的政治体能集中力量开展大规模的工程建设如治水工程等，利国利民，泽被万世。秦朝李冰父子修筑的都江堰水利工程使成都平原成为天府之国，至今都在发挥作用。雅思贝尔斯（Karl Theodor Jaspers，1883—1969，德国存在主义哲学家）总结人类文化进入轴心时代的五个征象，其中第一条就是：有了权力集中及文官系统的国家组织，使大河流域有了灌溉工程。按照历史学家汤因比的观点，文明的生长需要人类去适应环境的挑战，但挑战不能太大，否则文明生长不起来，但挑战也不能太小，否则人类生活太轻松容易，也发展不出高度发达的文明。黄河流域之所以成为古代中国的摇篮，可能就是由于人类在这里所要应付的自然环境的挑战，比中国的南方（例如长江流域）要严重得多，人们潜伏的创造力才能被挑战刺激起来。黄河孕育的文明的确是人类历史上一种非常早熟的文明。同恶劣气候和洪水泛滥的斗争，使得中国人的治水、历算、土地测量以及农业耕作、饲养家畜、制陶冶炼等等技术，比西方早成熟至少一千年。在历史演变、社会机制、政治组织等方面，也因此走了一条纯粹东方式的道路。

三、从井田制到精耕农业

中国古代文明以精耕细作的小农经济为基础，农耕文明造就了中国高度发达的政治文明、社会伦理与哲学基础。在公元前 5 世纪到 3 世纪的动乱年代中，中国始终有可能发展出一种以城市为中心的商品经济，而非一种以农村为基础的小农经济。[1] 中国最终走向精耕细作的小农经济，是由当时中国主要农耕区的地理环境条件及战国晚期以来的变法运动即国家建设运动决定的。

在周代时期，中国实行的是一种具有理想主义色彩的土地制度——井田制，这是古代版本的“共同富裕”。在这种方案下，八个家庭的土地围绕中间一块公地组成一块“井”型的田地（汉

1 ［美］许倬云：《汉代农业：早期中国农业经济的形成》，程农、张鸣译，江苏人民出版社 2019 年版，第 1 页。

字“井”就来源于“井田”）。其中，八个家庭的土地是私田，来源于公室的授予。每到农忙季节，八个家庭先合力耕种中间的公地，之后再各自耕种自家的私田。“八家共耕一井”的这种方案被叫作“助役”，八个家庭只出力，而不交租，公田上的收获归于公室，而私田上的收获完全归于各家所有。这种方案被古代儒家视为一种体现了“王道政治”的制度，因为它保证了公家与私家利益之间的和谐，体现了均平、公正的精神，有助于共同体的建设。所以《诗经》上歌颂它为“雨我公田，遂及我私”（让雨点滋润公田，然后再流向我家的私田）。孟子（约前 372—前 289，战国时期哲学家、思想家、教育家，儒家学派代表人物）就认为仁政“必自经界始”（《孟子·滕文公上》），完美的政治必定从合理划分田界开始，由此才能保证公平。

然而，随着诸侯争霸，公室贵族的权力衰落，加之生产技术的进步，人们突破井田制的界限扩大开垦荒地。到战国晚期，人口增加导致人地矛盾突出，井田制遭到破坏，难以为继。主要农耕区人多地少的问题推动了农业精细化经营。战国以来，技术进步推动了铁器的广泛使用，大量无主的荒地被私人占有与经营。与此同时，各国的变法运动强化了国家权力，推动了自耕农的形成。变法运动重塑了国家与社会的关系，使以血缘宗法维系的封建制崩解，废分封、行郡县的地方行政改革加强了诸侯国王的集权。商鞅变法“将农民从封建制度中解脱出来，建立起了一个在强大的地域性君主国家控制下的社会”[1]。这实际上等于承认了私人土地所有制，铲平了介于国家与农民之间的封建贵族势力，造就了国家政权直接控制下的自由而独立的自耕农。

中国的小农经济是精耕细作，在最小单位面积内通过劳动力的投入造成最大化的产出。小农经济使中国不会走向集体耕种的粗放式大庄园经济，而仍是精耕细作的小农经营，即佃农经济。因为从实际生产率来看，受奴役的农业生产者的生产意愿总是低于佃农身份的生产者。“所以一定要给予耕种者一些耕种意愿，最好的办法就是佃户耕好分佃的土地，地主再收租取得利益。”[2]中国的大地主集聚了大量土地之后，“个人利益的激励也使佃农制比集体耕作的做法更为可取”[3]，他们依然是把土地租给佃农，让佃农小块经营。这与罗马驱使农奴集体耕作的大庄园经济不同。罗马在北非的大种植园，是由地主带着监工（一般为兵团士兵）驱使种族奴隶进行集体耕作。在这种情况下，主奴的差异以及阶级关系的不平等造成了严重的社会问题，而农作物的生产量也不会很高，于是更急需获得大量的土地和劳力，这就是罗马帝国扩

1　[美]许倬云：《汉代农业：早期中国农业经济的形成》，程农、张鸣译，江苏人民出版社 2019 年版，第 8 页。

2　同上，第 28 页。

3　同上，第 147 页。

张的动机。中国精耕细作的小农经济既保证在人多地少的情况下土地生产力的最大化，又在生产关系上保证中国不存在罗马式的奴隶经济，不能容许集体耕作的粗放制，从而避免了奴主的差异以及阶级关系的不平等。

精耕农业一方面是小农经济，也是重商性农业，将个体农民编织进了一个庞大的经济网络里。[1]统一的市场依赖统一的政治秩序。在司马迁生活的汉代（公元前 1 世纪），燕地的栗子、晋地的枣子、蜀地的橘子、淮河与黄河之间出产的梓树、陈地的漆、齐鲁的桑树，以及渭河河谷的竹子，都是在全国范围内销售的商品。活跃的市场交易是以统一秩序为前提的。在国家统一、道路通畅、旅途安全的时候，农民积极参与到市场体系里，除了生产产品供自家消费外，还生产用于销售的特色商品，这些商品依靠区域之间的贸易网络销售到全国各地。当国家陷入动乱、分裂、交通受阻时，农民从市场上回撤，取消与外界的接触，回到生产供自家消费的产品上来，回到自给自足的庄园经济模式，严重的就演化成了东汉末年割据地方的坞堡[2]。这是统一秩序瓦解、道路

---

1 ［美］许倬云：《汉代农业：早期中国农业经济的形成》，程农、张鸣译，江苏人民出版社 2019 年版，第 150 页。

2 坞堡：一种民间防卫性建筑，大约形成于王莽天凤年间（公元 14—公元 19）。当时北方大饥，社会动荡不安，世家豪宗为躲避战祸和游牧民族的侵扰而召集宗族乡党建立便于守御的聚落群，称为坞堡。

系统阻断与统一市场体系崩溃的结果，这在中国人看来是“乱世”，是“治世”的反面。

四、精耕农业的影响

中国的小农经济保证了最小土地面积上的最大化产出，保证了地主与佃农之间不存在严重的阶级压迫，保证了家庭式小农经营，因而保证了亲缘关系的稳定性与家族力量的强大，从而维系了中国国家与社会之间的动态平衡。小农经济也推动中国形成强大的家国意识，保家卫国、守土有责的观念也可以从中滋养产生。同时，小农经济对中华文明的思维方式与哲学观念产生了深远的影响。中国的天人合一、生生不息、大化流行[1]、万物一体的关联性宇宙[2]等哲学观念都可以从农耕生活的实践中得到阐释。比如，中国哲学尤其是《易经》体现出的变通之道以及中国人对历史的重视，都体现了农耕生活对于中国文化的影响。谷物扎根，农人定居，必须与时迁移。生活跟随时令而动，按照四季、节气、日出日落、月圆月缺提示的一切时机决定须为之事。这种生活方式

1 大化流行：宇宙无时无刻不在按其自身规律运动变化。

2 万物一体的关联性宇宙：宇宙是同一种“元素”（如道或能量场），经过裂变、复制、衍变（道生一，一生二；场激发粒子，粒子组合成万物）等方式衍生成自然万物。万物具有统一起源（根本构成一样），万物存在前后关联（事物的产生存在关联性）。

提示着“易”理——“日新”的生长之道。又如，“来”和“作”的甲骨文写法。“来”的甲骨文形象是，是一种“农作物”（可能是麦子）。农作物暗喻劳作—收获的过程。谷物的生长意味着一种可以期待的收获：未来是可期待的可能性。“作”的甲骨文是，是“用耒耜挖土的动作或铲除草的动作”。劳作是初民最容易联想到的典型创造。创造的是未来，农作物生长是关于未来的谋划。农业生产要特别关注时令物候的转移，及时调整生产生活节奏，进而形成了历史观上的变通、通变能力。世界上没有哪个民族像中国人那样具有深刻的历史感。

精耕农业对中国文明的发展方向产生了重要影响。精耕细作的小农经营成为中国农业文明的最大特色。精耕农业需要长期的资金投入，导致资本始终被分散束缚在小块农地上，无法集中与转化到工商业中来。[1]这实际上成为中国经济条件上发展不了资本主义的重要原因之一。这也导致中国思想中重视均平，孔子讲均无贫、和无寡、安无倾，因而特别注重裁抑大资本的发展，注意铲除商业特权阶级，防止贫富分化。

在政治组织形态上，小农经济培育和造成了一个强大的官僚阶层，他们既是地主，又是政府官僚。他们利用权势积累了大量

1 ［美］许倬云：《中国古代文化的特质》，鹭江出版社2016年版，第33—34页。

土地财富，成为与皇权既对抗又合作的文官集团。他们垄断了巨额财富，又反过来限制商业资本的充分发展。从文化上讲，这些大地主积聚财富与土地后的理想生活是让佃农耕种自家土地以收租，以便他们有时间做学问，过一种上流阶层的文士生活。这种文官体系在国家与个人之间起到了联系纽带的中介作用，而非集团性、阶级性的压迫与对抗。文官体系既培养了一大批以天下为己任的士大夫，同时也是一种理性化的、循名责实的兼具工具理性（选拔人才、量能授官）与价值理性（贯彻儒家理念）的官僚制，确保了大一统国家的政令执行，维系了国家与社会之间的双向互动。在各大文明古国中，唯独中国建立了一套以文治为取向的官僚体制。中国文官体系的意识形态始终统摄于儒家思想之下，而儒家思想强烈的文化使命感及天下一家的观念正是促使中国保持统一的要素。[1] 文官体系配合科举制，既能把社会中最优秀的人才选拔到国家机构中担任官职，也能把王朝的国家意志、道德教化、政令措施等贯彻到民间社会。

从更深远的文明路径来看，在中国国家的形成过程中，亲缘关系并没有被地缘关系所取代，这成为中国古代文明区别于其他文明的重大特色。小农经济使中国成为“乡土中国”。如费孝通说，农耕将生活系于土地而使得自然之地成为生长之本土，即乡土，

1　[美]许倬云：《中国古代文化的特质》，鹭江出版社2016年版，第67页。

乡土反过来成为了存在的精神基地。正所谓“有恒产者有恒心”“守土有责”，以亲缘关系凝聚族群的方式也更为稳固。土地归家庭私有与经营，激发了中国社会的活力与动力，土地的家庭小农经营也创造了灿烂的农耕文明。无怪乎马克思惊叹，遭遇英国入侵，印度人民并没有激烈的抵抗，而中国人民却被激发出空前的保家卫国的热情，这是因为中国人的国是放大的家，中国社会内部保持强大的凝聚力。

五、大一统的起源

从历史上看，中国自从夏商建立部落国家联盟的国家形态以来，其农耕文明形态就决定了必须采取大一统中央集权的方式，锻造出一个超大型的统一国家。集中这片辽阔土地的人财物构成疆域大国，才利于对抗外来异族入侵以及维系农耕文明。

周代的封建制对于中国来说除了分邦建国的政治实践，更重要的是贡献了“大一统”与“天下秩序”的观念。大一统思想始于西周上层文化、“天子”观念和“统治四方”的话语。大一统的政治架构围绕着周天子的至高王权展开，周天子作为天下共主统领各诸侯国，“礼乐征伐自天子出”（《论语·季氏》）。春秋战国乱世，王纲解纽[1]，周天子的权威受到削弱，齐桓公的“尊王攘夷”[2]正是强调大一统思想。《春秋·公羊传·隐公元年》载：“何言乎王正月？大一统也。”徐彦疏：“王者受命，制正月以统天下，令万物无不一一皆奉之以为始，故言大一统也。”“大”是指“重视、尊重”。大一统最初是用来强调王者受命改制的合法性，是解释王朝更替的理论，《春秋·公羊传》主张在易命改朝之际新王要通三统[3]，“帝王必改正朔，易服色，所以明受命于天也”（《汉书·律历志》）。

到了战国乱世，礼坏乐崩，王纲失坠，大一统思想出现断层，士大夫阶层的崛起承担起拯救和促进大一统的使命。《论语》《墨子》《老子》《商君书》也就是说儒、墨、道、法四家都提出了大一统的思想，只不过一统的方式不同。荀子（前313—前238，战国末期思想家、哲学家、教育家，儒家学派代表人物）

1　王纲解纽：形容西周礼坏乐崩，周天子的权威衰落。“王纲”指的是“周天子权威维持的宗法制度与礼乐体系”。在这种体制下，“礼乐征伐自天子出”，礼乐制度的设立、武力讨伐的命令都是取决于周天子。所谓“解纽”，就是周天子维系的这种宗法制的纽带组织，崩坏松弛，于是社会动乱不息，人心普遍难安。

2　尊王攘夷：在周天子权威衰落、诸侯争霸的时代中，某些大国国君（如齐桓公）举着遵从与恢复周天子权威的旗号，行征讨之事，联合其他诸侯打击那些不服从周天子号令的诸侯国，同时抗击北方少数民族对中原的入侵。

3　通三统：一个新的政权在建立本朝的典章制度和文化传统时，要参照和继承前两个王朝不同的典章制度和文化传统，目的在于解决新王改制立法中新统与旧统的关系问题。

劝说重用法家的秦昭王（前 324—前 251）："四海之内若一家，通达之属莫不从服，夫是之谓人师。"（《荀子·儒效篇》）儒家希望以仁义之道实现王道的一统。墨家强调建立"尚同"（《墨子·尚同》）的天下一统秩序。道家强调"邦国"之上还有"天下"这一最终秩序，"以邦观邦，以天下观天下"（《道德经》）。法家希望以法术（严刑峻法、富国强兵）实现霸道的一统。

而到了秦汉建立大一统国家后，大一统的意思就引申为国家在政治和思想文化上的高度统一。《汉书·王吉传》载："《春秋》所以大一统者，六合同风，九州共贯也。"真正系统发挥《春秋》大一统思想的是汉代董仲舒（前 179—前 104，西汉思想家、政治家、教育家）。他说："《春秋》大一统者，天地之常经，古今之通谊也。"（《汉书·董仲舒传》）汉武帝依据董仲舒的建议复古更化，改正朔，易服色，罢黜百家，独尊儒术，从而真正建立了政治上、经济上和文化上大一统的国家。汉代盛行的儒家今文经学派[1]标举"春王正月"，彰显"大一统"，即以"春"代表宇宙的秩序，"王"代表人间的政治秩序，万民"奉正朔"代表两者之间的一致性。这种思想模式，当是与政治上"天下国家"

1 今文经学派：经学中研究今文经籍的一个流派，起源于西汉。与古文经学派相对。

的出现互相呼应。[1]可以说，中国长达两千多年的大一统局面实际上有赖于士人对大一统的维护，这种强大的向心力量，保证了分裂局面最后能走向统一。

六、大一统的延续

“天下一家，中国一人”的天下理念维持了华夏文明的源远流长。概言之，政治大一统是中华文明的重要根柢。大一统思想熔铸的“家国共同体”传统孕育了家国同构、修齐治平、以天下为己任、人文化成[2]、文明以止[3]的责任伦理[4]、文明担当与家国情怀。

大一统治理模式有助于实现全国一盘棋，调动各方面积极性，集中力量办大事。在中央与地方关系上，大一统模式实现了中央对地方的垂直管辖。大一统所赖以维系的重要制度有郡县制、官僚体制、皇帝制度以及文化思想上的一统举措（如书同文）。秦

1　[美]许倬云：《万古江河：中国历史文化的转折与开展》，湖南人民出版社2017年版，第124页。

2　人文化成：用合于“人文”（诗书、礼乐、法度等精神文明）的基本精神和原则教化民众，引导民心向善，最终实现社会文治昌明。

3　文明以止：人应该学习接受文明教化，进而按照其所应当的本分与责任行动，行其所当行，止其所当止。

4　责任伦理：责任优先于权利的伦理观。与西方启蒙运动以来以个人本位为基础的“权利伦理”相对应。

国以法家思想为指导，吞并六国统一天下，实行地方官员由君主直接任命的郡县制，建立理性化的官僚体制，从而建立起中央权威“一竿子插到底”的强大中央集权制，开创了“百代皆行秦政法”的秦制。美国政治思想史家史华慈（Benjamin I. Schwartz，1916—1999，也译作史华兹）高度赞赏法家思想的客观性、理性主义与非人格化精神，他认为法家“循名责实”的名实论[1]对建立理性化的、专业化的官僚体制起到了相当大的促进作用。[2]美国政治学家福山（Fancis Fukuyama，1952— ，日裔美籍）认为，早在秦朝，“中国就独自创造了韦伯意义上的现代国家，即，中国成功地发展出了一个中央集权的、统一的官僚政府，去治理广大的疆域与人口”。[3]秦王朝具备了军事动员、征税、维持社会秩序、提供基本公共服务等国家能力，早在两千年前中国就完成了国家建构。中华民族共同体在秦汉就实现了车同轨、书同文、行同伦[4]的文化统一。正如梁漱溟先生所说：“它（中国）原是基

---

1 “循名责实”的名实论：君主考察官员实际的工作内容是否名实相符，这是一种对官员绩效的考核制度。

2 [美] 本杰明·史华兹：《古代中国的思想世界》，程钢译，江苏人民出版社 2008 年版，第 454—455 页。

3 [美] 弗朗西斯·福山：《政治秩序的起源：从前人类时代到法国大革命》，毛俊杰译，广西师范大学出版社 2014 年版，第 25 页。

4 车同轨、书同文、行同伦：统一轨道标准，统一文字，统一伦理标准。

于文化的统一而政治的统一随之，以天下而兼国家的。”[1] 汉代实行的“编户齐民”实现了国家成员身份无差异化，同时实现了国家对民众的有效管辖与国家税赋的有效汲取，增强了国家治理能力。政治上的大一统保证了传统中国最终维系统一的格局不至于走向四分五裂，同时也能避免西方民主竞争性选举导致的效率低下、议而不决、内斗内耗的问题。

秦汉之后历代王朝的政治组织大同小异，即所谓的“百代皆行秦政法”。尽管中央和地方政府的组织、官制和名称变化巨大，但从大历史的视野看，由于稳定税收的支持，秦汉后历朝历代都坚持皇帝（有时甚至是象征性地）总统下的政、军、监察的制衡治理，在不断演进的全国性政治精英选拔制度基础上，形成了以俸禄制支持、由政治精英组成的各级政府，形成组织化、职业化和官僚化的文治。这种治理形式在组织内部通过各层级和各方面合作，为最后经皇权整合的国家治理提供了基础，同时也有效分解了政治治理的权力，不在其位不谋其政，各守其职，最大程度地排除了组织管理中的不稳定因素，大大提高了组织活动的效率。[2]

1　梁漱溟：《中国文化要义》，上海人民出版社 2005 年版，第 259 页。

2　苏力：《大国宪制：历史中国的制度构成》，北京大学出版社 2018 年版，第 297—298 页。

维系大一统国家治理的重要制度载体是文官体系。秦始皇统一中国之后所实行的书同文、车同轨、行同伦、统一货币与度量衡以及开疆拓土等大一统举措，对于塑造中国的国家认同与巩固思想文化的中国认同，起到了至关重要的创制作用。皇帝制、郡县制、文官体系、选人体系（先是察举、后是科举制）、书同文等大一统的制度建设与举措，巩固与强化了以中原文明为核心而扩展形成的“中国”，共同的历史、共同的国家认同以及共同的文化血脉，熔铸在民族的文化心理结构之中。统一国家的锻造离不开武力拓边、加强中央集权的各种举措（废诸侯王、推恩令[1]、盐铁专营[2]等），离不开各种大型工程设施的建设（如修筑长城、建设水利设施、开凿运河等），离不开国家强有力的意识形态教化工作（把儒家确立为思想正统）等。在这些政治的、经济的、文化的大一统举措的实施之下，中国的国家认同逐步确立，不过这个时候的中国更多意味着“天下国家”的文化共同体，而非现代意义上国界清晰、主权意识明显的民族国家。

1　推恩令：汉武帝时期推行的一项法令，旨在减少诸侯的封地，削弱诸侯王势力范围。该令规定诸侯王去世之后，其封地要分给他的儿子们（而不像之前只有嫡长子才可以继承封地），名义上是“推扩皇恩”，实际上将诸侯国的封地分割碎片化，以加强中央集权。

2　盐铁专营：朝廷为打击富商大贾、增加财政收入而实行的对盐和铁的垄断经营政策。为了筹措进攻匈奴的经费，汉武帝命令实行该项宏观调控政策。

诚如赵汀阳所说，秦汉之后的中国继承了周代“天下秩序”的理念，建立了一种内含天下结构的国家。在中国人心中，自然天道具有神圣性，而天下是最接近“天”的概念，天下复制了天的无边无限性，而中国因为内含了天下的结构而达到了“配天”（周人的天命观就是以德配天），与自然相一致。因此，中国这个概念具有了神圣性，成为“神州”，成为中国人的精神信仰。这种中国的信仰本身也是中国维持同一性、历史性以及长期存在的重要保障。[1]

秦汉的大一统郡县制国家奠定了此后两千多年中国国家形态的根基与规模。尽管中国历史上有过多次国家分裂时期，但统一始终是主流与必然的历史趋势。晚清时天下国家向近代民族国家转型的关键时刻，在各种政治势力努力之下，中国依然能回到传统的天下观及以文化而非种族辨夷夏的思想，其五族共和的创造性方案基本继承清代的疆域规模，在此基础上，以中华民族多元一体的共同体思想建立了统一的多民族的现代中国。

1 赵汀阳：《惠此中国：作为一个神性概念的中国》，中信出版集团 2016 年版，第 65 页。

第三章

多元与一体：中国何以为神州

中国有 960 万平方公里的广袤土地，各地方言不同，各地人的体貌特征也有所差异，但天南海北的中国人都自我认同是炎黄子孙，同属中华民族。中国成功地维系了文化的同一性与民族的同一性，成功地维系了一个统一的多民族国家。

正如马丁·雅克（Martin Jacques，1945— ，英国学者）观察到的，作为一个人口大国，与其他大国一样，中国从来不缺乏民族的多样性。但中国文化的源远流长和持续性，却不是一般国家能及的。随着长期的历史融合，中华大地上的各个族群认为他们同宗同源，同文同种，中华民族的同一性不断增强。[1] 中国 14 亿多的人口都以中国人为自己的身份认同，都以身为中国人而

1 ［英］马丁·雅克：《当中国统治世界：中国的崛起和西方世界的衰落》，张莉等译，中信出版社 2010 年版，第 191 页。

自豪，这在某种程度上是一种中国奇迹。[1]这个谜一样的问题困扰着西方学者，白鲁恂（Lucian Pye，1921—2008，美国政治学家、汉学家）甚至把中国“令人吃惊的统一”看作是“中国的神话”。

一、文明型国家与民族国家

回溯历史，从中西文明比较的视野出发，我们可以看到中西历史发展的不同走向。秦汉王朝与罗马帝国几乎同时并立于世。然而，罗马帝国覆灭之后，罗马人渐渐消失了，经过长期分化、组合，最终形成盎格鲁－撒克逊人、法兰西人、德意志人、意大利人、西班牙人、葡萄牙人民族并立的情况。秦汉王朝覆灭之后，汉人发展成为一个族称，在中国大地上不断吸纳周边族群走向民族大融合，像滚雪球一样不断发展壮大，发展成为今天的中国人。

比照欧洲的历史经验，西方人有所疑问：为什么中国历史上的族群，无论是汉族还是少数民族建立政权，都坚持不懈地追求国家的统一，为何统一会成为高于一切的优先目标？为什么中国

1 “许多汉族人还相信，中国人不仅同属一个民族，而且所有华人都有一个共同的祖先，那就是黄帝。……世界其他人口大国，比如印度、美国、巴西以及印度尼西亚，不仅都承认它们有着多样化的起源，而且现在的人口也是由多个种族构成的。事实上，这些国家还以‘民族大熔炉’为荣。反观中国，除了一些偏远地区，种族和民族实际上已经合二为一，这在其他人口大国绝对是不存在的。”参见马丁·雅克，《当中国统治世界：中国的崛起和西方世界的衰落》，中信出版社 2010 年版，第 206 页。

历史上多样的族群，会不断地相互学习与融合，以至于很多族群与族群特性消失了，形成了同一的中华民族认同？为什么中国能够包容多样化的异质性因素，包容多元化的体系，以至于中国可以容纳一个国家、两种制度（比如香港、澳门）的情况？为什么方言、体貌特征有差异的各地民众都自认同属一个民族，拥有共同的祖先与历史文化渊源呢？

马丁·雅克指出，这是因为西方人总是以自身历史形成的经验与认知去看待中国文明。民族国家是欧洲文明发展到近代经过宗教战争所形成的产物。西方人总是以民族国家的视野与思维去看待中国，同时又忽略了中国的历史，就会形成如此大的认知偏差。白鲁恂指出，中国并不是一个普通的民族国家，而是一个拥有悠久历史与文化传统的“文明国家”。[1] 中国构建现代民族国家是近代遭受西方殖民侵略的结果，然而与欧洲的民族国家不一样的地方在于，在近代成为一个民族国家之前，中国早就以一种明确的国家形态屹立于世界了。[2] 中国人并不像欧洲人那样将国家视为民族国家，而更多看作文明国家。[3]

1　马丁·雅克多次引用白鲁恂的话来论证。白鲁恂认为：“在成为民族国家以前，中国首先是一个文明实体。”白鲁恂说：“把中华民族凝聚在一起的是文化、种族、文明等意识，而不是将整个民族归结为一个国家的身份。”

2　[英]马丁·雅克：《当中国统治世界：中国的崛起和西方世界的衰落》，张莉等译，中信出版社 2010 年版，第 161 页。

3　同上。

文明国家所塑造的政治与传统民族国家的政治有着明显的不同。可以说，中西方之间的冲突体现了文明国家与民族国家之间观念的冲突。

二、“滚雪球”的故事：中华民族共同体的历史演进

法国汉学家葛兰言（Marcel Granet，1884—1940）在《中国文明》中指出，统一共同体的情感决定了古代中国人保护他们自己，防御来自蛮族联盟的侵略，这促使他们以建立大帝国的方式来接受统一这一事实。这样，他们的文明便达到了“一种渐进组合形成了的文明”。这文明是一种强大、活跃的组合，被它卷进去的人民并没有任何被迫乃至受高压不得不承认这一文明的感觉，并且这一文明处在统一国家的观念之下。[1]

为什么被卷进来的人民不会感到压迫，而是主动在情感上认同这一共同体，原因就在于中国历来是以文化认同塑造民族认同。传统的夷夏之辨是以文化而非以种族、血统来区分华夷，这造就中华文明的兼容性与开放性，只要认同中华文化的外来民族都可以融入中华大家庭之中。

1　[法]葛兰言：《中国文明》，杨英译，中国人民大学出版社2012年版，第6页。

中国的大一统多民族国家是在历史上形成的实体，而非西方学者本尼迪克特·安德森所谓的“想象的共同体”。中华民族多元一体的格局也是经由长期的民族融合而形成的。费孝通说，中华民族作为一个自觉的民族实体[1]，是近百年来中国和西方列强对抗中出现的，但作为一个自在的民族实体[2]则是几千年的历史过程所形成的。

中华民族多元一体格局的形成分为两步：第一步是距今三千年前，黄河中游出现了一个由若干民族集团汇集和逐步融合的核心——华夏。它像滚雪球一般地越滚越大，把周围的异族吸收进入了这个核心。第二步是汉族的形成，也可以说是从华夏核心扩大成汉族核心。汉族拥有先进的精耕细作的农业经济以及高度发达的文明，在与周边少数民族的互动过程中其形成强大的吸引力与内卷力，不断地同化、吸收其他民族文化，中原文明圈由此逐渐扩大，从而构成后世中国的版图。这是一个民族融合的过程，也是一个文化融合的过程。[3]

1　自觉的民族实体：在西方列强的入侵之下，中华民族的自我意识觉醒，更加自觉地认同自身为中华民族共同体，以区别于其他民族。中华民族共同体意识由潜在变为开显、显露。

2　自在的民族实体：历史上中华民族各族群在长期交流、交往、交融之中已经客观形成了共同体，这是客观的历史事实，但是还没有达到自我意识的高度，是潜在的共同体意识。

3　费孝通：《中华民族的多元一体格局》，载《北京大学学报(哲学社会科学版)》，1989年第4期。

民族融合的伟大力量来源于周代天下体系的制度。天下秩序不具有排他性，没有自我—他者的对立意识，因而能够把异质性的“他者”转化为“我们”，形成文化共同体。天下秩序是中国的世界史，而秦朝的大一统的国家制度是中国国家史的开始。天下无外的理想本来是“以天下为一家，以中国为一人”，但由于周朝天下体系的终结，无外的理想便收缩为后半句（天下故事收敛为中国故事），化为中国内部的多元兼容原则，正是这个原则保存了天下的基因，使内含天下结构的中国具有政治现实性。[1]这也是中国能从中原的核心区域不断向外扩展最终成长为容纳多民族多文化的复杂共同体的文化原因所在。

传统天下国家充分重视少数民族的差异性，充分尊重少数民族的风俗、习惯、信仰等，在国家治理上采取了多样的、差异化的治理体系与制度，体现了一个“天下国家”多元包容、和而不同的兼容性、开放性与普世性。对内方面，传统中国对边疆及域内少数民族采取因地制宜、因俗制宜的差异化的民族与边疆治理模式；对外方面，传统中国建立了以经贸互惠与文明礼仪往来为核心的朝贡体系。马丁·雅克教授认为只有像中国这样的“文明型国家”而非西方式的“民族国家”才能允许并创造“一国两制”

1　赵汀阳：《惠此中国：作为一个神性概念的中国》，中信出版集团 2016 年版，第 24 页。

的伟大方案。其实，古代中国早就开创了一国两制甚至一国多制的治理方案。

传统中国对边疆少数民族及中原内地实行差异化的治理。对于边疆的少数民族，中央王朝一般实行“羁縻”的间接统治，不实行直接管理。如汉代设立的安西都护府，其职责是以中央王朝的武力保障来维持、协调西域诸国之间的关系，保证丝绸之路的畅通。所谓“羁縻”的实质是“以夷制夷，因其俗以为治”，即以怀柔安抚为主，武力震慑为辅，恩威并施的政策。羁縻政策依然保持少数民族原有的社会组织形式和管理机构，承认其酋长、首领在本民族和本地区中的政治统治地位，任用少数民族地方首领为地方官吏，除在政治上隶属于中央王朝、经济上有朝贡的义务外，其余一切事务均由少数民族首领自己管理。对于境内的少数民族地区，虽然在版图之内，但朝廷并不过问内部事务，只是通过首领来实现间接统治，如元代以来的土司制度。土司制度表面上是羁縻手段，实际上是通过派遣流官来进行治理。明中期又逐渐采取“改土归流”政策[1]，逐渐纳入郡县制轨道。

---

1 “改土归流”政策：废除西南各少数民族地区的土司制度，改由中央政府委派流官直接进行统治，实行和内地相同的地方行政制度。狭义上指清朝雍正时期在西南滇、黔、桂、川、湘、鄂 6 省实行的废除土司制度，设立流官治理的改革。

清朝时期设置的理藩院、驻藏大臣、伊犁将军、台湾建省等制度，空前强化了大一统多民族国家的内部整合，为把中国锻造成为统一的多民族大一统国家做出了巨大贡献。正如学者宋念申指出的，皇太极在国体建设中最具制度创新意义的，就是在中央一级最高行政机构中创立理藩院。该机构的内在逻辑是将藩部的治理作为内政来对待，从而与由礼部管辖的属国外交加以区别。与介于“治与不治”之间的羁縻制度完全不同，与作为其前身的元朝总制院、宣政院也有所差别，理藩院体现出更高程度的制度化水平，堪称中国史上一次具有深远意义的制度创新。清朝统治者自觉接受和利用了中原文明的政治合法性资源，如天命传承、天下无外、天命无私、夷夏之辨、正统观[1]等，为自己入主中原提供合法性论证。清朝完全是中国王朝，只不过在利用中原文明的

1　天命传承：新王朝取代旧王朝的合法性依据在于新王朝“保民”的德行。“以德配天”，天命才会降到新王朝。

天下无外：天下体系具有开放性与兼容性，有德者都可以获得天命成为天下的主人。

天命无私：天命不会眷顾停留在一家一姓之上，是没有亲私的，会转移到真正有美德的统治者身上。

夷夏之辨：古代中国以华夏礼乐文化为认同标准来区分文明与野蛮（华夏与夷狄）的共同体意识建构，它不以种族血统为划分依据。

正统观：儒家思想提出的某一王朝具有统治中国的合法性所在。一般认为判定一个王朝具有统治中国正当性的标准有三：一、占据中原地区；二、完成中国的统一；三、采纳华夏礼乐文化与政治制度，以儒家思想为官方意识形态。

资源时，依然保留有部分民族特性——“满洲”性（满洲：满族前称）。清朝以宗教信仰的方式史无前例地统合了中原农耕文明与草原文明。

相比中国，罗马帝国境内众多的族群并没有建立起对罗马文化的统一认同，因为这种统治是建立在武力的征服与经济的掠夺之上的。罗马以军事力量控制庞大帝国，并不存心以教化的力量建立主流思想。罗马没有建立起类似于中国的文官体系、士人政府，而是长期沦于军人专政的痼疾。当罗马帝国遭遇蛮族入侵时，曾被罗马征服的原来族群其族群意识高涨，推动帝国走向了解体。马上得天下，岂能马上以治之？

三、神州：中国信仰的形成

中国历来是以文化认同塑造民族认同，这是因为文化认同是最深层的认同，是构筑中华民族共有精神家园的根基。传统的夷夏之辨认为，是否是中华民族的一员，不是靠种族、地缘或者宗教，而是靠文化、礼义与典章制度，所谓“诸侯用夷礼则夷之，夷而进于中国则中国之”（韩愈《原道》）。这是说，生于中华的族群若不认同中华文化，就非中华之人；不生在中华地域的族群，只要认同中华文化，就是中华之人。中华文明的民族多元一体来源于中华文化强大的辐射力与吸引力。

中国的天下观念以及以文化区分华夏与夷狄的观念深深推动了“中国”概念的生长与扩展，形成广域的“文化中国”的文化地理范畴。历史上的朝鲜与越南都曾以“小中华”自居，它们自觉认同中华文化，成为儒教文化圈的重要组成部分。赵汀阳很形象地说，中国之所以能持续不断地生长，是因为中原具有一种旋涡效应，对于周边四方形成强大的吸引力，其目的是为了获得中原的红利（以文字、儒家经典为代表的精神资源）。因而，中原的扩展不是中心向外扩的西方帝国模式，而是周边不断地自觉地卷入旋涡的争夺之中。“正是天下逐鹿游戏持续不断的旋涡效应创造了中国以及中国的旋涡式的生长方式，而这个旋涡游戏的开放性——归功于天下观念——决定了中国是一个不断生长甚至无边生长的概念，即一个不断趋近天下尺度的中国概念。”[1]

中国的内在结构保持着“配天”的天下格局，所以中国成为一个具有神性的存在，谓之“神州”。中国文化里不存在人与神的约定模式，但存在人道与天道相配（配天）的信仰形式，凡是达到配天的存在皆为神圣存在，也就成为信仰。其实，中国的精神信仰就是中国本身，以配天为存在原则的中国就是中国的神圣信念。与自然一致（配天）是中国的神学标准，把天地复制为家，

1　赵汀阳：《惠此中国：作为一个神性概念的中国》，中信出版集团 2016 年版，第 50 页。

便是象征性的配天之意，也是敬天之礼。“中国的家不仅是个社会学的家庭概念，同时也是一个自然神学的本根概念。”[1] 血亲家庭是最小规模的家，众人共同体的国家是较大规模的家，所有人的天下是万民之家。这种以天地为本的同构复制也同时复制了天地的神学性质。因而国是神圣的，家也是神圣的。这解释了中国“家国同构”的内在机理。陆游（1125—1210，南宋诗人）在临终前告诫子侄，当国家统一之日，“家祭无忘告乃翁”，家国天下情怀是中国士人最浓厚的注入血液之中的情怀。

习近平总书记指出：“无论哪个民族入主中原，都以统一天下为己任，都以中华文化的正统自居。”历史上，任何一个少数民族政权定鼎中原，都主动选择继承发展中华文明的大一统体系：以华夏正统自居，自觉地实行“汉化”，以儒家正统的礼仪、典章制度来治理中国。比如来自大兴安岭深处的拓跋氏政权主动把都城从大同迁到洛阳，采用华夏衣冠礼仪，使用汉姓，采纳中原文明的一系列典章制度，推行科举制，建立文官体系，用儒家思想推行礼乐教化。这些举措加强了汉族与少数民族的融合，这种过程不是单向的宗教皈依，而是双向的“互化”。汉族在民族融合的过程中也汲取吸收了少数民族的文化元素。长期的民族融合

1 赵汀阳：《惠此中国：作为一个神性概念的中国》，中信出版集团 2016 年版，第 65 页。

历史形成了汉族与少数民族你中有我，我中有你，谁也离不开谁的格局。

以少数民族身份入主中原并建立了多民族的大一统国家的两个朝代元朝与清朝，相比纯粹的汉族王朝，空前地拓展了中国的疆域版图，把多个少数民族（蒙古、藏、回等）真正统合到中华民族的大家庭之中。蒙元帝国虽然是草原帝国，忽必烈（1215—1294，元朝开国皇帝）建立王朝却定都北京而非金莲川草原上的上都，这象征性地表明忽必烈继承的是中原王朝的天命，他是中国的皇帝。忽必烈所重用的儒生刘秉忠完全依照《周礼》的方案设计了元大都的城市规划，严格按照《考工记》上“左祖右社，前朝后市”的格局规划了元大都。

清入主中原，清代帝王为了构建大一统与统治合法性做了一系列的工作。第一，重构夷夏之辨，以“礼仪”别内外，而非以“种族”别内外，尤其是雍正通过曾静案颁行《大义觉迷录》，在其中阐发少数民族只要有德同样能获得天命、具有统治天下的合法性。第二，清廷重视宫廷礼仪与地方宗族重建，倡导以“家”为单位的“孝”文化；在上层倡导“孝道”，在基层使“乡约”“宗族”等组织重新趋于制度化。第三，复三代之治，清代帝王积极学习儒家经典，皇帝掌握解经权。第四，清廷安抚江南士人，康熙与乾隆的多次南巡也是为了安抚与笼络江南士人。[1] 在南巡的过程中，清朝皇帝多次赴明孝陵以三跪九叩大礼祭奠明太祖，这些都表明清代皇帝对于儒家思想正统的接受。南巡可谓一场收编江南士人的统战之旅。

元朝创造了中央集权制度中的“行省制”，清朝创造了包括西藏、新疆在内的多民族边疆治理体系。从辛亥革命、清帝逊位时孙中山先生提出的“五族共和”[2] 到中国共产党开创的民族区域自治制度，中华民族“多元一体”的共同体重新整合，完成了大一统多民族现代国家的构造。文化上的大一统表现在各个民族对统一国家的文化认同上，这种认同滋生了中华民族“多元一体”的民族观。民族区域自治制度是马克思主义民族理论同中国民族问题具体实际相结合所产生的伟大创造。民族区域自治制度也继承了传统中国对少数民族实行差异化治理的经验与模式，是对历史上形成的中华民族“多元一体”格局的继承与发展。多元聚为一体，一体容纳多元。“多元”兼容是中华文明绵延至今、历久弥新的根源，“一体”是历史的潮流和各族人民共同的心理自觉。

---

1 杨念群：《何处是江南：清朝正统观的确立与士林精神世界的变异》，生活·读书·新知三联书店 2010 年版。

2 1912 年 1 月 1 日，孙中山发表《中华民国临时大总统宣言书》，第一次提出了“五族共和”论：“国家之本，在于人民。合汉、满、蒙、回、藏诸地方为一国，即合汉、满、蒙、回、藏诸族为一人。是曰民族之统一。”这一原则强调了在中国的五大族群汉满蒙回藏和谐相处，共建共和国。

多民族治理模式深深植根于中华文明的文化认同之中。

四、中华民族共同体的现代转型

中华文明的立国模式并不是向外征服，而是向心凝结。确保向心凝聚的根源在于中国的四方力量对于中原核心区域所代表的华夏文明有一个共同的文化认同，进而能消弭不同族群之间的分歧，促成共同体信仰的完成。这跟中国天下观念具有极强的兼容性与开放性有关，任何认同中华文化的异质性他者都可以被接纳为中华大家庭的一员。

周代封建政治贡献的“天下秩序”观念是保证中国长期维系、并不断吸纳周边异族而成为多民族、多文化的“天下国家”的重要原因所在。历史学家许倬云说，周代天下秩序的特征是“多元而渐变，共存而不排他”。天下没有边界，只有逐渐向外扩散而淡化的影响力。赵汀阳认为，天下秩序的核心是“天下无外”与“王者无私”的原则，因而具有极强的开放性与包容性。所谓“天下无外”，就是建立一个没有任何外部性（externalities）的万民共享社会。天下秩序不具有排他性，没有自我—他者的对立意识，因而能够把异质性的“他者”转化为“我们”，形成文化共同体。[1]

然而，这并不意味着传统中国只具有天下意识或世界意识，而没有国家意识与国家认同。学界的研究如姚大力、葛兆光，已经证明传统中国的国家认同意识非常强烈[2]，只不过这种认同与近代民族国家的认同形式与内涵有很大不同。[3]正如葛兆光指出的，从宋代以来，中国士大夫就具有了近似民族国家的观念，清晰的边界意识（如北宋与辽、西夏之间边界的划分）、自我与他者身份区别的强化（如宋代儒家学者强调汉族中国的正统性，强调以汉族为主体的北宋才是统治中国的正统，而北方少数民族政权西夏与辽没有统治中国的合法性）等类主权国家特征，成为中国近世民族主义的滥觞。因而，传统中国兼具了“天下国家”与“有

1　赵汀阳：《惠此中国：作为一个神性概念的中国》，中信出版集团 2016 年版，第 24 页。

2　姚大力认为这种国家认同主要是臣民对于王朝君主的效忠与认同，体现为忠臣不事二主的政治伦理。在与周边少数民族政权并立且互动的大历史视野中，中国这种天下国家渐渐具备了一些近代民族国家的特性。尤其是在宋代国力微弱的时候，士人形成了区分自我与他者（强调夷夏之防）的中国意识与正统意识，强调汉族中原文明的正统性。葛兆光指出，具有清晰边界意识与模糊主权概念的民族国家雏形在宋代已经形成，这成为中国近世民族主义的滥觞。因而准确地说，传统中国兼具了天下国家与有限国家的双重特性。

3　在古典中国，经过统治者各种政治的、经济的、文化的大一统举措的实施，中国的国家认同逐步确立，虽然这个时候的中国更多意味是一种“天下国家”的文化共同体，而非现代意义上国界清晰、主权意识明显的民族国家。

限国家”的双重特性。这就决定了近代中国由传统天下国家、王朝国家向现代民族国家转型时国家建设与民族创制的复杂性与艰难性。

这种复杂性体现在天下秩序内部必然会面临“华夷之别”或“夷夏之防”的问题。在传统的文明国家与天下国家的框架下，自我与他者的区分并非种族血统，而是文野之别，体现在文化、制度与礼仪等一套文明秩序上。而民族国家的构建必须以某一民族或政治族群为基础来实现民族的政治化构造，进而建设民族国家。在近代民族主义大潮的冲击下，民族国家已然成为世界潮流。晚清的思想者已经认识到，要拯救中华文明必然要建设现代民族国家，建立“国”权，进而实现民族独立与国家富强。在传统中国多元一体的天下国家秩序崩解时，采纳以占人口绝大多数的汉族为基础、排除少数民族来构建“小民族主义”的民族国家方案，还是采纳融合国内各族为一大民族的“大民族主义”的民族国家方案，成为晚清革命派（章太炎、邹容等）与民国改革派（康有为、梁启超等）争论的焦点。古老的中国必然要正视从传统天下国家向民族国家转型的复杂性与艰难性。

这个转型是近代中国在四面交侵的外部危机下实施的，自居为文明中心的天朝上国降格为国际秩序中的列国。从结果上看，中国成功避免了传统大帝国转型后分裂成众多民族国家的情况。

成功的关键在于实现了传统天下国家的“旧邦新命”，实现了传统文化的创造性转化。这个转型并没有抛弃古老文明的智慧与传统，完全效仿西方基于民族自立的民族国家方案（如奥斯曼土耳其帝国的解体方案）。晚清的革命党人曾经提出过激进的“驱除鞑虏，恢复中华”的主张，然而这毕竟不符合传统的天下观念，这种思想很快就被抛弃。晚清天下国家向近代民族国家转型的关键时刻，在各种政治势力努力之下，中国依然能回到传统的天下观及以文化而非以种族辨夷夏的思想，在此基础上，以中华民族多元一体的共同体格局为基础建立了统一的多民族的现代人民共和国。

第四章

理念与智慧：中华文明的价值谱系

中华文明所蕴含的理念与智慧，是中国这样一个文明型国家形成的核心价值。这里聚焦以下几个方面：中华文明的成长超越神教，走出神的支配，确立人的主体地位，中华文明的底色是人文；相比于西方个人权利优先的价值理念，中国文化强调责任伦理的优先性，中华责任伦理的价值体系最集中的体现为成己成物的仁者精神与礼义之分的责任意识；作为具有高度原生性和延续性的超大规模文明体，中国在长期的历史发展中形成了一套完整而稳定的世界秩序观，其核心即天下理念。

一、以人为本和以天为则

如果从整体上来把握中国传统文化，人文精神可以说是其最主要和最鲜明的特征。人文精神有两个最为突出的特点：一是重视人的价值和主体性，强调“以人为本”，充分发挥人的主动性、能动性。二是提倡人文教化和德性提升，强调人要懂得自尊、自律，把道德情操的自我提升与超越放在首位。

中华人文思想的独特之处在于把人及人的世界作为思想的源头和行动的主体。中国文化既不以神为中心进行文化构建，也不以单纯的物质发展为主要目的，而是充分重视人自身在天地万物中的地位，并以人的自我提升为归旨构建了一个以人为本、尊重自然、崇尚德性的人文文化。

“以人为本”的理念，源自“人”为天地所生万物中最灵、最贵者的思想。《尚书·泰誓》认为，天地是万物之母，而人是万物之灵。《孝经》中也借孔子的名义说，天地生万物，人是最为宝贵的。荀子则通过层层对比，更加细致而清晰地指出了，为何天地万物之中人“最为贵”。他说，水火有物质实体，但是没有活的生命；草木有生命，但是无知觉；禽兽有知觉，但是没有“义”，即道德自觉；只有人是有气、有生、有知，并且“有义”的，所以最为天下贵。因此，人类需要真正认识到自身“最为天下贵”的特殊地位，需要自觉自律、自我提升，最大程度地管理好自己，需要主动担负起“为天地立心”的使命和责任，最大程度地尽到人之为人的义务，这是中华文化人文精神的核心内涵。“以人为本”意味着“人”是社会发展和文化创造的主体，一切的发展和创造也应当服务于“人”这个主体的提升和完善，而不是相反。

“以人为本”的精神深刻影响了中华文化的政治伦理。这一方面最为典型的体现便是中华政治哲学中的“民本”思想。中国人很早就意识到，人民群众才是历史的创造者，是推动历史发展和社会进步的真正动力。在当今时代，“以人为本”的人文精神也体现为人民利益至上的价值追求，体现为中国共产党为中国人民谋幸福、为中华民族谋复兴的初心和使命。

但是，以人为本并不意味着人类中心主义。中华文化以人为本的内涵，恰恰包括要尊重自然、尊重规律、尊重天地万物，在强调“以人为本”的同时还提倡要“以天为则”。总的来说，中国文化力求在天与人之间达到一个平衡，一方面做到“无以人灭天”，即不因人的私欲而妨碍自然万物的生存发展；另一方面又防止了“蔽于天而不知人”，即不因对于外物的盲目崇拜而丧失了人自身的主体意识。人文精神就是这样一种辨证、中和、重德的精神。

二、重人本

中国文化十分注重人生的现世意义，把人视为文化建构和社会发展的根本，对彼岸世界和神秘主义大体采用一种存而不论的现实态度。这一点，孔子的态度最为典型。孔子很少谈论鬼神，而是试图以人伦和人道彰显人的主观能动性，引导人们重点关注人自身的道德自觉和社会担当。当子路向孔子请教什么是鬼神的时候，孔子没有直接回答鬼神之事究竟何谓，而是以反问且警示的语气提醒他："未能事人，焉能事鬼？未知生，焉知死？"由此可见，儒家主张人们将关注点、将精神的重心放在现实世界、放在活着的人身上。孔子对于鬼神，从未直接回答"有"或者"没有"，甚至不愿多谈（子不语怪、力、乱、神）。对此，钱穆先生有一段话说得十分精彩："死生本属一体，蚩蚩而生，则必昧昧而死。生而茫然，则必死而惘然。生能俯仰无愧，死则浩然天壤。今日浩然天壤之鬼神，皆即往日俯仰无愧之生人。苟能知生人之理，推以及于死后之鬼神，则由于死生人鬼之一体，而可推见天人之一体矣。"[1] 由此，生和死并非截然相反的两种状态，儒家通过一种人文精神而将生死之道进行了一定意义上的贯通。

既然鼓励人们重视人事而远离鬼事，那孔子为什么不直接否定鬼神呢？孔子的弟子曾子对此做出过一个回答："慎终追远，民德归厚矣。"[2]"慎终"和"追远"指的是对待逝者的心意态度。在儒家看来，灵魂存在与否并不重要，重要的是如何对待逝去的人。对待逝者，始终葆有一颗诚敬之心、报本之心，这种诚敬之心是不以人之死后是否有知、不以灵魂之实存与否而变化衰减的。将这样一种超越实证、不论功利的诚敬之心、报本之心扩充开去，

1　钱穆：《论语新解》，生活·读书·新知三联书店 2002 年版，第 304 页。

2　[宋]朱熹：《论语·学而》，引自《四书章句集注》，中华书局 1983 年版，第 50 页。

施及一切人事，可使一个群体的风俗得到淳化。钱穆先生将这一态度称为“从人类心情深处立教”。

中华文化的人文精神，还体现在对鬼神概念的认知上。在中国人的传统观念中，曾经生活在人们身边的、对人的生命和精神世界产生重大影响的先祖、君师、圣贤人物等等，都可被尊奉为人圣而加以敬仰。除此之外，对那些与人们生产生活息息相关的事物，如日月、山川、江河等，人们也会举行一些礼仪，以表达心中的敬意。历史上，经过儒家的改革，许多礼仪风俗不再只是祈福消灾的功利性仪式，而是成为人文教化的一种途径。儒家的祭祀虽不是直接的道德活动，但可通于道德而助人培养一种博大的情怀。通于道德、培养道德情怀，正是中国文化中神灵信仰的要义。正如楼宇烈先生所说，中国文化中很多的“神”是从人类的现实生活中涌现出来的，是在德行、智慧方面出类拔萃、为人类做出重大贡献、堪为人们榜样的人物，将其树立为百姓心目中的“神”，正是一种教化方式——教导人们学习他们的品格、德行、智慧，最终借“神”的作用来提升自己、完善自己，而不是放弃自己的主体性去祈求“神”的加持。“敬神”的背后，乃是一种对于共同价值的肯认，是一种对道德境界的追求，表面崇奉众多“神灵”的行为，其内里反而饱含着十分强烈的道德情怀与人文精神。同时，中华文化通过礼仪与风俗，不但培养起人的报本、感恩、敬畏之心，而且可以通达天地之原、万物之本和生命之道，从而为人的道德自觉建立起超越性的人文根基。

受此人文精神影响，对于外来的各种不同宗教，中国始终保持尊重与包容，不因“神”的唯一性而产生排斥。因而中华文化呈现出了海纳百川的气度和求同存异的胸怀，传统中国也很少因宗教而产生战争或极端冲突。同时，外来宗教在进入中华大地之后，也要在教理教义上做出相应的人文转化，如此方能在中国落地生根，这其中最为典型的便是佛教。在儒家思想和中华人文精神的帮助下，中国佛教创造性地融合了印度佛教和中国文化，在理论上完成了佛性的内在性转化和伦理性建构，把佛教的信仰从“彼岸”迎回到人间，让自性清净、自作明灯的人文精神成为了中国佛教的核心。佛教中国化之完成，可以说是中国宗教史上最浓墨重彩的一笔。

三、尊德性

中华文化重视德性、严义利之辨的人文精神对于拜物主义等问题有着重要借鉴意义。

孔子曾经说过：“富而可求也，虽执鞭之士，吾亦为之。如不可求，从吾所好。”[1]可见，孔子也不否定财富和物质的现实意义。然而，财富和地位并不是每个人都必然能追求得到的。儒家认为，人唯一可自作主宰、自由决断者，乃在于选择仁义为本的道德自觉和“从心所欲不逾矩”的意志自由。《论语》开篇就说“学而时习之，不亦说乎”“有朋自远方来，不亦乐乎”[2]，视学问的增长、德行的提升以及志同道合者切磋琢磨为人生最大的乐事。这也充分体现了儒家对于幸福和意义的人文理解。在儒家看来，人真正的自由和幸福并非在于外在的物质和财富，亦非仰仗虚悬的天命或鬼神，而是完全在于人自身的自觉和德性：选择安处于仁义之中不但是人不假外求、当下可得的自由和幸福，也是人的本质和本性之所在。

在中国哲学史上，“义利之辨”是一个影响深远的重大议题，孟子、荀子、朱熹（1130—1200，南宋理学家、思想家、哲学家、教育家）、王阳明（1472—1529，明代思想家、军事家，心学集大成者）等思想家都通过大量深刻而缜密的论述告诉人们：道德自觉是人之为人的根本，是人内在的自然本性，是不假外求且须无条件坚守的。

义利之辨最主要的目的就是严防拜物、警惕物欲对人的腐蚀。

---

1 [宋]朱熹：《论语·述而》，引自《四书章句集注》，中华书局1983年版，第96页。

2 同上，第47页。

对于个人来说，“喻于义”还是“喻于利”是君子和小人的重要区别。在义利之辨的命题中，中华文化对于“利”字并非简单否定，而是承认之、接受之，并时刻提防其过度侵蚀人的道德性。对于君子而言，“提防”的一面尤为切要。君子同常人一样也有物质欲求，这本无可厚非。在儒家看来，君子是社会道德的榜样，应循天理良心而为，若能如此，虽不汲汲于追求名利而自无往不利，但若为物欲所左右，专以利为求，不但最终得不到利，而且有害于身为君子的根本。

不但个人如此，国家也是如此。“义利之辨”也关系到一个国家的社会风气和精神风貌。《礼记·大学》强调“德者本也，财者末也”“国不以利为利，以义为利也”。[1]中国人认识到，如果处处讲“利”、以“利”为主导和追求，其国民势必会“唯利是图”。国民竞相逐利而枉顾道德，那么社会必然陷于争乱。相反，一个社会如果以“义”为导向，人人为公，每个人在做一件事时首先考虑对集体的影响而非一己私利，这样的社会将是文明的、充满温情的，这样的民族也将是团结、有力的。在这样的社会里生存，每个人长远的“利”也才能够得到保障。《易经》将此概述为：“利者，义之和也。”[2]不能否认的是，求利、逐利是人的

1　[宋]朱熹：《大学》，引自《四书章句集注》，中华书局1983年版，第13页。

2　[三国·魏]王弼：《周易注》，卷一，《四部丛刊》影宋本。

一大本能，人很容易在外物的引诱中失去重“义”之心。故而，如孔子、孟子、荀子、朱熹、王阳明等等圣贤后儒，都不惜笔墨强调“义”字当重而“利”字当防。

通过“义利之辨”的探讨，尊德性、防物欲成为中华文化的主流价值观，也被赋予了重大的社会价值和文明意义，成为了人之为人、国之为国的必然追求。

四、以天下为己任

西方社群主义与自由主义争论权利优先于善还是善优先于权利，而中国文化不会陷入这样的争论。中华文明在长期历史中塑造了以天下为己任的责任伦理，造就了中国人浓烈的家国情怀，修身齐家治国平天下，修己以安人，修己以安天下，成为中国士人的最高向往。中国责任伦理的根据在于强烈的忧患意识以及敬德，以及在社会关系之中的伦理本位与差序格局[1]。

中华文明历来是在关系伦理中看待自我与他者的关系。中国文化不把自我与他者割裂开来，个体需要在群体中实现自我的创造性转化。中国人看待自我从来不是唯我独尊的。在传统社会，

1　差序格局：该概念由费孝通提出。在差序格局下，每个人都以自己为中心结成网络。这就像把一块石头扔到湖水里，以这个石头（个人）为中心点，在四周形成一圈一圈的波纹，波纹的远近可以标示社会关系的亲疏。

中国人有“五伦”：君臣、父子、夫妇、兄弟、朋友。中国人总是以伦理的角色定位要求自己，君君、臣臣、父父、子子，一个父亲要有一个父亲的样子，一个儿子要有一个儿子的样子。父亲和子女之间不是宰制性的权威与服从的关系，不是马克斯·韦伯所说的“家长制支配”威权关系[1]，而是双向互惠的关系。父慈，对应着子孝，若是父亲做得不对，子女有劝谏的责任，但提倡委婉的方式，以不伤害父子关系为准。除此之外，还有师生关系、同乡关系、同事关系等等社会关系。

在日常生活中，中国人往往通过照顾他人的身体而令对方交心，这熔铸在文化的深层结构中。中国人见面打招呼问的是“您吃了吗？”中国的烹调术反映了“和合性”，甜与酸、苦与辣、腥与淡，可以做阴阳调和。中国人在进餐时，从共同用膳的碗盘中夹食，为了体现待客之道，劝酒劝食盛情难却，这也体现了中国人的人情味。

中国代际关系的象征是大舜的神话，代际之间是和合的。舜很有才干，又很有德行，因而远近闻名，但却招来了他的父亲和异母弟弟的妒忌，被设计陷害。不过，舜并没有报复，反而采取逆来顺受的态度，照样孝顺父亲、敬爱弟弟，最后赢得了他们的

1　马克斯·韦伯认为古代中国的皇权是一种“家长制”支配类型，皇帝是一大家长，臣子都是皇帝的家臣，臣民对于皇帝是一种人身依附关系。皇帝依靠自己专断的权威支配群臣官僚，官僚缺乏自主性。

尊敬。

个体和共同体之间是连续性的“推扩”关系，所谓修身齐家治国平天下。天下是由小共同体（家庭）向外推扩而达到的最大共同体。以天下为己任的责任伦理造就了中国的士人精神与士人政治主体性的意识，造就了中国的大一统与天下秩序的制度构造，也造就了中国人家国天下的情怀与大局意识。

孔子开创了中国的“士人精神”。孔子所最先揭示的“士志于道”便已规定了“士”是基本价值的维护者。子曰：“士志于道，而耻恶衣恶食者，未足与议也。”（《论语·里仁篇》）士人有志于追求远大的道，对于那些以穿破衣、吃糙饭为耻的人根本不值与其谈论道的事情，士人的追求不是物质的富足与感官的享乐。子贡曰：“如有博施于民而能济众，何如？可谓仁乎？”子曰：“何事于仁，必也圣乎！尧舜其犹病诸！”（《论语·雍也篇》）孔子认为像“广博地对百姓施惠又周济救度大众”这样的功业不仅称得上是仁，就连尧舜那样的圣王都感叹不一定能达到。君子并不把个人的安危祸福放在最重要的位置，而是把天下苍生的福祉放在最神圣的地位。子路问君子。子曰：“修己以敬。”曰：“如斯而已乎？”曰：“修己以安人。”曰：“如斯而已乎？”曰：“修己以安百姓。”（《论语·宪问》）孔子认为修己的最终目的不止是安顿自己身心性命，最终的目的是安顿他人，以至于安顿天下的百姓。

曾参（前505—前435，春秋末年思想家，儒家学派代表人物）发挥师教，说得更为明白："士不可以不弘毅，任重而道远。仁以为己任，不亦重乎？死而后已，不亦远乎？"（《论语·泰伯篇》）《大学》提出"亲民""明德""止于至善"与"正心、诚意、格物、致知、修身、齐家、治国、平天下"的三纲八条目，把儒家的修齐治平之道熔铸在中国文化的深层心理结构之中。孟子说："禹思天下有溺者，由己溺之也；稷思天下有饥者，由己饥之也；是以如是其急也。"（《孟子·离娄》）儒家塑造了以天下人的安危祸福为己任的圣贤气象与人格理想，一种充盈浩然正气的大丈夫气概和人格完美的道德理想主义。孟子说："故天将降大任于斯人也，必先苦其心志，劳其筋骨，饿其体肤，空乏其身，行拂乱其所为，所以动心忍性，曾益其所不能。"庄子（前369—前286，战国中期思想家、哲学家、文学家，道家学派代表人物）把儒家的修齐治平之道概括为"内圣外王之学"，可谓非常恰当。一方面，强调内在的心性修养，注重内在德性的自我完善和精神境界的提升；另一方面，内在的修为是为了外王的事功，不断践履经世济民、平治天下的理想目标。内圣外王之道可谓原始儒家社会责任的践履模式。

"人能弘道，非道弘人"（《论语·卫灵公》）以及"士不可不弘毅”的原始教义对后世的“士”产生了深远的影响，而且愈是在“天下无道”的时代愈显出它的力量。所以汉末党锢领袖如李膺（110—169，东汉时期名士、官员），史言其“高自标持，欲以天下风教是非为己任”，又如陈蕃、范滂皆“有澄清天下之志”。《世说新语》载：“陈仲举（陈蕃）言为士则，行为世范，登车揽辔，有澄清天下之志。”

然而，先秦的“士”主要是以仁为己任，他们是价值世界的承担者，“天下”还未在他们肩上。东汉是历史上一个士人群体闪耀的时代，当时的士大夫领袖李膺提出的“以天下风教是非为己任”，仍然局限在精神领域之内。“以天下为己任”的意识直到宋代才完全明朗化。直到宋代范仲淹（989—1052，北宋时期政治家、文学家）倡导“先天下之忧而忧，后天下之乐而乐”的风范，“以天下为己任”一语才开始传播。南宋思想家朱熹在《语类》中说：“且如一个范文正公，自做秀才时便以天下为己任，无一事不理会过。”且不论范仲淹是否完美践行了“以天下为己任”或“先忧后乐”，他提出的这一新规范很快在士大夫群体中激起了巨大的回响，以至于朱熹评价他“振作士大夫之功为多”。

“以天下为己任”蕴含着士人对于国家和社会事务有直接参与的资格，其成为“士”的集体意识，并不只是少数理想极为高远的士大夫所独有，一代读书人的理想和豪情被激发出来。陆游说“位卑未敢忘国忧”，即便地位低微，但心心念念的仍是国家；文天祥（1236—1283，南宋末年政治家、文学家，抗元名臣）说“人生自古谁无死，留取丹心照汗青”，人固有一死，但这一颗赤胆忠心完全献给江山社稷。顾炎武（1613—1682，明末清初思想家、经学家、史地学家、音韵学家）说“天下兴亡，匹夫有责”。晚明东林人物的“事事关心”如今仍振动着中国知识分子的心弦。林则徐（1785—1850，清朝中后期政治家、文学家、思想家，民族英雄）说“苟利国家生死以，岂因祸福避趋之”。“士”作为一个承担着文化使命的特殊阶层自始便在中国史上发挥着“知识分子”的功用。钱穆先生说，“远溯自孔子儒家，迄于清末。两千四百年，士之一阶层，进于上，则干济政治。退于下，则主持教育，鼓舞风气。在上为士大夫，在下为士君子，于人伦修养中产出学术，再由学术领导政治。广土众民，永保其绵延广土统一之景运，而亦永走不上帝国主义资本主义之道路，始终有一种传统的文化精神为之主宰。”[1]

宋代士大夫政治主体的精神体现在两方面。一方面，士大夫积极投身于政治改革，革除弊政，试图再造理想之三代（夏商周）图景。另一方面，士大夫在民间兴办书院、大兴教育、完善家礼、主持乡约、巩固宗族，推进地方治理与道德教化。这实现了荀子

1 钱穆：《国史新论》，生活·读书·新知三联书店2001年6月版，第51页。

所谓“儒者在朝则美政，在乡则美俗”的期许。北宋思想家吕大钧（1029—1080，北宋关中学派代表人物）及其兄弟在关中制订的“德业相励、过失相规、礼俗相交、患难相恤”的《吕氏乡约》，成为中国历史上第一部乡约。“《吕氏乡约》便要把儒家精神客观化、具体化，普遍渗透进社会群众之日常生活里，来代替宗教团体之任务。”[1] 南宋理学家朱熹制定了完善的《朱子家礼》，颁行于乡间，还开创了赈济灾民的“社仓互助法”。朱熹在地方任职时获得官府的同意和支持，在当地建立社仓储备存粮，并与当地乡贤共同制定《仓规》，允许百姓在每年春夏青黄不接时借贷一次，秋冬偿还。这种办法在赈灾、社会救济方面发挥了重大作用。王阳明在赣南仿照北宋的“吕氏乡约”制定了《南赣乡约》，主要内容有六点：孝顺父母、尊敬长上、和睦乡里、教训子孙、各安生理、毋作非为。乡约以十家牌为单位，定期宣讲，以敦风化俗。实际上，王阳明的南赣乡约是寓教化于保甲[2]之中的做法，推动了社会救济与地方教化。

---

1 钱穆：《宋明理学概述》，九州出版社 2010 年版，第 92 页。

2 保甲：旧时代统治者通过户籍编制来统治人民。若干家编作一甲，若干甲编作一保。保设保长，甲设甲长，以便统治者对人民实行层层管制。在汉代，五家为“伍”，十家为“什”，百家为“里”；唐代，四家为“邻”，五邻为“保”，百户为“里”，北宋王安石变法时提出了十户为一保，五保为一大保，十大保为一都保。社会动乱时期，保甲制有利于维护治安、守望相助。

“以天下为己任”的理念在宋代之后继续支撑着士大夫们经世致用、兼济天下的责任感与使命感。在国家与民族面临危难之际，士人们总是站出来，担负起拯救家国天下的使命。尤其在近代中国遭遇三千年未有之大变局的世变时代，中国先进的知识分子以天下为己任，心系国家与民族命运，在救亡图存、振兴中华的时代洪流中，始终走在前列，涌现出一批批可歌可泣的英雄人物与光辉事迹。林则徐“苟利国家生死以，岂因祸福避趋之”，领导虎门销烟提振民族精神。魏源（1794—1857，清代启蒙思想家、政治家、文学家）、郑观应（1842—1922，近代启蒙思想家、实业家、教育家）等开明士大夫开眼看世界、开师夷长技以制夷风气之先。康有为（1858—1927，近代政治家、思想家、教育家，资产阶级改良主义代表人物）、梁启超（1873—1929，近代思想家、政治家、教育家，维新派代表人物）、谭嗣同（1865—1898，近代政治家、思想家，维新派人士）等改革家托古改制、变法图强以保国、保种、保教。孙中山（1866—1925，政治家、革命家、思想家，三民主义倡导者）、黄兴（1874—1916，近代民主革命家）等革命党人先觉觉后觉，以天下为公的精神勠力革命。毛泽东（1893—1976）、周恩来（1898—1976）等中国共产党人以大无畏之革命浪漫主义精神敢教日月换新天，救民于水火，带领中国人民实现民族解放的伟业。中国近代在拯救民族危亡、实现中华民族伟大复兴的征程中，正是由以天下为己任、救民于水火的兼济天下的情怀指引着前仆后继，谱写了灿烂的可歌可泣的诗篇。

五、忧患意识与敬德精神

中华责任伦理将个人置于群体网络的关系之中看待个人担负的使命、责任与义务，具有强烈的忧患意识与敬德精神。

中国的责任伦理来源于文化深处的忧患意识。《周易·系辞下》说：“《易》之兴也，其于中古乎？作《易》者，其有忧患乎？”新儒家徐复观（1903—1982，政论家）认为，圣人的“忧患意识”正是中国哲学从原始宗教的恐怖与蒙昧中轴心突破[1]的精神动力。在轴心突破后，忧患意识所推动的人文精神觉醒的潮流下，儒家对待天命不再是原始宗教式的惧怕与屈服，而是以主体的责任精神与道德意识承担起天命，并从天人合一中获得巨大的自足与快乐（自慊）。孔子并没有祈求天命，而是以人的主动担当与积极有为去顺应天命。“仁者，人也。”孔子强烈的忧患意识体现在他发明了“仁”道以标举人自身的道德能力，从而将人从无常的天

1 轴心突破：世界古代文明在发展过程中的精神大跃动，最后导致系统性的哲学史或思想史的正式发端。有关“轴心时代”“轴心突破”一套说法，是德国哲学家雅斯培（Karl Jaspers，1883—1969）在《历史的起源与目标》（*The Origin and Goal of History*）一书中正式提出的。

命摆布中拯救出来。

在孔子看来，对天命的敬畏就转化为一种在世的忧患意识，其重心就从“敬天”转向“敬德”，转向对人的主体性的挺立与德性的修养与实践上。“在忧患意识跃动之下，人的信心的根据，渐由神而转移向自己本身行为的谨慎与努力。这种谨慎与努力，在周初是表现在‘敬’‘敬德’‘明德’等观念里面。尤其是一个敬字，实贯穿于周初人的一切生活之中，这是直承忧患意识的警惕性而来的精神敛抑、集中及对事的谨慎、认真的心理状态。……周初所强调的敬，是人的精神，由散漫而集中，并消解自己的官能欲望于自己所负的责任之前，凸显出自己主体的积极性与理性作用。”[1]忧患意识与人文精神的觉醒，并没有让中国人更加匍匐与拜倒于宗教神权的权威之下，而是挺立其人的道德主体性，以“人能弘道”的主体责任去承担成己成物的使命，尽心知性知天，把人的潜能充分发挥，以臻于至善。

六、仁者精神与责任意识

中华责任伦理的价值体系体现在社会关系上，就是以伦理为本位，在个体与群体互动的网络关系之中，形成以个体为同心圆

1 徐复观：《中国人性论史》，华东师范大学出版社 2005 年版，第 15 页。

的差序格局，实现群己和谐，实现个人义务与群体福祉的和谐。责任伦理对于个体的要求是成己成物的仁者精神与礼义之分的责任意识。

按照梁漱溟的研究，中国文化是一种早熟的文化，是由理性早启和周孔教化而成的一种人情文化。中国人历来以家族生活为重，在这种家族生活下形成了一个以伦理为本位的社会，将社会各方面关系编织为相互承担义务相与为情的伦理网。伦理，即是情谊关系，亦即是其相互间的一种义务关系。人一生下来，便处于各种伦理关系之中。家人父子，是其天然基本关系，故伦理首重家庭，父母总是最先有的，再则有兄弟姐妹。既长，则有夫妇，有子女，而宗族戚党亦即由此而生。伦理始于家庭，而不止于家庭。居于此社会者，每一个人对于其四面八方的伦理关系，各负有其相当的义务；同时，其四面八方与他有伦理关系的人，亦各对他负有义务。全社会之人，不期而辗转互相连锁起来，无形中成为一种组织。费孝通提出了经典的“同心圆”的差序格局。相较于西方社会关系是“一捆一捆扎清楚的柴”，群己之间界限分明，中国的社会关系是“好像把一块石头丢在水面上所发生的一圈圈推出去的波纹，每个人都是他社会影响所推出去的圈子的中心。被圈子的波纹所推及的就发生联系”。在这个意义上，中国的人伦秩序就体现为“从自己推出去的和自己发生社会关系的那一群人里所发生的一轮轮波纹的差序”。以个体为圆心形成一种向外推扩的、由亲到疏、由近到远的差序格局，从而形成互相信赖的社群关系。由此，他者与陌生人也能被容纳进一个共同体中，使得亲缘关系并不具有强烈的排他性。这种差序格局不是完全的个人主义，也不是集体主义，而是体现了包容个体主体性又照顾社群利益的中道平和的精神。

中国文化是伦理本位。梁漱溟认为：“伦理关系，即情谊关系，亦即是其相互间的一种义务关系。伦理之‘理’，盖即于此情与义上见之。”伦理是因情而有义。古人看到真切美善的感情起于家庭，即孝悌、慈爱、友恭等，便把这些情感推扩来制作社会的结构，这其中反应的情义关系是“挈其情”以“督责其义”。因此，中国文化并不把个体与社群割裂开来，在儒家群己观中，“群”与“己”不存在非此即彼的矛盾和对立，中国文化的每一个体，都不是独立的、原子式的“个体的”“自由的”存在，而总是在相互影响、相互联系中形成一个关系网络的整体。处于共同体中的个体，由于割不断的情感纽带与所处的身份位置，必须首先担负起对群体的责任（道义）。这就形成中国文化群体本位的共同体伦理，个体价值的实现必须在关系网络和群体中才能实现。这与马克思所说的“人的本质是社会关系的总和”有异曲同工之妙。

由个体发展（己立）到社群和谐（立人）的关键一步是"推扩"（孟子所谓"善推而已矣"），体现为《论语》所说的"推己及人"与孟子所说的"推恩"与"扩充四端"[1]。孔子的"鸟兽不可与同群，吾非斯人之徒与而谁与？"《论语·微子》表明了对人类社群价值的持守。所谓"仁"，不仅仅是爱人，更重要的是推己及人（所谓忠恕之道，忠是尽己、恕是推己）的精神。"己所不欲，勿施于人"是从消极层面保持对他人的尊重。"己欲立而立人，己欲达而达人"，是从积极层面成己成人，尽好自己的本分（尽性）同时也要帮助他人尽到其本分与责任，自己想要通达，同时也要帮助他人通达，自己能够安身立命，也要帮助他人安身立命。这就是中国文化的絜矩之道，通俗地说就是将心比心，换位思考。由此，才能实现自我的发展与社群的和谐。

孟子对于推恩的精神发挥得最为极致。孟子说"老吾老以及人之老，幼吾幼以及人之幼"，"故推恩足以保四海，不推恩无

---

1 推己及人：将心比心，是儒家讲的"恕"道，即自己所不愿意别人施加给自己的事情，不要施加到别人身上，这就是"己所不欲，勿施于人"；同时，自己认为好的事情，应该也想到别人也有这种需要，而想着帮助别人也实现其需要，这就是"己欲立而立人，己欲达而达人"。

推恩：把自己对父母兄弟的爱推扩到别人父母兄弟身上，但是这种爱是有差别的。

扩充四端：人心本有的四种德性的萌芽或自然的道德情感，包括恻隐同情的情感、对可耻的事情感到羞耻的情感、谦让礼让的情感、明辨是非的情感。孟子认为要像培养树木一样，培养扩展这四种道德情感，从而成长为四种美好的德行，即仁义礼智。

以保妻子。古之人所以大过人者无他焉，善推其所为而已矣”。人们对亲人的爱（亲亲之情）外推向其他人、陌生人，这种亲爱之情一圈一圈地向外扩，从己到家，由家到国，由国到天下，最后达成四海之内皆兄弟、民胞物与的万物一体境界，构成和谐紧密的关系网络。这就是孟子强调的“亲亲仁民爱物”的一体仁爱，其中的关键就在于推恩（善推而已）。当代新儒家杜维明说，儒家理解的自我并非孤立的原子，而是处在以自我为中心向外辐射形成的同心圆社群的关系网络中。儒家的成就自我是与推己及人同步实现的，成己甚至是要以成人与成物为前提，所以《中庸》讲“诚者，非自成己而已也，所以成物也”，成己与成物是同步的。亲亲之爱的推扩形成了共同体的本位意识，构成了孟子所谓“出入相友，守望相助，疾病相扶持”（《孟子·滕文公上》）的共同体伦理。

礼义的精神体现为“敬”与“分”，敬就是敬重、尊重，分就是分别、明分、职分。荀子对于群己观提出了“明分使群”的概念。他认为人类能战胜并驱使牛马的原因在于“人能群，彼不能群也”，然而能形成合力的原因在于“明分”。相比于孟子从“推扩之爱”的角度建立个体与社群的联系，荀子提出的“礼义之分”思想，从划定“度量分界”的角度确定群体的秩序与规则，让个体各安其分，各尽其责，从而定分止争，实现群体的秩序和谐。在中国文化中，孟子强调仁爱，荀子强调礼义，更是提出了“礼义之统”的治道思想。《礼记·坊记》中讲：“礼者，因人之情而为之节文，以为民坊者也。”《礼记·乐记》中讲：“乐者为同，礼者为异。同则相亲，异则相敬。乐胜则流，礼胜则离。合情饰貌者，礼乐之事也。”礼的目的是规范人的情感达到无过与不及的中道状态，从而让人们之间生起敬意。

孟子讲：“义者，宜也。”“义，人之正路也。”孟子又说：“大人者，言不必信，行不必果，惟义所在。”《中庸》讲：“仁者，人也，亲亲为大。义者，宜也，尊贤为大。”“义”代表着应然、责任乃至正义。对亲人最大的义是奉养送终，敬慕不已（大舜对父母能做到五十而慕），对兄弟最大的义是礼让友爱，对妻子最大的义是相敬如宾、恩爱如初，对朋友最大的义是信任帮扶，对师长最大的义是尊重敬慕，对国家民族最大的义是舍生取义，誓死捍卫国家。儒家思想强调仁义精神，践仁蹈义。“铁肩担道义，妙手著文章。”中国文化的各项人伦之礼都是对个体责任与义务的规范。

中国的责任伦理也归因于中国文化深刻的“耻”感，即道德羞耻感。孟子讲人都有四端，其中一端是“羞耻之心”。《论语》中所见君子深以为耻的事情，即身处贫贱之位而不以贫贱为耻，邦有道时贫且贱为耻等。中国文化的耻是一种道德情感，这种道德情感更多地集中于一个人和外部世界相关的地位和品行上，而不是对一个人受到玷污的、败坏的自我的一种内向指控（内自讼）。西方的耻感属于“选择—责任—罪感”的概念体系。人的自由意志导致基督教的原罪的意识，即一个前定的罪感，人们在犯错的时候可以有别的选择，因此就要为自己的选择而承担责任。“对孔子来说，核心的道德问题不是一个人要对出于自由意志选择的行为负责，而是他所面临的这样一种实际问题：一个人是否适当地得到‘道’的教育，以及他是否愿意勤奋地学习行道？对于不能遵守道德秩序（礼），恰当的回应不是因为一种虽然邪恶但却自由的负有责任的选择而自我谴责，而是自我的再教育，以便克服一种单纯的缺陷、一种力量的不足，——总之是人在‘塑造’过程中的缺陷和不足。”[1]这就是孔子强调的“学以成人”，在不断的修养中成就完满的人格与道德，朝乾夕惕，进德不已。

七、天下理念与“和而不同”

作为具有高度原生性和延续性的超大规模文明体，中国在长期的历史发展中形成了一套完整而稳定的世界秩序观和文明观，

1　赫伯特·芬格莱特：《孔子：即凡而圣》，彭国翔、张华译，江苏人民出版社 2010 年版，第 36 页。

其核心即天下理念。近代以来，在中国艰难进行“大国的历史转身”[1]的过程中，传统的天下理念与朝贡体系由于其形式上的等级制遭到严厉的批判和无情的抛弃。然而，这并不意味着天下理念就一无是处。在“文明冲突”“文明隔阂”愈演愈烈的当代世界，天下理念的核心精神——和而不同的文明观对于今天的人们想象和构建一种新的人类文明秩序，仍然有着重要的借鉴意义。

两千多年前成书的中国第一部诗歌总集《诗经》中有这样一句诗：“普天之下，莫非王土。率土之滨，莫非王臣。”（《诗经·小雅·北山》）这句诗提示了在生产技术落后、活动范围有限的古代，中国古人对于世界以及世界秩序的基本想象，即“天下”。

从字面上看，“天下”即“天之下”。在中国传统思想中，“天”的含义混沌而抽象，但大致包含两个层面：一是自然意义上的，二是超自然意义上的。与之相应，“天”也有两个基本特点：一是至大无外，二是至高无上。因此，“天”往往用来指称中华文明中的最高存在。由“天”而来的“天下”也因此具有两个方面的基本含义。在地理学意义上，“天下”指天底下的所有土地，即整个世界。在政治学意义上，“天下”则指一整套理想的政治—伦理秩序。因此，“天下”是现实的地理空间与理想的政治—伦理秩序的统一，是将“溥天之下”（《诗经》）作为一个整体来

1　罗志田：《中国的近代：大国的历史转身》，商务印书馆2019年版。

对待，并希望建立一种可普遍化的世界秩序。从历史上看，随着中国古人对未知世界的了解不断加深，“天下”的实际范围始终处于不断扩展之中；但从概念来看，“天下”本身就包含有至大无外的意义。正如赵汀阳所说：“天下体系就只有内部性而没有外部性……任何尚未加入天下体系的国家或地区都被邀请加入天下的共在秩序。”[1] 换言之，现实地理空间的扩大不仅不会否定其普遍性，反而意味着现实适用范围的扩展。

正如人们所了解的那样，“天下”内部的地理空间被划分为由内向外的多个圈层。理想的天下格局是一种有差等的同心圆结构，处于最内层的是由“天子”——“天之子”所直接支配的王畿。

需要注意的是，划分这种等级秩序的根本依据并不在于地理距离的远近，也不在于种族血统是否“纯正”，而在于文明程度的高低，即文明 / 野蛮之分。按照中国古人的想法，既然“天”是无所不包的神圣性存在，是万事万物得以存在的最终根据，那么“天下”理应遵循一套共同的政治—伦理秩序。而“天子”是“天”在人类社会的代言人，自然是这种政治—伦理秩序的人格化呈现，他直接统治的王畿也就成为最为符合这套秩序的所在。以“天子”为中心向四周扩展，随着距离越来越远，受到“天子”之德教化

1　赵汀阳：《天下的当代性：世界秩序的实践与想象》，中信出版集团 2016 年版，第 4 页。

和影响的程度越来越弱，在“天下”体系中的政治地位也越来越低。

“天下”秩序并不谋求向全世界强制推行中国自己的文化和宗教，而是追求多样性的各得其所与和谐共存。这是“天下”秩序的基本文明理念，即“和而不同”。

中国古人很早就已经深刻地认识到“和”的道理。早在距今三千多年的商周时期的甲骨文和金文中，就已经出现了“和”字，它的本意是一种吹奏类的乐器，引申为声音和谐。中国古代的《尚书》中有“八音克谐”的说法，是指八种不同材质——分别是金、石、土、革、丝、木、匏、竹——制作而成的乐器演奏出的声音能够相调和，共同构成一篇华美的乐章，类似于我们现在的交响乐。可以说，交响乐是“和”理念的集中体现。中国春秋时期的思想家史伯曾经说：不同事物的和谐才能够产生新的事物，而一味求同则不能够持续发展。只是一种声音就谈不上动听，只是一种颜色就谈不上美丽，只是一种味道就不能成为美味，只是一种事物就无法进行衡量。[1] 政治家晏婴（？—前500，春秋时期齐国政治家、思想家、外交家）也曾经说：“和”就像烹调汤羹，水、火、盐、醋、酱油等都要有，才能烹调出美味的鱼肉；“同”则像是

1 《国语·郑语》：“夫和实生物，同则不继……声一无听，物一无文，味一无果，物一不讲。”

用水来给水增加味道，只用一种乐器就渴望演奏出精彩的乐章，皆不能达到目的。[1] 技术高超的厨师，一定是擅长将各种不同的食材进行恰当组合调配的人。因此，不同事物的调和、互补、融合才能生成新的事物，差别性、多样性、他者的存在是事物生长的前提条件，差别性、多样性的调和互补才是生生不息的根本条件。孔子则将这一原则概括为“和而不同”。

如上所述，“和”与“同”有着本质差别：“和”是多样性的调和与平衡，“同”则是把不同的事物强行变得相同。中华文明十分强调“和而不同”，它的基础在于承认和尊重“不同”，而目标则在求“和”——和睦相处、和谐共生、融合贯通。

在中国古人看来，“和而不同”正是天道——天的秩序——的体现。先秦时期的儒家经典《中庸》说：“万物并育而不相害，道并行而不相悖。”这句话精炼地阐明了中华文明对世界的基本认识：万物竞相生长，但是彼此之间并不妨害；日月运行、四时更替各有各的规律，相互不冲突。中国有一句古话：“一花独放不是春，百花齐放春满园。”一种花构不成整个春天，不同种类、不同颜色的花竞相绽放才是春天的魅力所在。

1　《左传·昭公二十年》：“和如羹焉，水火醯醢盐梅，以烹鱼肉……若以水济水，谁能食之？若琴瑟之专壹，谁能听之？同之不可也如是。”

八、和平主义

“天下”秩序“和而不同”的文明观带来了长久的和平主义传统。曾担任美国总统国家安全事务助理的布热津斯基（Zbigniew Brzezinski，1928—2017，波兰裔美国地缘战略理论家）曾经指出：“在中国的全盛时期，中国在全球没有可以与之匹敌的国家，这是指没有其他大国向中国的帝国地位挑战，甚至如果中国想进一步扩张，也没有任何其他大国能够抵挡中国的扩张，但中国还是比较有限地使用武力。”[1] 古代中国曾经长期领先于世界，但却很少采取武力攻伐他国、侵夺他国土地和财富。古代东亚国际关系总体保持了和平交往的友好关系。有学者曾经比较14至19世纪中叶东亚和欧洲发生的战争，得出的结论是：在这一时期，东亚国家间总共只发生过几场战争，而在同一时期，英国与法国进行了至少46次战争，甚至瑞典也参与了32场战争。他由此得出结论：“与欧洲国际关系模式不同的是，东亚体系最令人震撼之处恰恰就是它相对于欧洲的长期和平。”[2] 古代东亚地

1 ［美］兹比格纽·布热津斯基：《大棋局：美国的首要地位及其地缘战略》，中国国际问题研究所译，上海人民出版社2007年版，第13页。

2 ［美］康灿雄：《西方之前的东亚：朝贡贸易五百年》，陈昌煦译，社会科学文献出版社2016年版，第103页。

区的长期和平，与中国始终坚持的安边、睦邻的对外政策密切相关。孔子曾明确指出："远人不服，则修文德以来之。既来之，则安之。"就是要用道德文明和文化吸引远方的人，并加以安抚。继承孔子思想的孟子则进一步提出"王道"理想，作为对合理世界秩序的构想。[1]孟子区分了两种建构国际秩序的逻辑，一种是"以力服人"的"霸道"，另一种是"以德服人"的"王道"。在按照"霸道"逻辑建构的国际秩序中，国际关系格局以国家间实力对比为基础，因此所有国家都必须努力增强本国实力。这不仅会造成人类有限资源的极大浪费（如军备竞赛），而且这种国际秩序始终处于不稳定状态，整个世界时刻面临着战争的威胁，和平成为战争之间的休战期。近代以来"大国争霸"的国际格局证明了这种国际秩序的脆弱性。与之相反，在按照"王道"逻辑建构的国际秩序中，国际关系格局以国家行为是否符合公认的道德原则为基础，因此所有国家都致力于维护和实践共同的价值准则。而"公道自在人心"，最能体现这些价值准则的国家自然能够获得其他国家的真正尊重。这样的国际秩序不仅更为稳定，而且能够保持长久的和平。古代东亚国际秩序的长期和平证明了这种国际秩序的稳定性。例如，明太祖朱元璋在建国之初就颁布祖训，

1　《孟子·公孙丑上》："以力假仁者霸，霸必有大国；以德行仁者王，王不待大。……以力服人者，非心服也，力不赡也；以德服人者，中心悦而诚服也。"

将朝鲜、日本、琉球、安南等周边 15 个国家列为“不征之国”，表明要与各国和平相处，“共享太平之福”。

以中国的郑和下西洋和欧洲的新航路开辟为例，可以看出中西方的差异。两次航海的规模相去甚远。郑和率领船队于 1405—1433 年先后 7 次航海，到达东南亚、南亚、西亚和红海沿岸、非洲东海岸等 30 多个国家和地区。根据史料记载，首次航海的船队总共有 200 多艘船舶，其中最大的宝船长四十四丈四尺，宽十八丈，相当于长 151.18 米，宽 61.6 米；船高达四层，可容纳乘员上千人；船上有 9 桅可以悬挂 12 张帆，铁锚就有几千斤重。而第五等的战船也达到了十八丈长，六丈八尺宽。每次航海的总人数都在 2.7 万人以上，而且分工明确，有军事人员、船务人员、维修人员和办事人员，平均每 150 个船员就有 1 个医生。可以说，郑和的船队是当时世界上实力最强大的海军。相比之下，欧洲的新航路开辟晚了近百年，[1] 而且规模也远远小于郑和船队。哥伦布（Cristoforo Colombo，约 1451—1506，意大利航海家）第一次航海的船队只有 87 人，3 艘船，船长 24.5 米，宽 6 米，与郑和的宝船相比简直是小舢板；最多的一次也只有 17 艘船，1500 多人。而麦哲伦（Ferdinand Magellan，约 1480—1521，葡萄

1　1488 年，葡萄牙人迪亚士到达好望角；1492 年，意大利人哥伦布发现美洲新大陆；1497—1498 年，葡萄牙人达伽马到达印度；1519—1522 年，葡萄牙人麦哲伦完成环球航行。

牙航海家、探险家）的环球航行船队也只有 5 艘船。

两次航海的目的和效果完全不同。郑和下西洋是为了与其他国家和地区进行和平交往，船队每到一个国家，郑和都会向当地国王献上中国皇帝的国书，表明和平外交的意愿，并且与当地进行大规模贸易；很多国家都派使者跟随郑和船队来到中国进行友好交往。而新航路开辟则为美洲、非洲和亚洲带去了殖民者的枪炮和天花。

九、兼容并包

“和而不同”的文明观带来了对外来文明的兼容并包与和谐相处。与所有人类文明发展的基本规律相符合，中华文明在形成与发展的过程中也不是与世隔绝的，而是很早就开始了与其他文明的交流互鉴。在古代，中外文明交流的通道主要有两条，一条是从西北内陆经由河西走廊、天山南北连通中亚、西亚、南亚乃至欧洲的“陆上丝绸之路”，另一条则是从东南沿海经由海路到达东亚、东南亚、南亚、西亚乃至非洲和欧洲的“海上丝绸之路”。通过两条“丝绸之路”，中外文明在古代进行了大规模的交流。中国的丝绸、茶叶、瓷器、香料等物品源源不断地销往欧亚大陆的其他地区，指南针、造纸术、火药、印刷术等“四大发明”传播到欧洲，直接促进了欧洲的现代化进程。与此同时，欧亚大陆其他地区的物产和思想也源源不断地传入中国。以新疆名菜大盘鸡为例，它本身就是多种文明在中国交融汇通的产物：家鸡是由中国的先民驯化而成的，马铃薯和辣椒原产于南美洲，在500年前才传入中国，制作面条的小麦原产于西亚地区，洋葱同样来自西亚地区，香菜原产于地中海沿岸，芝麻则原产于中国的云贵高原。另一个知名度更高的例子是中国的火锅。来自世界各地的食物，经过中华文明的消化吸收、排列组合，化身为中国人餐桌上一道道美味可口的菜肴。这或许是和合理念最直观的体现。

伴随着物产而来的，还有各种不同的思想和宗教。佛教、琐罗亚斯德教、摩尼教、基督教、伊斯兰教、印度教、犹太教都曾先后传入中国。再加上中国的本土宗教道教，以及在中国社会影响深远的儒家思想，中国古代的宗教和学派非常多样。然而，中国却从未发生过宗教战争，各种宗教大体上都能够和谐相处。中国福建的泉州，是海上丝绸之路的起点，在唐宋时期就是世界最大的港口之一，也因此汇集了世界各地的宗教遗迹，被联合国教科文组织誉为“世界宗教博物馆”。这里有始建于唐代的佛教开元寺、中国现存最古老的伊斯兰教圣迹——灵山圣墓、中国现存最古老的伊斯兰教清真寺——始建于北宋时期的清净寺、世界现存唯一的摩尼教寺庙遗址——草庵、中国现存最大的道教造像——老君岩、中国唯一一座祭祀印度教洋山神的白耇庙、百余年历史的基督教泉南堂、中国民间信仰宗教场所——祭祀妈祖的天后宫、祭祀关羽的通淮关帝庙，等等。更加神奇的是，在泉州的涂门街上，祭祀孔子的文庙、祭祀关羽的通淮关帝庙、伊斯兰教的清净寺相邻而建，三教和谐相处。此外，泉州还有数以百计的宗教石刻和墓葬，都显示着古代泉州多宗教共处的历史。1991年，联合国教科文组织来泉州考察“海上丝绸之路”，总领队杜迪安博士说：“我们看到泉州是一个不同信仰、不同民族相遇、文化交流和平共处的城市”，“中国对外部世界的开放在泉州得到充分体现”。与之相比，同样汇聚诸多宗教的“和平之城”耶路撒冷的历史，则不免令人感慨。

为什么欧洲历史上宗教战争不断，而中国历史上却从未发生过宗教战争？关键仍然在于中华文明“和而不同”的文明观。中国传统文化中，儒、释、道三教是主体，而三教合一则是中国传统文化发展的主流。在始建于1500多年前的山西恒山悬空寺中，有一座三教殿，位于北楼的最高层，其中同时供奉着儒释道三教的教主，中间为佛教创始人释迦牟尼，左边为儒家创始人孔子，右边为道家鼻祖老子，三位教主共聚一堂，和谐相处。而悬空寺原名“玄空阁”，“玄”取自于中国道教的教理，“空”则来源于佛教的教理。与三教殿类似的，在河南嵩山少林寺中，也有一块著名的“三教合一碑”，全称是“混元三教九流图赞碑”。从整体上看是一位和尚的图像，也就是佛教的代表，即正面是释迦牟尼。左侧头戴方巾者为儒教的代表，即孔子。右侧头后挽着发髻的则是道教的代表，即老子。三教共存一碑，一片圆融。这三个头像合在一起，加上合肩、合上身，浑成一体，两手捧“九流混元图”。碑文在历数三教九流[1]的特点之后总结说：虽然各家各派观点不同，但同样都有益于国家治理。见识短浅的人才会偏执一端，党同伐异。不必担心不同学派的思想纷扰，应该将它们用在不同的方面，关键要秉持圆融的态度来贯通这些不同的思想。[2]

正因为这种和合、圆融的文明传统，不同宗教、不同文化在中国都能得到平等的对待，因此各种宗教传入中国后，争斗的锋芒都被过滤，进而能够相互尊重、和谐共存。

---

1 三教九流：泛指宗教、学术中的各种流派。三教：儒教、道教、佛教。九流：儒家、道家、阴阳家、法家、名家、墨家、纵横家、杂家、农家。

2 碑文原文：“……为善殊途，咸归于治。曲士偏执，党同排异。毋患多歧，各有所施。要在圆融，一以贯之。”

第五章

相遇与互识：中西文明的交流碰撞

中西文明交流源远流长。从凿空之路上的初相遇到明清时期的互鉴，中西文明彼此映照、互通往来。秦汉时，西有亚历山大大帝东征，东有张骞出使西域。宋元至明代早期，西有马可波罗东来，东有郑和西行。

李约瑟指出：在文艺复兴前和文艺复兴时期，中国在技术方面的影响占支配地位。中国工匠对世界的贡献要远比亚历山大里亚[1]的理学家和能言善辩的理论家多得多。

相比于西方文明征服性、进取性的文明特征，中华文明始终追求自给自足，崇尚和平，修文偃武，不会驱使军队建立海外殖民地。中国文化正是凭借着交互的一环环辐射到更深更广的人类文化的海洋。

一、秦汉：丝路勃兴

秦统一六国，历二世而亡。公元前 202 年刘邦（前 256 或前

1　亚历山大里亚：古代埃及王国的首都，古希腊文化中最大的城市。

247—前 195）重新平定天下，建立汉朝。“文景之治”的休养生息，使得政治基础和社会形势逐步稳定。汉武帝时，设察举制，颁推恩令，“罢黜百家、独尊儒术”，对内加强中央集权；御匈奴，征四夷，成就汉武盛世。大一统的秦汉时期，边疆与内地、“中国”与“四夷”的观念加强。汉节出使西域，汉朝经营西域，使得中国对西方的认识日渐丰富，中国也开始进入西方人的视域，尤其是中华文明沿着沟通西域的丝绸之路开始向外传播：丝绸西传欧洲，造纸术传向世界。

（一）汉节出使

早在汉代以前，中原地区与西域的交往就已广泛存在。张骞的出使则为这种中西的相遇提供了契机，它正式揭开了过往并不为人所知的面纱，东西文明流动的通道在官方出面主导的背景下更加明晰、清楚地显现给世人。

西汉高祖刘邦统一天下，到了武帝时，西汉进入鼎盛时期。武帝对内加强集权，颁布推恩令，大修文治，“罢黜百家、独尊儒术”；对外抗击匈奴，加强与周边各民族的联系，中国大规模对外派遣政治使节由此开始。

匈奴是古代北方的游牧民族，频频南下侵扰占据大漠南北，并且控制着西域诸国，切断了西域地区与内地的联系，阻塞了中西交往的通道。

汉武帝建元二年（公元前 139 年），张骞奉武帝之命，第一次出使西域，寻找西迁的大月氏[1]。大月氏与匈奴有弑君之仇，张骞出使的目的便是找到大月氏，与之联合夹击匈奴。谁知张骞一行人刚进入匈奴地界便遭到扣留。经过了长达十一年的软禁生活，张骞终于寻到机会和随从逃出匈奴。他重拾使命，越过葱岭，继续西行，最终找到了大月氏。[2]彼时，生活富足舒适的大月氏已安于现状，新王更无心再向匈奴寻仇，张骞在大月氏没有达到结盟的目的，不得不返回长安。他的这次出使并没有达到与大月氏联合、共同抗击匈奴的政治使命，但停留西域十余载使他详细了解了西域地区的政治经济状况、地理位置、风土人情。这对于打通中西方文化交流的通道来说，是一次十分宝贵的尝试。

西汉对匈奴的战争并没有停止，汉王朝对于匈奴的反击只是肃清了匈奴在漠南及河西走廊的势力，西北边境的安全仍然受到威胁。公元前 119 年，为联络乌孙等西域各国力量，彻底击败匈奴，张骞率使团再次出使西域。当使团一行抵达乌孙时，正值乌孙国内乱。该国素来有畏于匈奴，不敢与汉朝结盟，不过国王答应与汉通使。在停留期间，张骞分别派遣副使到中亚、西亚、南

1　大月氏：公元前 2 世纪中亚地区的游牧部族。在公元前 2 世纪以前居住在中国西北部，后迁徙到中亚地区。

2　王介南：《中外文化交流史》，书海出版社 2004 年版，第 67 页。

亚的大宛、康居、大夏、身毒[1]各国，广泛联络。

公元前 60 年，汉朝设立西域都护府，管辖天山以南的地区，一并包括乌孙。至此，中国和大宛成为邻国，陆上丝绸之路的东段完全打通。[2]西汉政府与西域及中亚、西亚、南亚各地区友好往来：西来使节不断于途，一队队的商客更是随之往来热络。

张骞出使西域，前后历时 17 年，行程万余里，一路艰难坎坷，备受辛劳。他的两次出使，打开了一条连接中国与西域的道路，开辟了中西政治经济文化交流的新纪元。

值得一提的是，在西方的历史叙述中，是马其顿国王亚历山大一路东征、凯歌高进，率军直抵东亚，这条路逐渐形成了后来的陆上丝绸之路。而在中国的历史叙述中，连接中西交流的通道早已存在，路上丝绸之路正式形成始于张骞的凿空之行。一方是为了个人的军功与征服欲，核心在“争”；一方是以国为家的责任担当，核心在“和”，这也是中西文明初遇相较下，中华文明责任本位的具体体现。

（二）丝绸西传欧洲

关于丝绸西传，欧洲流行的说法是一位西方人将蚕种藏在了

1　身毒：古代对今印度国名的音译。

2　王介南：《中外文化交流史》，书海出版社 2004 年版，第 70 页。

手杖中，蒙混过了关卡的检查，顺利地将其从东方带到了欧洲。事实上，东罗马帝国的蚕种应该来自中亚地区。据 6 世纪上半叶东希腊历史学家博罗科俾乌斯(约500—565，Procopius)的记载，552 年，几个僧侣从印度来到拜占庭。为了迎合当时东罗马皇帝查士丁尼（约 482—565）不愿再从波斯人手中购买生丝的意愿，他们称自己从印度以北的塞林达国（Serinda）学来了养蚕之法，并能将蚕种带到拜占庭。之后他们果然从塞林达带回了蚕种，开始了东罗马帝国养蚕的历史。另一位 6 世纪的东罗马历史学家狄奥法尼斯（758—871，Theophanes）也有类似的记载，只是将印度僧侣换成了波斯人，并称波斯人是将蚕种藏在竹杖中混过边境盘查的。这也成为了当下欧洲关于蚕丝如何从东方传到西方的一个公认的说法。罗马史籍中的塞林达国，正是中国。

蚕种传入东罗马后，丝织业在其境内快速发展，伯罗奔尼撒行省很快凭借丝织业成为富裕省份，来自西西里的历史学家细致地描述了伯罗奔尼撒纺织品的多样性：“依据丝绸的重量和质地、丝品的细致、颜色的鲜艳、刺绣的风格和材料，分别列出不同的价格。单丝、双丝或三丝的织品通常可以在市场买到，至于六丝的绸缎需要更高的技术，售价极为昂贵。”[1]

公元 79 年，维苏威火山突然爆发，顷刻间将罗马帝国的庞

1　张国刚：《胡天汉月映西洋：丝路沧桑三千年》，生活·读书·新知三联书店 2019 年版，第 55 页。

贝古城覆盖。经过考古工作者们的挖掘，庞贝古城得以重见天日。由于整座城市被火山灰掩埋，街道和房屋都得到了完整的保存，庞贝成为了解古罗马社会生活和文化艺术的一座无比鲜活而丰富的历史博物馆。古城中一所别墅的卧室内有幅壁画，被今人称为《花神弗洛拉》，壁画中描画了一位身着丝绸的女子，手捧鲜花在一片绿意盎然中漫步，衣袂飘飘，尽显曼妙身姿。这幅画证实了早在庞贝古城毁灭之前，古罗马人已经开始穿戴美丽的丝绸。

（三）造纸术的发明与西传

中国人最早用竹木、龟甲作为文字的载体。公元 1 世纪，宫廷官吏蔡伦（约 62—121）在前人经验的基础上，带领工匠们用树皮、麻头、破布和渔网等造纸。用蔡伦的方法造出的纸，质地轻薄，非常适合书写，且原料来源广泛易取，可大规模生产，受到时人欢迎。和帝元兴元年（105 年），蔡伦将造出的纸呈献给皇帝，汉和帝大为赞赏，将这种新的造纸法推广至全国，并称他造的纸为“蔡侯纸”。

蔡伦改进造纸法，是人类文明史上值得标记的事件，其为文化的传播和继承提供了极为有利的条件。中国发明的造纸技术首先自中央传到了中国边远地区，继而传播到世界各地。中国一位胡僧，率一众和尚渡海到达朝鲜半岛上的百济国[1]，随行带了许多汉籍送给百济国王并向他介绍如何造出制成这些书的纸张，国王非常高兴，将他留下，请他在朝鲜传授造纸之术。公元285年，百济学者又将中国的《论语》带到日本。蔡伦改造造纸术不久，纸张就大量传入西域、中亚。唐玄宗天宝年间（751年），安息节度使高仙芝（？—756，唐朝名将）率领唐军与大食[2]军队交战，史称“怛罗斯之役”。此役唐军大败，被俘者很多，其中便有人曾经做过造纸工匠。有了这些人的造纸技术，大食国得以开办造纸厂。中国的造纸术传入大食国各地及周边地区，后又辗转传入阿拉伯，再经阿拉伯入印度。至于中国纸何时传入欧洲，目前尚没有明确的文献为证。欧洲现存最早的纸文书是1109年的一道法令，由西西里伯爵罗杰一世（Roger I of Sicily）用阿拉伯文和拉丁文颁发，这已是中国造纸术传入阿拉伯世界很久之后的事了。[3] 公元1150年，阿拉伯人在西班牙建立造纸工厂，中国的造纸术传入西班牙，很快，法国、意大利及欧洲各国也都陆续有了自己的造纸工厂。

---

1 百济国：朝鲜半岛南部，今韩国。

2 大食：阿拉伯帝国。唐代以来的中国史书称中古时期阿拉伯人所建立的伊斯兰帝国为大食。

3 张国刚：《胡天汉月映西洋：丝路沧桑三千年》，生活·读书·新知三联书店2019年版，第134页。

随着中国造纸术在全世界的传播，人类文明的发展被极大推动，由此催生萌发了欧洲 16 世纪的文艺复兴运动。

二、隋唐：开放交融

隋唐时期，西北陆上丝绸之路进入了繁盛时期，中西之间往来更加频繁，胡乐入华、西教东来，文化、艺术互相交融。秦汉以后，大一统的格局已经形成，国力日强、经济繁荣。天下一家、协和万邦的观念使得外族人纷纷向风慕义，外国和外族的在华侨民数量不断增多，他们在学习中华文明的同时也带来了异域文化，丰富了中国社会的文化元素。盛唐时期，物质生活丰富多彩，不同民族自然融入，体现出自信开放的宏大气度和中华文化的强大生命力。

（一）胡乐入华

箜篌。箜篌由西亚两河流域的苏美尔人在公元前 3000 年创制，之后陆续历经埃及、波斯等地传入新疆[1]，型制上分为竖箜篌和弓形箜篌。竖箜篌从波斯东传新疆应该早在汉代以前，因为新

1　伊斯拉菲尔·玉苏甫，安尼瓦尔·哈斯木：《古老的乐器——箜篌》，《西域研究》，2001 年第 2 期，第 78 页。

疆地区东汉末年至近代开凿的石窟寺壁画艺术中已经出现了这种乐器的形象。在隋唐时期，箜篌为22根弦，主要用于演奏龟兹、疏勒、高昌和西凉乐。“江娥啼竹素女愁，李凭中国弹箜篌。昆山玉碎凤凰叫，芙蓉泣露香兰笑。十二门前融冷光，二十三丝动紫皇。女娲炼石补天处，石破天惊斗秋雨。”唐代著名诗人李贺在其诗《李凭箜篌引》中，便传神描写了乐工李凭弹奏箜篌的高超技艺。

琵琶。琵琶自汉代由西方传入，最早起源于美索不达米亚地区[1]。四弦琵琶直接自龟兹传入，所以也被称为龟兹琵琶。据宋代《乐书》称，四弦以法天地。四弦琵琶在汉代已经流行于北方黄河流域，东汉灵帝时进入宫廷乐队。[2]此后，中国琵琶更传到东亚其他地区，发展成日本琵琶、朝鲜琵琶和越南琵琶。“葡萄美酒夜光杯，欲饮琵琶马上催。”“行人刁斗风沙暗，公主琵琶幽怨多。”在这些耳熟能详的唐人诗句中，琵琶俨然如中国本土乐器一样寻常。

霓裳羽衣曲。这是唐代汉乐与胡乐融合发展的最高成就。据传，乐曲是唐玄宗(685—762)吸收印度婆罗门曲的素材创作的。

---

1 美索不达米亚地区：古希腊对两河流域的称谓，意为两河之间的土地。两河指幼发拉底河与底格里斯河，范围包括现今的伊拉克，伊朗、土耳其、叙利亚和科威特的部分地区。

2 张国刚：《胡天汉月映西洋：丝路沧桑三千年》，生活·读书·新知三联书店2019年版，第114页。

著名的霓裳羽衣舞则是根据这首乐曲改编的舞蹈，常在宫廷和贵族的宴会中表演，以杨玉环（719—756）的表演最为有名。白居易的《长恨歌》里即有诗句来描写唐玄宗和杨玉环迷醉于宫中歌舞、日日纵情享乐而丝毫未觉安禄山（703—757）千乘万骑叛军早已逼近城下："骊宫高处入青云，仙乐风飘处处闻。缓歌慢舞凝丝竹，尽日君王看不足。渔阳鼙鼓动地来，惊破霓裳羽衣曲。"一首霓裳羽衣曲，串起了唐玄宗与杨贵妃的时过境迁、悲欢爱恨，也奏出了中西文化圆融并汇的交响，在历史的回望中依然婉转悠扬。

隋唐时期西域音乐能够大规模传入中原，与中西交流的不断开放密不可分。中华文明的开放性和包容性更加促成了不同文明间对话的新局面。随着中西交流不断扩大，越来越多的西方乐人来华，他们带来了精湛的技艺、富有异域特色的歌舞表演；胡姬当垆[1]，一度成为唐诗中的一种文化意象。

（二）佛教东来

佛教产生于公元前 6 至前 5 世纪的古印度，经悉达多·乔达摩（Siddhartha Gautama）初创之后，又经过了长时间的发展才逐渐成熟和完善，并开始向外传播。

1　胡姬当垆：胡姬是指北方或西方的外族少女，古人诗中常指在胡人酒店中卖酒的年轻女子，始于唐朝。当垆：卖酒。

关于佛教传入中国公认的说法是：汉明帝（28—75）夜梦金人飞行殿中，第二天问于群臣，太史傅毅对明帝说这金人大概是西方的神——佛。于是明帝派遣中郎蔡愔、羽林郎秦景等 18 人去西域，访求佛道。永平十年，蔡愔一行于大月氏国遇一众沙门，又在西域带回佛经 42 章及佛像，用白马驮还洛阳。明帝特令人在洛阳城西雍门建立寺院，也就是洛阳白马寺。[1] 这应该是佛教在汉朝官方的认可下正式进入中原，实际上佛教或者有关佛教的信息在民间流传的时间应该更早。

佛教传入中国后，大量的中亚、南亚僧人以弘扬佛法为目的进入中原，魏晋南北朝时期，中国与印度洋之间的海陆交通更是因为有大量佛教僧侣频繁往返而被学者们称为“佛教之路”。[2] 与此同时，中国本土的佛教信徒因无法满足于零碎的教义解说，也前往佛教的原生地探求佛法真意，一度掀起了西行求法的热潮。自三国末期到北宋的 500 多年间，西行求法有名可考者达 200 余人。

佛教最初传入中国的时候，帝王家和贵族等社会上层多把它

---

1 [梁]释慧皎：《汉洛阳白马寺摄摩腾》，《高僧传》卷一，汤用彤校注，中华书局 1992 年版，第 1 页。

2 张国刚：《中西文化关系通史》，上卷，北京大学出版社 2019 年版，第 268 页。

看成是神仙方术的一个支派。当时中国人只粗略地知道其戒律禅法，以为与当时在中国流行的神仙方术和黄老之学相似，初入中国的佛教也确实有意与这样的社会氛围相协调。三国两晋南北朝时期，是佛教在中国大发展的时代，也是佛教与中国传统社会文化相碰撞、磨合的时代。随着佛经的翻译、流布，佛教的影响力渐趋扩大，派别众多。隋唐一统之后，佛教发展也走向了鼎盛，与之相应的，佛教中国化也进入了成熟期。

经历了最初进入中国社会佛儒冲突的阶段，佛教开始本土化，与儒家文化相融合。流行于唐代的天台宗、华严宗、禅宗则完全是佛教中国化的成果。尤其是禅宗，更是完全抛弃了印度佛教传统，提出即心即佛、顿悟见性等思想，极大拓展了佛教世俗化、社会化的程度。唐宋以后，禅宗与主张念佛修行的净土宗合流，使得佛教终于成为中国文化的一部分。

唐代的外来宗教还有自波斯传入的景教、祆教、摩尼教三教，主要流行于居留在大唐的西域人之中，汉人鲜少信奉。武宗禁佛之时，一并禁止外来宗教，诸教几近消亡。不过佛教经过了近 300 年的争论，最终在与儒家的融合中发展成为中国本土化的宗教，扎根中华。

三、宋元：横跨欧亚

在中国历史上，无论哪个民族入主中原，都以一统天下为己任，以中华文化的正统自居。宋代的中国，已经建立起了比唐代更加彻底的中央集权政权。到了元代，统治者主动选择继承中华文明大一统体系，接受中原文化，以儒家正统的礼仪、典制来治理中国，建立起多民族融合的大一统国家。

宋元时期，中国和中亚、西亚、欧洲连接起来，并在这些交通线上建立起完善的传驿系统，使得此时中西陆路交通变得空前畅通。四大发明中的指南针、印刷术、火药均在这一时期传向西方，成为西方文化发展的助推器，中国文化参与并影响了世界的历史发展进程。

（一）指南针

中国是最早发现时针指极性的国家，迟至战国时期，磁石式的“司南”已经发明。公元 9 世纪，指南针被运用于陆地的勘舆测量。到了宋代，指南针已经运用到航海上。北宋朱彧（地理学家）《萍洲可谈》一书中记述了 1099 年至 1102 年间广州的海运情况，称晴天时观察太阳和星星以指引白天和夜晚的航行，阴天则凭借指南针指示航向。[1] 由于中西海陆交通日益繁荣，中国的指南针技术应用于航海后不久便传入西方。目前资料显示，阿拉伯人最晚在 13 世纪初已使用指南针。海外学术界一度有学者认为指南针是由阿拉伯人发明并传到欧洲的。然而 19 世纪以来所有研究阿拉伯文献的专家都没有在阿拉伯 11 世纪后半叶的文献中发现有指南针的历史记载。事实上宋代时中国和阿拉伯世界的贸易非常频繁，中国与阿拉伯的商船往来于中国沿海与波斯湾之间。在这个前提下，中国的航海技术被阿拉伯人所了解是自然而然的事情。13 世纪左右，欧洲人开始使用罗盘，从时间顺序上看，欧洲人所运用的罗盘知识当传自于中国。“显而易见，12—13 世纪的欧洲早期航海罗盘是中国早就用过的水罗盘。其制造方法与中国一样，将经过磁石感应的铁针横穿在植物光滑的茎秆中，再漂浮在刻有方向的罗盘中间的圆形水槽（中国古时称‘天池’）内，当磁针停止转动时，其两端便分别指向南北。”[2]

西方掌握了中国所发明的指南针的使用方法后，将其结构进行了改良调整。14 世纪，欧洲开始出现“旱罗盘”：不管船体如何摆动，旱罗盘可以始终保持水平状态。这为日后以葡萄牙人为

---

1 [北宋]朱彧：《萍洲可谈》卷二，李伟国点校，中华书局 2007 年版，第 133 页。转引自张国刚：《中西文化关系通史》，北京大学出版社 2019 年版，第 112 页。

2 潘吉星：《中国古代四大发明：源流、外传及世界影响》，中国科学技术大学出版社 2002 年版，第 494 页。

先导的远洋航行提供了重要支持。[1]可以说，小小指南针的发明和传播，推动了整个航海业的巨大变革，为“地理大发现”提供了必要的技术前提。

（二）印刷术

中国的造纸技术自公元 1150 年起乃至其后的 400 年间逐渐传遍了欧亚大陆，从根本上结束了西方国家用皮革、树皮以及羊皮作为书写材料的历史。直到 18 世纪以前，欧洲各国的造纸工厂中采用的依然都是中国最早的技术和设备，工艺和质量还远不及中国宋代时的水平。

印刷术和造纸术实际上是密切相关的。纸张作为文字的载体，使得思想和文化能以更为便捷的方式留存并被阅读，而印刷术则大大提升和扩展了文化与知识的传播速度和范围，由此，文明得以更快向前发展。

通常认为出土于敦煌莫高窟藏经洞的唐咸通九年（868 年）王玠刻印的《金刚般若波罗蜜经》是现存世界上较早的雕版印刷制品。这部印本被斯坦因（Marc Aurel Stein，1862—1943，英国探险家、考古学家）盗运伦敦，现藏于不列颠博物馆。1966 年，韩国佛国寺释迦塔发现了一份汉字木刻本《无垢净光大陀罗

1　张国刚：《中西文化关系通史》，北京大学出版社 2019 年版，第 199 页。

尼经》。据有关学者研究，经文是在长安翻译和刻印的，时间大约在 704 年至 751 年之间，这是目前发现的最早印刷品。唐朝末年，长安、洛阳和长江下游地区都有印刷中心。到了宋代，各级政府提倡刻书，推动了各地印刷业的发展。

元明两代，中欧之间的接触空前活跃。英国东方学家柯曾（Robert Curzon）于 1860 年发表《中国与欧洲印刷史》，指出欧洲与中国雕版印刷物在各方面完全相同，随后写道："我们必须认为欧洲木版书的印刷过程，肯定是根据某些早期旅行者从中国带回去的中国古书样本模仿的，不过这些旅行者的姓名没有流传到现在。"[1]

随着雕版印刷术的广泛应用，人们也逐渐发现它的弊端，就是印一页就需要刻一版，耗损大，成书相对较慢。为了克服这些弱点，一种新的印刷方式被探索出来——活字印刷术。活字印刷是现代文明的重要支柱，被西方人誉为文明之母。它的发明大大提升了书籍复制的速度，有力地推动了文化知识的广泛传播和普及。

北宋的沈括（1031—1095，北宋官员，科学家）在《梦溪笔谈》卷十八技艺门中详细记载了布衣毕昇（？—约 1051，北宋发明家）

1　Robert Curzon: *The History of Printing in China and Europe*, Miscellanies of the Philobiblon Society (London), 1860, vol. 6. pt. 1, p. 23.

在仁宗庆历年间（1041—1048）发明了以胶泥刻字制版印书的活字法。活字印刷术在元代得到了进一步发展，除泥活字外，人们又尝试着用木、铜、锡等原料制造活字。法国印刷史家古斯曼（Pierre Gusman，1862—1941）认为中国活字技术在元朝时期经两个途径传入欧洲：一是与维吾尔人有接触，后来住在荷兰的亚美尼亚人在卡斯特尔迪（意大利中部城市）活动时将活字技术传入欧洲；二是谷登堡（Johannes Gensfleisch zur Laden zum Gutenberg，1400—1468，德国发明家）在布拉格居住时学会了经中亚、俄罗斯陆上通道传入欧洲的这种技术。

谷登堡在中国传统活字技术的基础上对活字的化学成分、压印方式和着色剂配置这三个环节做了重大改进。他既是中国传统活字印刷技术的成功改进革新者，又是欧洲金属活字技术的奠基人，在中西文化与技术交流史上画出了浓厚一笔。

有了造纸术和活字印刷术，新的书籍得以快速刊印，人们对于世界的认识也随之爆炸性增长，这一切都在等着迎接新的思潮、新的知识的革命——文艺复兴。

（三）火药

火药的发明，是中国古代科技发展的一项重要成果，推动了近代科学的进步与发展。在唐代中期，已经有了关于原始火药的明确记载，这被认为是中国最先发明火药的“久已著称”的证据。元代时，创制和使用了金属管型射击火器“火铳”，并且至少在14世纪初年将其用于实战。随着蒙古人的西征，火药制造技术传入阿拉伯地区。阿拉伯地区在火药西传过程中起到了中转站的作用，当阿拉伯人掌握了制造火药和火器的有关技术后，又将其传入欧洲。

“14世纪以后，欧洲出现了火铳、火箭、喷火枪、炸弹和烟火等都是根据中国技术和样器仿制的。在这个基础上，随着欧洲社会经济和技术的发展，欧洲人脱离了仿制阶段。从15—16世纪进入自主开发阶段。”[1] 火药和火器技术传到欧洲以后得到推广，并被应用于军队装备和战事中。

当时正是欧洲历史大革命的前夜，火药和火器技术的传入推动了欧洲发展的进程，甚至影响了世界历史的前进轨迹。一方面，火药在战场上发挥重要作用：15世纪起，葡萄牙的管型射击火器有了很快的发展并广泛用于军队装备，使得西欧人在世界海道上称霸。另一方面，火药在民用工程中广泛应用，同时为蒸汽发动机的发明、动力学新研究的发现创造了先决条件。可以说，中国发明的火药推动了近代科学的进步与发展。

---

1 潘吉星：《中国古代四大发明：源流、外传及世界影响》，中国科学技术大学出版社2002年版，第470页。

四、明清：西学东渐、中学西传

明清之际的中西文化交流对于东西双方来说都可谓是一场伟大相遇，这是西方文明面对中国文明与之相争的时代：西学东来，带来了西洋技艺、思想文化，在文人士大夫中产生广泛影响，引起中国本土文化回应；中学西传，中国作为一个文化的“他者”深刻参与了欧洲文化与思想的进程，推动了欧洲启蒙运动的发展。如果说明清以前中西交流过程中中国对西方的影响主要体现在技术的传播、器物的流通上，那么到了明清之际，这种影响则体现在更深层次的思想文化与政治文化上。

（一）西洋历法与算数

自明万历年间开始，西方传教士陆续进入中国，在传教的同时，也将西方的自然、社会、人文知识带入中国。明清之际由在华耶稣会士撰写并在中国出版或供中国人使用的天文、历法著作至少有五十多种，其中大多数是历算类，可见当时中国人关注的重点，还在于历法。

由传教士所作的第一本介绍关于西方天文学的书，是利玛窦（Matteo Ricci，1552—1610，意大利人，天主教耶稣会传教士、学者）的《乾坤体义》，他初步把托勒密的“九重天说”、亚里士多德的“四元论”介绍给中国人。

明代一直使用的是大统历和回回历，但由于年月日久，误差逐年增大，月食和日食都常常算不准，嘉靖和万历年间一度出现改历的呼声。到了清朝，耶稣会士汤若望（Johann Adam Schall von Bell，1591—1666，德国科隆人，天主教耶稣会传教士）为清廷所接受，成为了钦天监监正，此后，钦天监由西洋人主持长达 200 年之久。汤若望将《崇祯历书》改为《西洋新法历书》在全国发行，西洋历法由此正式在中国登场。

明末的传教士在为中国修历的同时也引进了西方先进的数学。1607 年，利玛窦和徐光启（1562—1633，明代科学家、政治家）等人译成刊行了古希腊数学家欧几里得（约前 330—前 275）的经典之作《几何原本》前六卷。这本书中创造了大量数学名词，对中国数学思想和数学方法的发展产生了不容小觑的影响。

（二）地理学

天下之外又见坤舆[1]。中国人的天下观，从地理空间上说，中华为中心，周边是四裔。然而传教士们带来的地图展示的却完全是另一番图景：地球是个圆形体，中国居然并不在世界的中心，泱泱大国在整个世界来看原来只是其中的一小部分。

中国人对于地理学的了解，概始自利玛窦的《山海舆地全图》。

1 坤舆：因地能载万物如舆，故称大地为坤舆。

康熙年间，传教士们奉命开始全国性测量，白晋、雷孝思、杜德美等人与满汉官员一起，经历数年测绘，于 1719 年初上呈《皇御全览图》。该图经增版后被马国贤（Matteo Ripa）神父刻成 44 幅铜版，其返回欧洲时献给了法国国王。这一版本地图的副本目前在意大利有名的汉学研究机构那不勒斯大学东方研究所可以看到。

地图绘制的过程是中西交流的过程。传教士们所带来的地图和地理学促进了中国地理学的发展。不过，传教士们所制作的众多版本的中国地图在中国的流传并不广泛，中国传统的制图法依然存在。传教士们所绘制的地图逐渐传到欧洲，成为欧洲人绘制中国地图的蓝本，《皇舆全览图》便被耶稣会士寄往欧洲，成为杜赫德（Jean Baptiste Du Halde，1674—1743，法国耶稣会士，汉学家，历史学家）《中华帝国全志》中投影地图的范本。

（三）西方文化冲击与中国本土回应

中国文化在历史上与外来文化大规模接触、碰撞主要有两次：一次是东汉初年开始的佛教传入中国，另一次就是明清之际基督教代表的西方文化的传入。[1] 异质文化必然带来文化冲击，引起本土文化与之相应。

事实上，是中国近代自身思想文化的变迁，使传教士们介绍

1 张西平：《欧洲早期汉学史》，中华书局 2009 年版，第 248 页。

的西方思想在中国发酵。晚明社会，正处于中国从传统农业社会向近代社会转变的时期。清入关后，社会政治生活虽然变动，但整个社会的发展仍然沿着晚明的方向前进，中国社会所发生的变迁在继续进行。[1]

晚明时期，士人抨击王学的空疏，他们极力反对空谈，主张实学。持此主张的主要是以顾宪成（1550—1612，明代思想家）和高攀龙（1562—1626，明代政治家）为代表的东林党人。他们希望借助书院的形式来恢复儒家道德理想，从而形成一个士人团体。顾宪成为东林书院撰联道："风声雨声读书声，声声入耳；家事国事天下事，事事关心。"这些人将学术的追求和对国家政治命运的关心结合起来，举起经世致用的大旗，强调做实事，求实功，与当时阉党一派进行斗争。传教士们所介绍的物理学、水力学、铸炮技术乃至音韵学知识属于经世致用的"实学"范畴，与晚明时期奉行的"实学"主张一拍即合。到了清初时期，实学思想得到进一步的发展。在明清易代的大背景下，空谈心性的王学被认为是导致明朝最终走向灭亡的原因之一。传教士们所介绍的西学与积极反思、重新审视中国社会的士大夫们一同站在了王学心学的对立面。

明末传教士入华，被越来越多的学者认为是"全球化"时代

1　张西平：《欧洲早期汉学史》，中华书局2009年版，第249页。

的开端。西学东来的过程，不是单向输入传播的过程，文化交流与异质文化产生深远影响的关键除了外来文化的冲击，还有本土文化对外来文化的接受、阐释与回应。无论是全盘吸收西方宗教思想，希冀以西学补儒、西技强国来壮大自身，还是在中西之间摇摆不定，误读教义歪解天主教思想，都是在文化交流、传播的过程中不可避免出现的现象。真正行之有效的沟通和对话，需要建立在平等交流、相互尊重、彼此借鉴的开放心态之上。

明末士大夫李之藻（1565—1630，明代士人，科学家）曾感慨“东海西海，心同理同”，被大多数视野开阔的士大夫所认同，这句话表达了他们对中西文化沟通的信心，也体现了中国文化中一以贯之的大同理想。

（四）中国文化进入欧洲启蒙思想家的视野

中学西传，早期传教士、汉学家将中国文化传到欧洲，也促使欧洲汉学兴起，中国作为一个文化的“他者”参与并影响了欧洲文化与思想的进程。

来华传教士们不仅写下了大量关于中国的信件、报告和书籍，同时也在中国搜集了大量的典籍文献运回欧洲。传教士们回到欧洲与欧洲知识分子互通信件、交往讨教，广泛传播关于中国的知识，欧洲知识分子阶层中对汉学研究的兴趣愈发浓厚，传统汉学向专业汉学过渡。1814 年，法兰西学院设立第一个汉学讲席，汉学作为东方学的一个分支，开始进入西方的近代学术体系。

启蒙运动是继文艺复兴之后又一次反封建的思想解放运动，宣传了民主、自由的思想，为欧洲资产阶级革命奠定了思想基础。梳理中学西传的历史过程，传教士们的工作与留下的文献记载为我们翻开了不为人知的另一面。历史学家方豪（1910—1980）曾经认为："此运动之来源，中国实多于希腊。"[1]

为中国人所推崇的启蒙思想家们，曾经真诚地仰慕中国，受到中国文化的滋养。几乎所有著名的启蒙思想家都接触过有关中国的消息，并且在他们的著作中谈论中国。他们从中国的历史、宗教中寻找打破欧洲旧社会权威的武器，将儒家伦理和中国的政治制度当成欧洲的救世良方。1777 年冯秉正（Joseph-Francois-Marie-Anne de Moyriac de Mailla，1669—1748，法国传教士）翻译的《中国通史》在巴黎出版后，订购者包括王后和其他王室、大臣、科学院院士等，充分说明这部史料翔实的著作在法国知识阶层所受到的关注和欢迎。

启蒙运动以反教会、反封建和弘扬人文精神为其思想宗旨，中国文化与从阿拉伯人那里新发现的希腊文化汇合起来，弥补了以基督教启示、神学为主流的欧洲思想传统在人文主义方面的短

1　方豪：《中西交通史》下卷，上海人民出版社 2008 年版，第 733 页。

板。从16世纪到18世纪，整个欧洲出现了中国文化热。

除了阅读中国游记和传教士们的著作和书信，启蒙思想家们还与熟悉中国文化的人直接交往。孟德斯鸠（Charles de Secondat, Baron de Montesquieu，1689—1755，法国启蒙思想家、社会学家）曾经在罗马与法国传教士傅圣泽（Jean Francoise Foucquet，法国耶稣会会士）多次会面。傅圣泽在中国生活了二十余年，博览群籍，曾协助白晋（Joachim Bouvet，1656—1730，法国传教士，法国科学院院士）翻译《易经》，对中国文化异常倾心且熟悉。此外，孟德斯鸠和伏尔泰（1694—1778，Voltaire，法国启蒙思想家、文学家、哲学家）等启蒙思想家，与汉学家弗莱雷（Nicolas Freret，1688—1749，法国历史学家、汉学家）和傅尔蒙（Fourmont，1683—1745，法国汉学家）等人经常往来，这些汉学家又与在华的传教士常常在书信中讨论汉学，这无疑是启蒙思想家们了解中国的又一条途径。[1]

（五）科举制

中国的贤能政治在历史上早已深刻影响了西方的文官制度。关于中国的官员制度，最为欧洲启蒙思想家们所称道的便是科举

---

1 许明龙：《中国古代文化对法国启蒙思想家的影响》，载《世界历史》1983年版，第28页。

制。魁奈（1694—1774，Francois Quesnay，法国经济学家）在《中国：欧洲的楷模中》中说“中国无世袭贵族，官爵仅靠功绩与才能获得”，又说中国的科举制“使工匠的子弟也能当上总督”。

科举制度被认为是中国古代社会中最具独创性的官吏选拔制度，它通过分科考试来选官，为出身中下层人才进入统治阶层开辟出一条公平的上升渠道。这一制度在隋唐时期正式形成并完备起来。科举制度的推行，对于教育事业的发展也起到了很大的推动作用。隋唐时期，科举考试的内容以儒家经典为主，对于结束魏晋以来学校教育所流行的清谈学风和玄虚思想，对于统一教学内容和标准，形成社会读书、尚文的风气有着积极的意义。

由于中西政治形态差别显著，西方人来华之后很快就注意到中国特殊的选官、任官制度，并且都用了相当的笔墨来介绍中国的科举制。利玛窦曾经这样描述中国的政府官制：“中国政府的形式与世界上任何别的国家都不同。虽然帝国并不由知识阶级即‘哲’在进行管理，但须承认他们对帝国的统治者有着广泛的影响。”[1]随后他花费了大量的笔墨详细介绍了中国古代的科举制度，一一描述中国是如何通过考试选出秀才、举人和进士的。在当时来华传教士的描述中，中华帝国秩序井然、稳定富足，其原因就在于古人所制定的这套独特的选官任官职制度。

---

1 ［意］利玛窦，［比］金尼阁：《利玛窦中国札记》，何高济、王遵仲、李申译，中华书局2010年版，第27页。

经由传教士们的介绍以及欧洲各国启蒙思想家们的大力宣传，中国的科举制对于日后欧洲各国建立文官考试制度产生了直接的影响。1791 年，法国率先实行了文官考试，接着 1853 年后，英国也推广文官考试。在一些学者看来，科举制是最能激发其想象的中国制度之一，是政府公职向所有才能之士开放的理想象征。[1]美国汉学家费正清（John King Fairbank，1907—1991）高度评价唐代创立科举考试制度的意义："唐代的官僚制度标志着文官功勋制度的一个真正的开端，它是中国文明最伟大的成就之一。由于科举制度是最显明的成功之路，因此，一切试图跨入仕途者均被导引到同样的经学、文学教育形式中来，这样就产生了知识教育的统一。经典教育是一种发人深思的教育形式之一，它为近代的大英帝国培养了一大批成功的统治人才。"[2]

（六）中国纪年

17 世纪时的西方社会以基督教历史纪年作为整个人类史纪年。传教士们的著作传到欧洲后引起广泛的关注和讨论，西方人曾就其中一个问题展开激烈的争论，那就是中国的历史纪年。

1　武斌：《文明的力量：中华文明的世界影响力》，广东人民出版社 2019 年版，第 263 页。

2　[美]费正清、E. O. 赖肖尔，A. M. 克雷格著，黎鸣等译：《东亚文明：传统与变革》，天津人民出版社 1992 年版，第 105 页。转引自武斌：《文明的力量：中华文明的世界影响力》，广东人民出版社 2019 年版，第 263 页。

意大利耶稣会士卫匡国（Martino Martini）1658年于德国慕尼黑出版《中国上古史》，这本书叙述了上自远古、下至公元前一年（西汉哀帝元寿二年）的中国历史。

按照《圣经》中的说法，亚当诞生于公元前4004年，而大洪水时期是在公元前2349年，按照《旧约》的解释，诺亚一家是在大洪水时唯一幸存的，全人类都是诺亚的后代。然而在这本书中，中国人的人文始祖伏羲早在诺亚方舟大洪水时期以前的公元前2952年便存在了。

中国的历史开端比《圣经》中所记录的新人类的历史早了600余年，在耶稣基督诞生之前已经存在了3000年。如果中国的历史纪年是真的，那么欧洲的基督教历史纪年就有待商榷。这已不单是文化学术问题，而是一个关涉政治与信仰的大问题！如何解决《圣经》编年与中国纪年的冲突成了欧洲人关注的问题。17世纪后半叶的欧洲学者试图从《圣经》的版本上寻找弥合点，简要来说就是通过不同版本的《圣经》，将大洪水记载的时间向前推，同时将中国历史的长度缩短。启蒙思想家伏尔泰运用中国编年史这样坚固的新证据，猛烈抨击教会关于人类起源的说教。1738到1770年间，伏尔泰在多处论及中国历史，并坚持世界历史从中国开始。

在关于中国纪年的讨论中，经受推敲的，不仅仅是来自中国的知识，还有《圣经》纪年说本身的权威性。历史是由人而不是神创造的，这是中国历史带给启蒙思想家们的重大启示之一。

（七）重农学派对“中国模式”的实践

启蒙思想家们赞赏中国的制度，标举中国的德治，谈论着中国的一切，对中国文化抱有极大的向往和热情，而在实践层面落实“中国模式”的，则是以魁奈为代表的重农学派。

法国自路易十三到路易十四时期奉行的都是重商主义，这样的社会思潮促成了法国在欧洲地缘政治领域的崛起和壮大，也使得法国拥有了强大的陆军和海军，但与此同时，这样的发展路线是以牺牲农业利益为前提的，也大大激化了当时的社会矛盾。自18世纪中期开始，法国的一些官员和学者开始针对本国的社会经济现状寻找出路，重农主义思想开始抬头。自然秩序是重农主义体系的哲学基础，该学派主张统治者应该按照自然法或自然秩序颁布法律、制定政策，倡导降低政府干预的自由市场经济主张。重农学派的创始人魁奈著有《自然的权利》和《农业国经济统治的一般准则》。作为重农主义学派的代表人物，魁奈的重农主义社会很大程度上是以中国为蓝本的。这一时期，有关中国的大量消息通过耶稣会士的书信、报告、著作源源不断地被介绍到西方。利玛窦就曾描述过中国的物产、作物的生长情况以及蔬菜和植物的栽培和种植情况。龚当信（Cyrique Contancin，1670—1733，法国传教士）神父更是在信件中详细介绍过中国的重农政策："为了鼓励农民劳作，启发他们热爱有规律的生活，他（雍正皇帝）下令各市的都督每年向他禀报各个县里最勤于劳作、善于治家、和睦乡邻、简朴节约、远近闻名的农民。根据都督的禀报，皇上封这些农民为八品官，并发给他名誉官员的证书。这个封号使他有权穿官服，拜访都督。这种做法除了激起农民竞相认真劳作外，皇上还给国家必需的、在中国始终受尊重的农作增添了新的光辉。"[1]

来华耶稣会士对中国国情的介绍中有相当多的篇幅提到了中国农业社会、农业生产和农村状况，展示了一个理想型的政府："从来不重视对外贸易，也不渴望通过政府干预商业获得更多的贵金属，可是其国贸易量却超过了欧洲贸易的总和。"[2]这恰恰是重农派思想家们政治理想图景的具体体现，是欧洲各个国家可以效仿推行的一个样板。

魁奈认为，农业才是社会财富的来源，他推崇一种开明的君

---

1 [法]杜赫德："龚当信神父致本会爱梯埃尼·苏西埃神父的信"，载《耶稣会士中国书简集——中国回忆录》，第三卷，大象出版社2001年版。

2 Lewis Maverick, *China: A Model for Europe*, Paul Anderson Company (San Antonio, Texas), 1946, p. 38. 转引自张弛：《重农主义与中国的"自然法"》，载《学术界》2013年2月，第194页。

主专制制度，在魁奈心中，中国当时的政治制度正是这种开明君主制的典范。他的《中华帝国的专制制度》一书出版后，曾被认为是法国经济学家“崇尚中国运动的顶峰之作”。在魁奈看来，传统中国是一个自然法则高度完美的国度，中国统治者倡导的“重农”政策是宇宙自然秩序与人类自然法则高度统一的体现。他主张“一个繁荣和持久的政府应当按照中华帝国的榜样”，在他的建议下，法国国王路易十五（1710—1774）以中国皇帝每年开春行“籍田礼”的形式，也在凡尔赛宫郊外驾犁亲耕。

重农主义思想可以说是17—18世纪西方的科学精神与中国崇拜共同作用的产物，尽管在如今看来，重农学派的一些思想主张已不合时宜，但仍不能忽视他们的理论贡献。尤其是“自由放任”这一经济政策和市场原则，经亚当·斯密（Adam Smith，1723—1790，英国经济学家）创造性的继承与发展之后，已成为当代西方经济思想的神圣法则。[1] 如今我们提到这一法则、谈到亚当·斯密的时候，也应该注意重农学派思想的影响以及中国的治理方式、社会伦理为其提供的借鉴意义。站在亚当·斯密背后的，正是魁奈；而站在魁奈这位“欧洲孔子”背后的，是中国。

1 张弛：《重农主义与中国的“自然法”》，载《学术界》2013年2月，第193页。

第六章

互鉴与互融：中华文明对世界的贡献

中华文明推崇天人合一，西方文明主张天人相分；中华文明不断把小地方聚合成大中华，西方文明不断把大帝国分解成小邦国；中华儒家重仁义，西方基督教讲忏悔；中国人的道德感来源于责任感，西方人的道德感来源于罪恶感。

中西文明之间存在着巨大差异，而差异正是文明交流互鉴的前提。中华文明不断汲取并包容外来文化，西方文明也借鉴中华文明的思想光华。中华文明曾为西方启蒙思想家照亮理性的灯光。“今天，中国和西方又一次站在了解彼此的十字路口。”[1] 值此百年未有之大变局之际，聚焦人类社会共同关切的重大时代问题，中国应向世界贡献中华文明的中国方案，西方也应倾听来自中华民族的古老智慧。

1　潘岳：《战国与希腊：中西方文明根性之比较》，载《文化纵横》2020年6月号。

一、共同体本位对个体本位的超越

事实上，没有一种文化能把个体或共同体完全排除在外，问题在于，个体与共同体何者优先？对这个问题的不同解答便形成不同文化取向。

中华文明以共同体为本位，个体意识始终处于社会联系之中，不会像西方文明那样出现完全斩断伦理联系的“原子化个人”。中华文化没有培育原子化个体的土壤。正如，法国著名汉学家谢和耐（Jacques Gernet，1921—2018）敏锐地指出：“中国的基本传统（政治、宗教、美学和法学的）都与印度社会、伊斯兰世界、西方基督教社会完全不同。……中国根本不懂先验论的真谛、利己思想和严格意义上的财产所有权观念。”[1]

西方文明以个体为本位，形成了发达的个人主义传统，甚至形成了个人至上的极端思潮。客观地说，个人主义对于保障个体权利、彰显主体地位具有一定的积极意义，但是过度发达也会出现一系列困境：首先，个人主义的泛滥会导致个体与社会之间的对抗关系，只看到个体利益，漠视社会公义。进一步而言，将导致个体与个体之间的社会冲突。一个过分强调个人至上的社会，

1 [法] 谢和耐：《中国社会史》，耿昇译，江苏人民出版社 1995 年版，第 26 页。

容易陷入弱肉强食的丛林状态。个体地位上升到绝对高度，就会把他人视为达成自己目的的手段和工具，容易形成“一切人反对一切人”的社会分裂图景。

当代西方很多思想家都希望借鉴中华文明的共同体智慧。美国汉学家郝大维（David L. Hall）和安乐哲（Roger T. Ames）曾指出：“如果一个人企图在社会财富中获取多于他自己的份额，这种行动总会使各种方式的互动无效，惟有这种互动才能导致共享意义 (shared meanings) 的交流。没有这种交流，个人就会被切断与供参与和交流的社群的联系，惟有这种社群才能促进文明。侵犯性的自主导致疏远。只有在一个人把社会看成是已经个体化了的、富有个体性的成员组成时，此人才可能促进我们经常在西方民主社会所看到的那种自主权。”[1]

2020 年新冠肺炎疫情暴发后，中国举国上下勠力同心，各界民众守望相助，迅速形成一呼百应的协同力，疫情得到很好的控制。中国抗疫中展现的“共同体本位”文化逻辑凸显出相对于西方个体本位的优越性。

第一，“令行禁止”的大局观念。人类应对瘟疫的历史事实

---

1 ［美］郝大维，［美］安乐哲：《汉哲学思维的文化探源》，施忠连译，江苏人民出版社 1999 年版，第 26 页。

一再证明，在没有疫苗之前，隔离传染源头、切断传播途径是最原始、最有效的方式。这离不开人们的支持配合，甚至让渡和牺牲个人短期利益。

第二，“人人尽责”的责任本位。中华文明历来推崇“责任高于权利，集体先于个人”的精神，更有“天下兴亡，匹夫有责”的觉悟。饱经患难的中国人明白，一旦失去共同权利与共同自由，个体权利与个体自由将无从谈起。

第三，“守望相助”的家国情怀。每个普通中国人以融入集体的方式，扛起突破极限的艰巨任务，在短期内完成看似不可能完成的各项挑战，充分体现了“一方有难，八方支援”的互助精神。

第四，“不漏一人”的底线伦理。体现在中华文明的“鳏寡孤独皆有所养”的传统，体现在疫情防控时“应收尽收，不漏一人”的要求。

“共同体本位”不是中国人民的天生偏好，而是在历史中应对危机所形成的集体记忆。中国农耕文明“靠天吃饭”，中国人从水旱蝗虫频仍的灾害中积累了荒政经验，塑造了“共同体本位”的文化逻辑。

二、责任伦理对权利伦理的纠偏

“权利伦理”是指把权利作为处理人与人关系的主导准则，权利获得了相对于义务、责任和道德的优先地位，亦即所谓的“权利为本”或“权利本位”。

西方社会的个体本位必然出现“权利本位”的价值取向。权利本位一旦走向极端，便会出现一系列负面效应，如权利泛化。人身自由、私有财产、生命安全、政治参与等权利是人的基本权利。但随着权利泛化，权利主体随意置换、权利范围无限扩大、权利名目不断翻新，权利之间的冲突愈演愈烈。权利发生冲突时，哪种权利更加基本和优先？权利伦理并没有解决这个问题。这意味着，权利狂欢的最终代价是虚无主义。这也是西方社会陷入各种纷争的重要原因之一。

“责任伦理”则要求义务与权利的平衡，进而要求责任高于权利。在中国的责任伦理中，人们想要获得什么样的权利，首先就要承担相应的责任。无论是古代士大夫的“先天下之忧而忧，后天下之乐而乐”，还是当代中国共产党人的“吃苦在前，享受在后”，都是生动写照。

西方的权利伦理注重契约精神，根据契约，所有权利主体所承担的责任都是有限责任；而在中华文明的责任伦理中，人们对特定对象往往承担无限责任。父母对孩子承担无限责任，孩子对父母也承担无限责任；执政者对人民群众也要承担无限责任，正可谓“全心全意为人民服务”。在中国古代的政治生活中，无论是儒家的“为政以德，譬如北辰，居其所而众星拱之”（《论语·为政》），还是道家的“圣人无常心，以百姓心为心”（《道德经·第四十九》），都在强调责任伦理。最终，中华民族的责任伦理体现为忠孝节义的道德要求，人伦关系的相互要求，修齐治平的贯通理念，人人有责的担当精神。

在当今时代，相比西方权利伦理，中华民族的责任伦理具有如下优势：

第一，面向未来，代际正义。西方伦理学家约纳斯（Hans Jonas，1903—1993，德国犹太人）曾说：“以前没有一种伦理学曾考虑过人类生存的全球性条件及长远的未来，更不用说物种的生存了。”[1] 权利伦理的主体是活着的人，无须为子孙后代负责，正所谓“我死之后，哪管洪水滔天”。而责任伦理强调当代人对后代所承担的无限责任，正所谓“功在当代，利在千秋”，必须兼顾子孙后代的利益，这显然有助于代际正义。

第二，面向整体，协同共生。如果说权利伦理是利己主义伦理，那么责任伦理就是利他主义伦理。责任伦理更能兼顾个体权利和

1 转引自程东峰：《责任伦理导论》，人民出版社 2010 年版，第 358 页。

整体利益。中国古人的“民胞物与”“天下一家”等精神理念都是责任伦理向外推演的担当意识。在国际舞台上，责任伦理意味着各国承担更多的公共责任，而不是一味谋取一己之私，寻求“本国至上”。国际社会已经意识到责任伦理的世界意义。2001 年在法国里尔召开的“第一届全球公民大会”通过了《人类责任宪章》，这是继《人权宣言》和《联合国宪章》之后第三份世界性重要文件。这标志着，责任伦理的积极意义和正面价值日渐获得国际社会的尊重和承认。

第三，面向自然，生态友好。人们在权利伦理中只看到自己的欲望和利益，而遗忘了一个基本事实：权利也是有成本的。2013 年 4 月 1 日，《人民日报》发表署名“任仲平”的评论员文章《筑就民族复兴的“中国梦”》，其中有这样一组数据：“在能源消耗上，美国人均年消费石油 22 桶多，中国只能在人均年消费石油两桶多的情况下，以不断降低能耗求得发展。”[1] 设想一下，如果中国人主张过上和美国人一样的高能耗、高质量的美国式生活，同样人均年消费 22 桶石油，这将会对地球生态和资源负载造成什么样的后果？相比之下，责任伦理强调欲望的节制，而非欲望的膨胀，显然更有助于生态文明和可持续发展。

在生态文明深入人心、科技发展一日千里的当今时代，古老

---

1 任仲平：《筑就民族复兴的“中国梦”》，《人民日报》2013 年 4 月 1 日。

的中华民族责任伦理焕发出别样的生机活力，是值得世界倾听的中国智慧。中华民族的责任伦理与西方社会的权利伦理加以糅合，将会创造出权利与义务相匹配、利己与为他相平衡、索取与奉献相协调的新社会秩序，开启人类文明的崭新纪元。

三、和合精神对社会分裂的诊疗

全球化的人口流动带来了族群多元；不同阶层、肤色、族裔等群体的汇聚构成了身份多元，最终呈现为文化多元主义。遗憾的是，多元主义并未给西方社会带来不同文化间的和谐相处，而是加剧了文化冲突。

美国著名政治学家亨廷顿（Samuel Phillips Huntington，1927—2008）写完《文明的冲突与世界秩序的重建》后，惊觉美国的麻烦并非来自外部文明的挑战，而是内部文化的瓦解，于是写下了《我们是谁：美国国家特性面临的挑战》。他不无忧虑地警告美国：如果任由各种移民文化和身份政治撕裂美国主流的清教－盎格鲁传统，那么美国的国家认同将会遭遇严峻挑战，甚至有分崩离析的可能。

对中国人而言，亨廷顿所说的“我们是谁”文化难题其实不难应对，“龙的传人”或“炎黄子孙”是中国人共同的文化标志和历史记忆，也是最为深入人心的认同纽带和身份符号。中华文明有着深厚的和合传统，最终塑造出一体多元的文明体系。

中国人的和合精神是汇多元于一体、融冲突为一炉的“美美与共”，而不是用一元取代多元的“同化兼并”。正所谓“和实生物，同则不继”，只有在多元碰撞的基础上才能激发出新的火花，延展开新的生命。生生的精神与和合的智慧相互交融，共同构成了中国古人的和合传统。中华民族的和合精神体现在如下几个方面：

人际关系上，“己所不欲，勿施于人”的恕道精神。对马克思有过巨大影响的德国著名哲学家费尔巴哈（Ludwig Andreas Feuerbach，1804—1872）曾高度赞扬这条儒家准则：“在许多由人们思考出来的道德原则和训诫中，这个朴素的通俗的原理是最好的，最真实的，同时也是最明显而最有说服力的，因为这个原理诉诸人心，它使自己对于幸福的追求，服从良心的指示。”[1]推己及人的同理共情，设身处地的换位思考，将心比心的感同身受，使人际关系趋向和谐，不同个体整合为一个有机整体。

民族关系上，“华夷一家，五族共和”的包容精神。中华民族之所以能融合各个民族为共同体，其根基在于，以文化而不以种族区别夷夏关系。也就是说，文化认同是民族认同的最深厚根

---

1 《费尔巴哈哲学著作选集》（上卷），生活·读书·新知三联书店 1959 年版，第 578 页。

基。无论是何种种族、血缘、体质、地域或宗教，只要接受了大一统的中华文化和典章制度，就是中国人。中华民族共同体的包容伟力由此铸就。正如习近平总书记所说，“一部中国史，就是一部各民族交融汇聚成多元一体中华民族的历史，就是各民族共同缔造、发展、巩固统一的伟大祖国的历史。各民族之所以团结融合，多元之所以聚为一体，源自各民族文化上的兼收并蓄、经济上的相互依存、情感上的相互亲近，源自中华民族追求团结统一的内生动力。正因为如此，中华文明才具有无与伦比的包容性和吸纳力，才可久可大、根深叶茂。”[1]

宗教关系上，“政主教从，多元通和”的宽容精神。世界上多数国家和地区，由于复杂的原因，各宗教之间，各教派之间，经常出现紧张关系，伴随人类文明发展的整个历程，这也是今天世界各地动荡不安的重要历史因素。相比之下，中华民族的各大宗教多元通和，和谐共生，形成了“宗教联合国”的奇观。对世界而言，各大宗教在中国的多元并存并不令人惊讶，真正令人惊讶的是各大宗教的对话互动。历史上的佛教中国化、“以儒诠伊”[2]、

1　习近平：《在全国民族团结进步表彰大会上的讲话》，载《人民日报》2019 年 9 月 28 日。

2　“以儒诠伊”：明清之际，以王岱舆、刘智为代表的中国穆斯林学者汇通伊斯兰教教义与儒家思想的理论探索。

三教合一[1]等现象时有发生，生动体现了中华文明和而不同、尊重差异、包容多样的博大胸怀和开放精神。

文明关系上，“美人之美，美美与共”的兼容精神。20世纪90年代初，费孝通在亨廷顿抛出“文明冲突论”的前一年就已关注到文明冲突问题，然而他给出了完全不同的思考：“我们这个时代，冲突倍出，海湾战争背后有宗教、民族的冲突，东欧和原苏联都在发生民族斗争，炮火不断。……我在孔林里反复地思考，看来当前人类正需要一个新时代的孔子了。新的孔子必须是不仅懂得本民族的人，同时又懂得其他民族、宗教的人。他要从高一层的心态关系去理解民族与民族、宗教与宗教和国与国之间的关系。目前导致大混乱的民族和宗教冲突充分反映了一个心态失调的局面。我们需要一种新的自觉。考虑到世界上不同文化、不同历史、不同心态的人今后必须和平共处在这个地球上，我们不能不为已不能再关门自扫门前雪的人们，找出一条共同生活下去的出路。这使我急切盼望新时代的孔子的出现。”[2]在费孝通先生看来，孔子的仁爱精神是化解文明交锋的理论法宝，绝无挑起

---

1 三教合一：中国宗教史上儒家、道教、佛教三种理论和文化和谐共存、相互交流、彼此融合的宗教现象。

2 费孝通：《费孝通学术文化随笔》，中国青年出版社1996年版，第242—243页。

文明冲突的文化基因。

在人际紧张、族群对抗、宗教战争、文明冲突等“愤怒遍地”的变局时代，中华文明的和合精神不啻为一剂清热解毒的“清凉散”，也不啻为一块反求诸己的“提示牌”，更不啻为一条求同存异的“缓冲带”。

四、贤能政治对西方民主的补充

以“一人一票”为标志的西式民主一度是西方社会引以为傲的“普世价值”，然而挥之不去的民粹主义泥潭，使得西方民主显得黯然失色。

早在古希腊时期，雅典城邦推行古典公民民主时，便遭遇了民粹主义的困境。按照雅典的公民民主制度，城邦内部的所有公民享受同等的权利，都可以直接参与城邦事务的管理，这也就形成了“大民主”的模式。然而古希腊的公民民主却发生了“苏格拉底之死”的悲剧。一代哲人苏格拉底被雅典民主制度以票决方式判处死刑，由此引发了苏格拉底的弟子柏拉图等人对民主制度的反思。反思的结果便是，城邦不能没有“哲人王”的统治。也就是说，中国的贤能政治也曾出现在柏拉图的“理想国”之中。

西方现代民主采取代议制民主形式，初心是避免出现民粹悲剧。古典民主由公民直接行使权力，代议制由人民的代表代表人民管理人民。然而时至今日，民粹主义的阴影始终飘浮在西方选举民主的上空挥之不去，“少数服从多数”的票决制度不断刺激并催生出“多数人的暴政”的民粹精神。这便是西方民主的困境。

于是，西方不少有识之士将目光转向中国。“选贤与能”的尚贤精神始终是中华政治文明的核心理念之一。事实上，中国的贤能政治在历史上早已深刻地影响西方的文官制度。不少学者认为，中国的科举制度为西方世界建立文官制度提供了灵感。自隋唐时期开始，中国便实行了长达 1300 余年的科举制度。科举制度秉持“学而优则仕”的精神，把一批有才能的贤能人士输送进政府部门，赋予底层读书人“朝为田舍郎，暮登天子堂”的向上流动通道，彻底打破了世家大族对组织人事的垄断把持，确保了中国古代维系政权运转的人才来源和开放格局。与此同时，欧洲的官员选用制度主要有贵族世袭制（按照血缘关系继承贵族的爵位和领地）、君主恩赐制（君主通过恩赐的方式分封诸侯，诸侯也以此任命下属官吏）、个人赡徇制（将公职当作私人物品私相授予他人）和政党分肥制（竞选获胜的政党将官职作为酬劳分配给本党骨干）。这些官员选用方式始终存在着公器私用、裙带腐败、权力垄断、德不配位等弊端。在传教士的传播下，中国的科举制度开始进入西方人的视野。“曾旅居中国的英国人格尔斯惊叹道，科举制度是一项伟大的制度发明，可以与中国古代造纸术、指南针、火药的发明相媲美。”[1]

民主尚贤制则是中华文明贤能政治在新时代向西方世界赠送的第二份礼物。长期生活在中国的加拿大学者贝淡宁（Daniel A. Bell）发现，中国模式之所以成功，秘密之一便是“基层民主、上层尚贤”的选贤模式：“在过去30年间，中国在更高政府层面上建立了复杂和全面的政治人才选拔制度：简单地说就是政治尚贤制。有野心的政府官员通常要通过公务员考试，往往是几千个申请者竞争一个岗位，他们必须在基层政府表现突出，沿着政治阶级阶梯向上爬，每迈上一个台阶都要经过越来越严格的考试和考核。”[2]中国干部选拔体制继承了中华文明的尚贤传统，实现了贤能政治的现代转化，完成了大众民主与选贤任能的有机结合，对西方片面的选举民主提供了有益的借鉴。

除此之外，越来越多的西方人发现，中国的贤能政治能够有效纠偏西方的大众民主制度。有西方人士指出，美国民主正在沦为“消费者民主”，其特征便是选民的自私与短视，在民主选举

---

1 中共中央宣传部理论局：《中国制度面对面》，学习出版社、人民出版社2020年版，第8页。

2 ［加］贝淡宁：《贤能政治：为什么尚贤制比选举民主制更适合中国》，吴万伟译，中信出版集团2016年版，第151—152页。

过程中只考虑个人的短期利益，而无法关注真正的长远问题。所以他提出了一种设想："民主西方可持续的关键是借鉴中国选贤任能的治理经验，建立能够胜任的、在治理时体现长远利益和公共利益的制度。我们的论点是：要在东西方各自的体制中恢复均衡，必须通过结合'有见识的民主'与'可问责的选贤任能'，形成混合体制，重新调整政治环境。"[1] 这便是贤能政治对西方民主的纠偏功能与借鉴意义，这也正是中西政治理念与文明传统相互对话的美好图景。

当年梁启超曾说："拿西洋的文明来扩充我的文明，又拿我的文明去补助西洋的文明，叫他化合起来成一种新文明。"[2] 令人欣慰的是，东西方文化相遇相知，中西文明互鉴互融，如今已不再是一种奢望。

---

1 [美]尼古拉斯·伯格鲁恩，[美]内森·加德尔斯：《智慧治理：21世纪东西方之间的中庸之道》，朱新伟等译，格致出版社2013年版，第6页。

2 梁启超：《梁启超全集》，张品兴译，北京出版社1999年版，第2986页。

第七章

共赢与共享：构建人类命运共同体

在党的十九大报告中，习近平总书记指出，“我们生活的世界充满希望，也充满挑战。我们不能因现实复杂而放弃梦想，不能因理想遥远而放弃追求。没有哪个国家能够独自应对人类面临的各种挑战，也没有哪个国家能够退回到自我封闭的孤岛。我们呼吁，各国人民同心协力，构建人类命运共同体，建设持久和平、普遍安全、共同繁荣、开放包容、清洁美丽的世界。”[1] 人类命运共同体具有深厚的中华文明底蕴与历史根基，是中国向人类社会提供的中国方案与中国智慧。

一、构建新天下体系的永久和平

中西文明在如何看待人类政治秩序的问题上，呈现出一个深刻的差异：源于古希腊城邦政治的西方文明始终强调国家本位，而以大同理念为根基的中华文明强调在家国之上还有“天下”。

1 《中国共产党第十九次全国代表大会文件汇编》，人民出版社 2017 年版，第 47 页。

在中国古人看来，修身齐家治国的最终目标是“平天下”，最高理想是“欲明明德于天下”（《礼记·大学》）。中华传统文明秉持“大道之行，天下为公”（《礼记·礼运》）。“天下为公”的理念在孟子思想中发展为王道政治，强调天下整体的公共性。协和万邦是中华文明对世界秩序的根本看法。

西方文明的霸道政治看重民族国家的私利性。霸道政治推崇弱肉强食的丛林法则，信奉“力量即正义”的实力原则，秉持“非敌即友”的二元观念，最终表现为冷战思维与霸权政治。

在全球化时代，中华文明的天下观念更有助于维系国际社会的持久和平。

习近平主席说，人类“正处在一个挑战层出不穷、风险日益增多的时代。世界经济增长乏力，金融危机阴云不散，发展鸿沟日益突出，兵戎相见时有发生，冷战思维和强权政治阴魂不散，恐怖主义、难民危机、重大传染性疾病、气候变化等非传统安全威胁持续蔓延”[1]。诸如生态危机、能源危机、金融危机、难民危机等危机和风险或许是由某个国家或地区造成的，但全球化的条件下，其往往迅速扩散成为全球性公共风险，需要国际社会共同应对。

---

1 习近平：《共同构建人类命运共同体——在联合国日内瓦总部的演讲》，载《人民日报》2017 年 1 月 20 日。

作为全球政治领域的基本单位，民族国家是应对全球公共问题的主导力量。然而，民族国家囿于国力与范围，无力单独应对全球风险。有些国家还因民族国家本位主义作祟而回避本应承担的国际责任。

值此之际，中国的“天下传统”观念及其当代形态“人类命运共同体”，在国家利益和人类利益之间寻求到新的平衡。“命运”是指人类社会基于共同的生存境遇而形成的共同利益和共同关切。人类命运共同体是指，基于“命运”这一纽带，人类凝结出思想共识，最终发展成为相对稳定的共同体。

中华文明“修文偃武”的和平主义理念有助于落实人类命运共同体的普遍安全。习近平总书记在十九大报告中指出，“中国奉行防御性的国防政策。中国发展不对任何国家构成威胁。中国无论发展到什么程度，永远不称霸，永远不搞扩张”。[1] 这并非是中国的“外交辞令”或“权宜之计”，而是基于中华传统文明深厚传统的必然选择。

中华文明历来注重“和为贵”，崇尚“远人不服则修文德”，反对穷兵黩武与扩张征服。对此，明代著名天主教传教士利玛窦曾经发出这样的感慨：“虽然他们有装备精良的陆军与海军，很

---

1 《中国共产党第十九次全国代表大会文件汇编》，人民出版社 2017 年版，第 48 页。

容易征服邻近的国家，但他们的皇上和人民却从未想过要发动侵略战争。……我仔细地研究了中国长达四千多年的历史，我不得不承认，我从未见到有这类征服的记载，也没听说过他们扩张国界。”[1] 中国即使是在综合实力最强的时候，也没有对外扩张，没有殖民掠夺，没有炮舰政策，没有强加于人的不平等条约，这是中国崛起之所以和平共赢的文明基因，也是中国为世界范围内文明对话所提供的中国智慧与中国方案。

然而令人遗憾的是，一些西方学者不相信中华文明具有“强而不霸”的文明逻辑。在他们看来，中国崛起必然需要诸如能源等大量物质财富，在本土物质匮乏有限的情况下，中国一定会以武力手段掠夺资源。于是，西方国家把中国在南海、钓鱼岛维护国家利益的正当行为曲解为“新帝国主义”，把中国对非洲国家的友好援助丑化成“新殖民主义”，把中国的“一带一路”扭曲为谋求地缘政治利益的“新马歇尔计划”，在全球范围内大造“中国威胁论”的舆论。

事实上，这种论调是把西方国家的崛起过程投射到中国。持有这种观点的学者忽视了至关重要的一点，数千年农耕文明的深厚传统使中华文明追求自给自足、自力更生，依靠自己的力量实

1 ［意］利玛窦，［比］金尼阁：《利玛窦中国札记》，何高济、王遵仲、李申译，中华书局 1983 年版，第 58—59 页。

现发展，而不是对外转移矛盾或攫取资源来发展。同样面对“人口多、资源少”的困境，西方国家在历史上应对“马尔萨斯陷阱”的方式是通过海外殖民，将本国矛盾转移到国际上去；中国却从来都是依靠农业上的“内卷式”发展来提高农业生产率，由此在有限的中国耕地上养活日益增长的中国人。直到今天，中国依然依靠袁隆平的杂交水稻技术来解决中国人的饭碗问题，而不是对外侵略。同样，面对中国自身的经济难题，当代中国也是依靠东部、中部和西部的地域差异，不断激活内需，来实现中国经济的升级换代，而不是对外转移经济矛盾。这体现出中国的大国优势，中国经济自我消化的能力，中国和平崛起的历史定力。中华文明由此铸就了崇尚和平的文明基因。

中华民族始终是热爱和平的民族，中华文明始终是追求和谐的文明。中华文明的和平根性决定了中国必然走和平发展的道路，而不会重蹈他国“国强必霸”的历史覆辙。总的来看，中华文明不是靠铁蹄和战舰向外征服，而是靠商贸和文化怀柔远人；不是靠殖民统治一味攫取，而是靠朝贡体系互惠互利；不是靠对外传教谋取文化霸权，而是靠有闻来学实现人心归附。中华文明修文偃武的和平主义为构建普遍安全的人类命运共同体提供了宝贵的思想启迪。

二、构建对话型文明

2013年3月23日，习近平主席在莫斯科国际关系学院发表演讲时强调，“这个世界，各国相互联系、相互依存的程度空前加深，人类生活在同一个地球村里，生活在历史和现实交汇的同一个时空里，越来越成为你中有我、我中有你的命运共同体”。[1]在社会制度、文化传统、政治结构、社会民情、发展水平等各方面参差不齐的当代世界，构建“你中有我、我中有你”的人类命运共同体，离不开和而不同的包容精神。

从族群交融的视角看，中国各民族虽然在历史上不乏冲突，但最终都在不同阶段融入中华民族共同体。与西方文明的民族冲突相比，中华文明更加强调民族包容、各民族之间的交往交流交融、中华民族共同体意识。中华文明的巨大包容力基于中华民族的文化认同而非武力征服，注重夷夏转化而非固守夷夏大防，所以少数民族都主动选择融入中华文化。

从宗教融合上看，其他地区往往因为宗教的排他性特征而引发激烈的宗教冲突，但在中国历史上，先有印度佛教传入，后有西方基督教、伊斯兰教传入，中华文明均对其接纳吸收。各大宗

1 习近平：《顺应时代前进潮流 促进世界和平发展：在莫斯科国际关系学院的演讲》，载《光明日报》2013年3月24日第2版。

教也在融入中华文明的过程中不断剔除排他性，在保留差异性的同时增进共同性。各大宗教在中华大地不仅多元并存、相安无事，并且相互学习、彼此交融。汉唐时期的敦煌，宋元时期的泉州，都出现了宗教融合的独特景观。这是当时开放的贸易政策与宽容的宗教政策的结果，更是古代中国虚怀若谷、磅礴大气的文化情怀与海纳百川、兼容并包的开阔胸襟的生动写照。

从中外汇通上看，中华民族始终能够接纳外来文化，从唐代的“万国来朝”到宋代的犹太人入华，再到明清的传教士来华，中华民族始终做到兼容并包。宋元海上丝路的“蕃客”命运便是其中的一个缩影。海上丝路在宋代兴起后，来华贸易的阿拉伯商人，因为海路遥远或贸易之需，不少人居留当地不归，由此出现了中西文明交融的独特景象，即“蕃学”与“华化”。朝廷设立蕃学，让蕃商子女学习汉语与中华文化，允许蕃客子弟参加科举考试，还为他们提供便利，实行蕃汉有别的录取方案，蕃客子弟可享受低分录取等特殊待遇。蕃学的兴办，促进不同文明的相互交融，使蕃客获得同等国民待遇。这充分说明中华文明具有开放包容的品格，而没有“非我族类其心必异”的狭隘观念。

正是凭借着“海纳百川”的包容力，中华文明成为一个巨大的“文明漩涡”，融多种族群于一体，汇多元文化于一炉，最终有效保持了与时俱进的顽强生命力。中华传统文明“推己及人”

的伦理准则也为推动中西文明融合、建构全人类共同价值提供历史镜鉴。

中华文明“推己及人”的他者主义理念有助于建构人类命运共同体的协商伦理。共同协商是建构人类命运共同体的重要机制。从协商程序上看，民主协商必须经由对话环节，而对话是否成功有效的关键在于倾听。如果缺乏尊重他者的伦理观念，倾听就会沦为充耳不闻的自我封闭，对话就会陷入一家独大的自说自话，协商也就蜕变为徒有其表的外在形式。因此，构建人类命运共同体离不开“推己及人”尊重他者的伦理准则。

中华文明坚持“己所不欲，勿施于人”的理念，推崇“将心比心”“推己及人”的同理心，反对“以眼还眼，以牙还牙”的狭隘观念，更反对“先下手为强，后下手遭殃”“宁使我负天下人，休教天下人负我”等所谓“先发制人”的手段和“唯我独尊”的心态。这便是以他者为重的伦理观念。

早在 20 世纪上半叶，英国哲学家罗素来华访问时便曾经说过，“如果在这个世界上有‘骄傲到不屑打仗’的民族，那就是中国。中国人天生宽容而友爱，以礼待人，希望别人也投桃报李。只要中国人愿意，他们可以成为天下最强大的国家。但是，他们所追求的只是自由，而不是支配。”[1] 在罗素看来，中华文明的和

---

1 ［英］罗素：《中国问题》，秦悦译，学林出版社 1996 年版，第 154 页。

平根性正是源于中国人的“以礼待人”。这种“以礼待人”的精神实质便是推己及人，而非寻求建立起支配性的宰制关系。这便是西方人眼中的中国精神。

法国著名哲学家列维纳斯（Emmanuel Levinas，1906—1995）开创的他者伦理学与中华文明“推己及人”的伦理法则殊途同归。列维纳斯是第二次世界大战中奥斯维辛集中营大屠杀中的幸存者。在他看来，整个西方传统伦理学的核心概念是“自我”，因而把他人看成是自我的附属品，是自我可以利用和控制乃至屠戮的对象，这正是西方暴力的思想根源。为此，列维纳斯要求伦理学的中心概念从自我走向他者，他者不是可以被自我主体化约的对象，而是与自我共生并存的对象。列维纳斯的面向他者、尊重他者、承认他者、为他人负责的伦理学与中华文明“推己及人”“克己复礼”等以他人为重的伦理精神是内在一致的。

在20世纪90年代中期世界范围内掀起的“世界伦理”运动中，大部分学者都认可中华文明“己所不欲，勿施于人”的伦理法则。这种以他者为重的伦理观念，反对强加于人的压迫姿态，形成“反求诸己”的内敛性格，具有和平性与包容性，是各种文明能够和谐共存的重要基石。中华文明“将心比心”的伦理法逐渐得到全世界的广泛认同。

三、构建学习型文明

进入全球化时代，不同文化之间既有相互交融的可喜态势，也有交锋冲突的紧张局面。人类文明究竟走向冲突还是和谐？对此，中国的选择是："要尊重世界文明多样性，以文明交流超越文明隔阂，以文明互鉴超越文明冲突，以文明共存超越文明优越。"[1]

越是在文明冲突和"文化热战"愈演愈烈，文化霸权主义大行其道之时，越是要弘扬中华文明的不往而教的文化自信精神。中华文明一直有"礼闻来学，不闻往教"的传统，从不主张强加于人的文化输出，从不谋求文化霸权。从历史上看，中国历史上只有"西天取经"的传奇，没有主动"传经送宝"的故事。唐代玄奘法师曾经历经千辛万苦，前往天竺学习佛法，完成西天取经的使命后，他拒绝沿途各国的邀请，放弃优渥条件，一心返回大唐故土。这与基督教的"炮舰传教"形成了鲜明对比。

中华文明坚持"礼闻来学，不闻往教"的精神，是由中华文明的地理依赖性所决定的。西方文明的核心精神是基督教，尤其是在新教改革之后，每个信徒都可以与上帝建立直接联系。这种文化特性决定了西方文明可以摆脱地域限制而到处传教。中华文明的儒家传统则"重视家庭"，在历史上没有对外进行文化扩张

---

1 《中国共产党第十九次全国代表大会文件汇编》，人民出版社2017年版，第47页。

的传统。即使中国人漂泊海外异乡，也大多是以华人社区为主体，在小范围内形成“唐人街”，顽强地保留中华民族的生活方式与价值观念，而不是谋求将中华文明到处推广，更不会强加于人而引发文化冲突。

英国著名历史学家汤因比曾预言，“西方观察者不应低估这样一种可能性：中国有可能自觉地把西方更灵活、也更激烈的活力与自身保守的、稳定的传统文化熔为一炉。如果这种有意识、有节制进行的恰当融合取得成功，其结果可能为人类的文明提供一个全新的文化起点”。[1] 作为文明转型方案的人类命运共同体，正是这一预言成为现实的伟大实践。

---

1 ［英］阿诺德·汤因比：《历史研究》，刘北成，郭小凌译，上海人民出版社 2000 年版，第 394 页。

参考文献

[1] 习近平 . 论坚持推动构建人类命运共同体 . 北京：中央文献出版社，2018.

[2] 习近平 . 决胜全面建成小康社会夺取新时代中国特色社会主义伟大胜利——在中国共产党第十九次全国代表大会上的报告 . 北京：人民出版社，2017.

[3] 习近平 . 在全国民族团结进步表彰大会上的讲话 . 人民日报，2019-09-28.

（一）著作

[1] [英] 阿伦 · 布洛克 . 西方人文主义传统 . 董乐山译 . 北京：生活 · 读书 · 新知三联书店，1997.

[2] [英] 爱德华 · 泰勒 . 原始文化 . 连树声译 . 桂林：广西师范大学出版社，2005.

[3] [法] 安田朴 . 中国文化西传欧洲史 . 耿昇译 . 北京：商务印书馆，2000.

[4] [加] 贝淡宁 . 贤能政治：为什么尚贤制比选举民主制更适合中国 . 吴万伟译 . 北京：中信出版集团，2016.

[5] [美] 本杰明 · 史华兹 . 古代中国的思想世界 . 程钢译 . 南京：江苏人民出版社，2008.

[6] [美] 柏里安 . 东游记：耶稣会在华传教史 1579—1724. 陈玉芳译 . 澳门大学出版社，2014.

[7] 程东峰 . 责任伦理导论 . 北京：人民出版社，2010.

[8] 陈来 . 传统与现代：人文主义的视界 . 北京：生活・读书・新知三联书店，2009.

[9] 陈来 . 古代宗教与伦理：儒家思想的根源 . 北京：生活・读书・新知三联书店，1996.

[10] 陈来 . 中华文明的核心价值：国学流变与传统价值观 . 北京：生活・读书・新知三联书店，2015.

[11] [宋] 程颐，郑汝谐 . 伊川易传・易翼传 . 上海古籍出版社，1989.

[12] 邓正来 . 世界社会科学高级讲坛讲演录 . 北京：商务印书馆，2010.

[13] [英] 大卫・瑙尔斯 . 中世纪思想的演化 . 杨选译 . 北京：商务印书馆，2012.

[14] [法] 杜赫德 . 耶稣会士中国书简集——中国回忆录 . 第三卷 . 朱静译 . 郑州：大象出版社，2001.

[15] [法] 伏尔泰 . 路易十四时代 . 吴模信，沈怀洁，梁守锵译 . 北京：商务印书馆，1982.

[16] 方豪 . 中西交通史 . 下卷 . 上海人民出版社，2008.

[17] 费孝通 . 中华民族多元一体格局 . 修订本 . 北京：中央民族大学出版社，2003.

[18] [美] 费正清 . 中国的世界秩序——传统中国的对外关系 . 杜继东译 . 北京：中国社会科学出版社，2010.

[19] [美] 弗朗西斯·福山 . 政治秩序的起源：从前人类时代到法国大革命 . 毛俊杰译 . 桂林：广西师范大学出版社，2014.

[20] 干春松 . 重回王道——儒家与世界秩序 . 上海：华东师范大学出版社，2012.

[21] 葛兆光 . 古代中国文化讲义 . 上海：复旦大学出版社，2012.

[22] 葛兆光 . 何为中国：疆域民族文化与历史 . 伦敦：牛津大学出版社，2014.

[23] [清] 郭庆藩 . 庄子集释 . 北京：中华书局，1961.

[24] 韩凌 . 洛克与中国：洛克“中国笔记”考辨 . 北京大学出版社，2019.

[25] 韩星 . 儒家人文精神 . 西安：陕西人民出版社，2012.

[26] 何兆武，柳卸林 . 中国印象：外国名人论中国文化 . 北京：中国人民大学出版社，2011.

[27] 黄克剑 . 由“命”而“道”——先秦诸子十讲 . 北京：中国人民大学出版社，2010.

[28] 姜义华 . 世界文明视阈下的中华文明 . 上海：复旦大学出版社，2016.

[29] [美] 康灿雄 . 西方之前的东亚：朝贡贸易五百年 . 陈昌煦译 . 北京：社会科学文献出版社，2016.

[30] [清] 阮元 . 十三经注疏 . 北京：中华书局，1980.

[31] [德]G. G. 莱布尼茨 . 中国近事——为了照亮我们这个时代的历史 . 梅谦立，杨保筠译 . 郑州：大象出版社，2005.

[32] [美] 詹姆斯・利文斯顿 . 现代基督教思想 . 何光沪译 . 成都：四川人民出版社，1992.

[33] 刘翔 . 中国传统价值观诠释学 . 上海三联书店，1996.

[34] 李大钊 . 平民主义 . 李大钊选集 . 北京：人民出版社，1959.

[35] [意] 利玛窦，[比] 金尼阁 . 利玛窦中国札记 . 何高济，王遵仲，李申译 . 北京：中华书局，2010.

[36] 朱维铮 . 利玛窦中文著译集 . 上海：复旦大学出版社，2001.

[37] 梁漱溟 . 中国文化要义 . 上海人民出版社，2005.

[38] 梁启超 . 先秦政治思想史 . 北京：东方出版社，1996.

[39] 李申 . 中国儒教论 . 郑州：河南人民出版社，2005.

[40] 李云泉 . 万邦来朝：朝贡制度史论 . 北京：新华出版社，2014.

[41] 林存光 . "文明以止"：中华民族的人文精神与文明特性研究 . 北京：学习出版社，2016.

[42] 刘安 . 淮南子 . 上海古籍出版社，1989.

[43] 楼宇烈 . 温故知新——中国哲学研究论文集 . 北京：商务印书馆，2004.

[44] 路远 . 景教与景教碑 . 西安出版社，2009.

[45] [法] 孟德斯鸠 . 论法的精神 . 许明龙译 . 北京：商务印书馆，2012.

[46] [英] 尼尔・盖曼 . 美国众神 . 戚林译 . 北京联合出版公司，2017.

[47] 潘吉星 . 中国古代四大发明：源流、外传及世界影响 . 合肥：中国科学技术大学出版社，2002.

[48] 潘维 . 信仰人民：中国共产党与中国政治传统 . 北京：中国人民大学出版社，2017.

[49] 忻剑飞 . 世界的中国观 . 上海：学林出版社，1991.

[50] 钱穆 . 中国历代政治得失 . 北京：生活・读书・新知三联书店，2018.

[51] 钱穆 . 国史大纲 . 北京：商务印书馆，1996.

[52] 钱穆 . 国史新论 . 北京：生活・读书・新知三联书店，2001.

[53] 钱穆 . 论语新解 . 北京：生活・读书・新知三联书店，2002.

[54] 钱穆 . 人生十论 . 北京：生活・读书・新知三联书店，2009.

[55] [英] 阿诺德・汤因比，池田大作 . 选择生命——汤因比与池田大作对谈录 . 北京：商务印书馆，2017.

[56] 唐君毅 . 中国人文精神之发展 . 桂林：广西师范大学出版社，2005.

[57] [美] 斯塔夫里阿诺斯 . 全球通史：从史前史到 21 世纪 . 北京大学出版社，2012.

[58] 孙启治 . 政论・昌言 . 北京：中华书局，2018.

[59] [清] 孙希旦 . 礼记集解 . 北京：中华书局，1989.

[60] 徐复观 . 中国人性论史 . 上海：华东师范大学出版社，2005.

[61] 徐复观 . 中国人文精神之阐扬——徐复观新儒学论著辑要 . 北京：中国广播电视出版社，1996.

[62] 熊十力 . 韩非子评论・与友人论张江陵 . 上海书店出版社，2007.

[63] [日] 王柯 . 从"天下"国家到民族国家：历史中国的认知与实践 . 上海人民出版社，2020.

[64] 汪晖 . 现代中国思想的兴起 . 北京：生活・读书・新知三联书店，2015.

[65] [清] 王国维 . 观堂集林 . 北京：中华书局，1959.

[66] [清] 王先谦 . 荀子集解 . 北京：中华书局，1988.

[67] [明] 王守仁 . 王阳明全集 . 上海古籍出版社，2012.

[68] 武斌 . 文明的力量：中华文明的世界影响力 . 广州：广东人民出版社，2019.

[69] 吴莉苇 . 天理与上帝：诠释学视角下的中西文化交流 . 北京：宗教文化出版社，2014.

[70] 叶秀山 . 哲学的希望：欧洲哲学的发展与中国哲学的机遇 . 南京：江苏人民出版社，2018.

[71] 殷海光 . 中国文化的展望 . 台北：桂冠图书公司，1988.

[72] 于铭松 . 中国特色社会主义文化建设研究 . 北京：中共中央党校出版社，2014.

[73] 姚中秋 . 尧舜之道：中国文明的诞生 . 北京：中国文联出版社，2016.

[74] 张岱年，方克立 . 中国文化概论 . 修订版 . 北京师范大学出版社，2004.

[75] [美] 许倬云 . 说中国：一个不断变化的复杂共同体 . 桂林：广西师范大学出版社，2015.

[76] [美] 许倬云 . 中国古代文化的特质 . 厦门：鹭江出版社，2016.

[77] [美] 许倬云 . 万古江河：中国历史文化的转折与开展 . 长沙：湖南人民出版社，2017.

[78] [美] 许倬云 . 历史大脉络 . 桂林：广西师范大学出版社，2019.

[79] 苏力 . 大国宪制：历史中国的制度构成 . 北京大学出版社，2018.

[80] 宋念申 . 发现东亚 . 北京：新星出版社，2018.

[81] 张光直 . 中国青铜时代（二集）. 北京：生活 · 读书 · 新知三联书店，1990.

[82] 赵汀阳 . 坏世界研究：作为第一哲学的政治哲学 . 北京：中国人民大学出版社，2009.

[83] 赵汀阳 . 惠此中国：作为一个神性概念的中国 . 北京：中信出版集团，2016.

[84] 赵汀阳 . 天下的当代性：世界秩序的实践与想象 . 北京：中信出版集团，2016.

[85] 张岱年，程宜山 . 中国文化精神 . 北京大学出版社，2015.

[86] 张灏 . 幽暗意识与时代探索 . 广州：广东人民出版社，2016.

[87] 郑开 . 德礼之间：前诸子时期的思想史 . 北京：生活 · 读书 · 新知三联书店，2009.

[88] 文扬 . 天下中华——广土巨族与定居文明 . 北京：中华书局，2019.

[89] 王介南 . 中外文化交流史 . 太原：书海出版社，2004.

[90] 张国刚 . 中西文化关系通史 . 上卷 . 北京大学出版社，2019.

[91] 张国刚 . 胡天汉月映西洋：丝路沧桑三千年 . 北京：生活 · 读书 · 新知三联书店，2019.

[92] 张立文 . 和合学——21 世纪文化战略的构想 . 北京：中国人民大学出版社，2016.

[93] 张星烺 . 中西交通史料汇编 . 第 1 册 . 北京：华文出版社，2018.

[94] [法] 孟德斯鸠 . 论法的精神 . 张雁深译 . 北京：商务印书馆，1987.

[95] [美] 萨缪尔 · 亨廷顿 . 文明的冲突与世界秩序的重建 . 周琪，刘绯，张立平，王圆译 . 北京：新华出版社，1999：299–358.

[96] [宋] 朱熹 . 四书章句集注 . 北京：中华书局，1983.

[97] Denis Twitchett. *The Birth of the Chinese Meritocracy: Bureaucrats and Examinations in T'ang China*. London: Bendles (Torquay) Ltd., 1974.

[98] Derk Bodde. *Chinese Ideas in the West*. Washington. D. C.: American Council on Education, Fourth Printing, 1792.

[99] Ruggieri, Lett. ARSI, Jap.-Sin., 9, I, 12 November 1581, Macao.

（二）论文

[1] 陈立胜．人文主义的精神与有“精神”的人文主义．儒学第三期的人文精神——杜维明先生八十寿庆文集．北京：人民出版社，2019.

[2] 陈启伟．“哲学”译名考．哲学译丛，2001（3）：84.

[3] 陈尚胜．试论明成祖的对外政策．安徽史学，1994（1）.

[4] 陈垣．火祆教入中国考．陈垣学术论文集．北京：中华书局，1980.

[5] 费孝通．中华民族的多元一体格局．北京大学学报（哲学社会科学版），1989（4）.

[6] 高永久．西域祆教考述．西域研究，1995-12-1.

[7] 韩东育．“华夷秩序”的东亚构架与自解体内情．东北师大学报（哲学社会科学版），2008（1）.

[8] 简军波．中华朝贡体系：观念结构与功能．国际政治研究，2009（1）.

[9] 李景林．儒家的丧祭理论与终极关怀．中国社会科学，2004（2）.

[10] 李景林．义理的体系与信仰的系统——考察儒家宗教性问题的一个必要视点．儒学第三期的人文精神——杜维明先生八十寿庆文集．北京：人民出版社，2019.

[11] 李明辉．儒家人文主义与宗教．儒学第三期的人文精神——杜维明先生八十寿庆文集．北京：人民出版社，2019.

[12] 李天纲 . 简论明清“西学”中的神学和哲学 . 复旦学报(社会科学版)，1999（3）.
[13] 梁启超 . 论政府与人民之权限 . 校订版 . 公法 .1 卷 .
[14] 林尚立 . 论以人民为本位的民主及其在中国的实践 . 政治学研究，2016（3）.
[15] 刘正寅 .“大一统”思想与中国古代疆域的形成 . 中国边疆史地研究，2010（6）.
[16] 罗志田 . 后现代主义与中国研究:《怀柔远人》的史学启示 . 历史研究，1999（1）.
[17] 吕福新 . 建构新时代的乡贤文化 . 人民日报，2016-12-26.
[18] 吕存凯 . 近代中国世界秩序观的转变 . 中央社会主义学院学报，2020（3）.
[19] 潘吉星 . 论中国印刷术在欧洲的传播 . 传统文化与现代化，1996（4）：74-91.
[20] 潘岳 . 中华文明要为建构人类共同价值提供重要支撑 . 山东省社会主义学院学报，2017（1）.
[21] 潘岳 . 中华共同体与人类命运共同体 . 学习时报，2018-12-19.
[22] 庞朴 . 和而不同与同而不和——世界文明走向的两种相反预测 . 文化中国，1994（12）.
[23] 权赫秀 . 中国古代朝贡关系研究述评 . 中国边疆史地研究，2005（3）.

[24] 孙中山 . 总统新年在桂之演说 . 民国日报，1922-2-23.
[25] 陕西省博物馆革委会写作小组，陕西省文管会革委会写作小组 . 西安南郊何家村发现唐代窖藏文物 . 文物，1972-1-31.
[26] 谭其骧 . 历史上的中国和中国历代疆域 . 中国边疆史地研究，1991(1).
[27] 汤一介 . “道始于情”的哲学诠释——五论创建中国解释学问题 . 学术月刊，2001（7）.
[28] 夏勇 . 民本与民权——中国权利话语的历史基础 . 中国社会科学，2004（5）.
[29] 徐佳希 . 荀子礼治文明思想研究 . 北京大学博士研究生学位论文，2019.
[30] 许明龙 . 中国古代文化对法国启蒙思想家的影响 . 世界历史，1983(1).
[31] 伊斯拉菲尔・玉苏甫，安尼瓦尔・哈斯木 . 古老的乐器——箜篌 . 西域研究，2001（2）：78-85.
[32] 王银泉 . 中国农业的“中学西传”与法国重农思想的兴起 . 学海，2010-5-20：140-144.
[33] 魏志江 . 全海宗教授的中韩关系史研究 . 中国史研究动态，1999（1）.
[34] 于铭松 . 中华文明的特质与构建人类命运共同体 . 中央社会主义学院学报，2017（6）.
[35] 张弛 . 重农主义与中国的“自然法”. 学术界，2013（2）.
[36] 赵鼎新 . 中国大一统的历史根源 . 文化纵横，2009（6）.

[37] 周菁葆 . 西域祆教文明 . 西北民族研究，1991（1）.

[38] [韩] 郑容和 . 从周边视角来看朝贡关系——朝鲜王朝对朝贡体系的认识和利用 . 国际政治研究，2006（1）.

[39] Allport，G. W. “The Religious Context of Prejudice”. *Journal for the Scientific Study of Religion*, 1966.5(5).

后记

《文化自信：中华文明的当代价值与世界意义》出版后，社会反响良好。为适应海内外更广大读者的需求，深入浅出地让更多人了解中国的文化自信的内涵，本书应运而生。

参加本书写作的有于铭松（第一章），王凯歌（第二、三章，第四章四、五、六），郜建华、徐佳希（第四章一、二、三），吕存凯（第四章七、八、九），李青（第五章），孙明霞（第六、七章）。于铭松对文稿进行了统筹、修改，李青负责文稿的收集、整理。

书稿完成后，相关专家在审阅中对本书稿给予了高度的评价，提出了宝贵的修改意见。在此，感谢专家们的肯定和鼓励！尽管如此，书稿难免有疏漏之处，敬请读者批评指正！

本书在写作过程中参考了有关专家学者的著述，附在文后，在此，向有关专家学者表示感谢！

学院领导对本书的出版给予了大力支持，教务部的同仁和出版社的编辑们为本书的出版做了大量工作，付出了辛勤的劳动，在此深表谢意！

作者

2022 年 7 月

方大曾

遗落与重拾

一个纪录片导演的再寻之旅

冯雪松◎著

新世界出版社
NEW WORLD PRESS

图书在版编目（CIP）数据

方大曾：遗落与重拾 / 冯雪松著 . -- 北京：新世界出版社，2017.12（2019.7 重印）
ISBN 978-7-5104-5704-3

Ⅰ . ①方… Ⅱ . ①冯… Ⅲ . ①方大曾（1912- 约 1937）—生平事迹 Ⅳ . ① K825.42

中国版本图书馆 CIP 数据核字 (2017) 第 310879 号

方大曾：遗落与重拾

作　　者：冯雪松
责任编辑：楼淑敏
装帧设计：贺玉婷
责任印制：王宝根
出版发行：新世界出版社
社　　址：北京西城区百万庄大街 24 号（100037）
发 行 部：(010) 6899 5968 (010) 6899 8705（传真）
总 编 室：(010) 6899 5424 (010) 6832 6679（传真）
http://www.nwp.cn
http://www.newworld-press.com
版 权 部：+8610 6899 6306
版权部电子信箱：nwpcd@sina.com
印刷：北京亚通印刷有限责任公司
经销：新华书店
开本：787mm×1092mm　1/16
字数：300 千字　印张：21.75
版次：2017 年 12 月第 1 版　2019 年 7 月第 2 次印刷
书号：978-7-5104-5704-3
定价：68.00 元

自序

永远在路上

对于新闻人来说，最重要的是什么？

永远在路上，永远在新闻发生的第一现场，一定是最重要的品质之一。

“寻找方大曾”是我职业生涯中，迄今为止最长的一个选题，十八年来，经过不断的深入采访、实地调查和积极推广，失踪了八十年的七七事变现场报道第一人方大曾，终于进入了当代人的视野，被公众所知晓。它是一次关乎历史追问的行动，也是由媒体人通过影像表达，进行的一次历史补白和责任的书写，对我而言，更是一次家国情怀的洗礼和追问初心的自省。

上世纪30年代中期，以小方为笔名的方大曾活跃于中国新闻界与摄影界，他是中外新闻学社的重要成员，与范长江、徐盈等人同负盛名。关注民生和时局，他以笔和相机为武器，投身爱国救亡运动。卢沟桥事变爆发后，他第一时间赶赴前线，拍摄并发表了大量来自战地的珍贵照片，鼓舞了士气和斗志。在长篇通讯《卢沟桥抗战记》中他预言：“伟大的卢沟桥也许将成为伟大的民族解放战争的发祥地了！”1937年9月18日，方大曾从河北蠡县发出了《平汉线北段的变化》一文后，杳无音信。

1999年，一个偶然的机缘使我知道了方大曾，此后即展开了漫长的寻找之旅。先期采访，我一个人或火车或汽车或步行，往复行程数千公里，从保定、石家庄、太原、大同到蠡县，去史志办、博物馆、报社查询资料，了解情况，曾被当作假记者，也曾被拒之门外。

由于方大曾失踪的时候只有二十五岁，尽管他在当时已经闻名长城内外，但是彗星一般的耀亮和迅失，使他在《中国摄影史》中，不仅没有独立的篇章，而且也没有完整的生平，关于他的描述加起来不足一百字，新闻史中更是难觅其踪。后经不断的艰苦查询和考证，他的生命轮廓逐渐丰满，生活轨迹日益清晰。

方大曾，1912年7月13日生于北京。原名德曾，笔名小方，祖籍无锡。中国战地记者的先驱、杰出的摄影家。

1929年8月，北平市立第一中学读书时，他在《世界画报》上刊登《爱好摄影的小朋友们注意——少年影社征求社员宣言》，发起了中国北方第一个少年摄影社团。1930年考入中法大学经济学系，1932年，任北平《少年先锋》周刊编辑。

1935年，大学毕业后应聘到天津基督教青年会少年部工作，不久，与吴寄寒、周勉之等人组建中外新闻学社，任摄影记者。同时，上海的《世界知识》《生活星期刊》聘请他任特约记者，发表了《黄河上的船夫》《冀东伪自治区写真》《平绥路沿线》等图文报道。

1936年转至北平基督教青年会任干事。他热衷民生，关注时事，陆续发表《缝穷者》（《玫瑰画报》）、《天津海河浮尸之谜》《毒祸》《战氛笼罩下之兴和》《雄视察北的大硐堡》《张家口之现状》（《申报》周刊）、《私货滚滚来》《如此丰台》《战事沉寂中绥边所见》（《良友》画报）、《敌人威胁下的天津》（《国民》周刊）等。

1936年底到1937年初，他用四十三天的旅程，身赴前线，实地踏查，报道了著名的绥远抗战。1937年6月，参加北平摄影学会第一届影展，他的《联合战线》等十五幅作品展出，广受好评。

1937年7月10日晨，他奔赴宛平城，成为七七事变后第一位抵临现场报道的新闻记者，拍摄了《卢沟桥事件》《保卫卢沟桥之我二十九军战士》《日军炮火下之宛平》等经典照片。《我们为自卫而抗战》《为国捐躯》《抗战图存》等引发强烈社会反响。组照《卢沟桥事变后之北平》等被英国的《伦敦新闻画报》刊载。

1937 年 8 月，经范长江举荐，他成为《大公报》的战地特派员，负责平汉线的报道，发表了《前线忆北平》《保定以南》《保定以北》《从娘子关到雁门关》《血战居庸关》等通讯。

作为纪录片工作者，我在长时间的寻找中，通过史料发掘和实地考察，努力去还原一个真实的、热爱和平与自由的生命，这个年轻人用生活做背景，用生命做胶片，为我们真实记录了当年国难当头的中国大地。如果说，最初的寻找完全是出于对人物的兴趣和探求未知的欲望，过程中，随着了解的深入，不知不觉变成了对于一种高尚精神的认同和追随。

方大曾永远定格在二十五岁，他头戴钢盔的形象，青春帅气，才华横溢，乐观向上，充满正能量。我惊讶于他在战地的高质高产，在艰苦环境中的勇往直前，越是去寻找，就越觉得关于他身上的未知还有很多，他的价值无法估量，这让我难以停下寻找的脚步。

后来，我终于拍摄完成了纪录片《寻找方大曾》（2000 年），出版了专著《方大曾：消失与重现》（2014 年）。方汉奇先生评价它们“把湮没了八十多年的一位杰出的新闻工作者和摄影记者方大曾推到了历史的前台，让他的名字开始为公众所知晓，这是对中国新闻事业史人物研究和中国战地新闻摄影史研究的一大贡献”。

《方大曾：消失与重现》出版三年来，小方从默默无闻渐渐广为人知，从中国记协组织召开的“冯雪松追踪采写方大曾事迹座谈会”，到方大曾纪念室在保定落成，再到“方大曾校园行”公益计划走进国内外二十多所知名高校，他的名字被纳入权威丛书《中国名记者》（人民出版社）、《中国摄影大师》(中国摄影出版社)，更是走进了最新版本的《中国大百科全书》（中国大百科出版社）。他的事迹和经历还被引入教学和考试，并通过各种书展走进了港澳台同胞的视界。我主编的文集《解读方大曾》由中国社会科学出版社出版，使他散落的历程得以重拾，新世界出版社更是积极推动多语种版本的版权输出和译制工作，希望把方大曾可歌可泣的中国故事讲到世界去。这一系列行动和影响，引起了媒体的高度关注，《中国新闻出版广电报》撰文称，从纪录片到图书，从纪念室到公益计划，跨越影视界、出版界、文学界、学术界的“方大曾热”，聚合成为兼具传播力与影响力的现象级话题。

方澄敏保留哥哥遗物的发现和整理，是促成这本《方大曾：消失与重现》姊妹篇写作的动因，三年来，新史料的梳理、发掘、实地寻访和对家人的多次深入访问，百余张方大曾私人照片首度发现，同学、师友的散碎回忆浮出水面，使我有机会揭开历史的地表再次聚焦，又一次接近感知方大曾生命的温度。

与他有过生命交集的进步教师王思华、范文澜、阮慕韩，同学少年夏农苔、曹承宪、高云晖，生死线上的金振中，摄影启蒙蒋汉澄，在大时代的背景下，伴随着寻行的步履一一显现。

这本书是一次再出发，从方家后人提供的遗物、遗照入手，沿用《方大曾：消失与重现》确立的纸上纪录片的表达方式，集合最新研究成果，以史料发掘和实地调查为基础，融用多种视角，呈现寻找过程中的新线索，梳理出了方大曾的师友圈、社交圈及鲜为人知的特殊经历，进一步丰富了他的个人世界。

一个新闻人，如果脱离了民众和家国，不用双脚去丈量，不用内心去感知，再炫动的画面也是虚空的，再华美的辞藻也是苍白的。方大曾的双脚始终踩在大地上，无愧为时代变迁的记录者、民众命运的关注者。寻找方大曾的过程，是作为一名新闻人的我，职业理想不断升华的过程。我越发深刻地体会到，真正的记录者是严谨和真实的，而不是炫技和讨好的，用实心、动实情、写实迹，才能见实效。

我相信，在媒体融合的今天，这些道理仍然适用，并且更加重要。书写和记录历史，现代技术手段只能是辅助，只有潜心求证、努力追问，借助现代手段进行立体表达，才能更好地与时代同频共振，提升传播力、公信力、影响力。

记得在中央电视台《等着我》栏目《寻找方大曾》专辑拍摄现场，倪萍大姐问我，十几年，从一部纪录片到一本书，是不是意味着这件事的终结？我说，只要方大曾没有下落，他就是我永远的选题！

永远在路上，作为一名新闻人，生命不息，行走不止，小方就是我们最好的榜样。

在路上，希望《方大曾：遗落与重拾》与你同行！

（原标题：《新闻人永远在路上》刊载于《人民日报》2017年10月13日12版，有改动）

目录

一　方澄敏的遗物

我到北京图书馆、档案馆都去找过材料，他的好多照片都没有标题，所以也不好找，我那时候天天去，借杂志看，也没找到什么。后来又去北京图书馆报库，在西黄城根，从单位开了张介绍信，我在那儿查了一个月资料，每天半天时间，找到不少，《大公报》什么的。查到 1937 年 9 月 30 日的《大公报》之后就没有消息了，这跟全民通信社说的情况吻合，后来就没有小方的音信了。

——方澄敏的回忆

开始写作《方大曾：消失与重现》的时候，是马来西亚航空 MH370 航班失联的第十八天，记得那一段日子里，我一边专注于书写，一边关注着神秘失踪的飞机给世界带来的种种困惑，专注加关注的心境伴随了成书的全过程。

如今，两三年的时间过去了，马来西亚官方表示，截至目前，共有 22 块疑似 MH370 航班的外侧襟翼残片在莫桑比克、坦桑尼亚等地陆续发现，但客机的确切踪迹迄今尚未找到。除了对于机长沙阿（Shah）动机不良的揣测外，种种丰富的想象力，把舆论引导得如同蝴蝶乱飞。有意思的是，美国女记者内格罗尼（Christine Negroni）日前推出新书《空难侦探》（The Crash Detectives，暂译），为客机失踪提供了一个意想不到的新说法，她推测，沙阿去洗手间的时候，由副机师操控飞机，他向越南胡志明市的控制塔发出“晚安”的呼号后，机舱便发生“爆炸性失压”，霎时间，机内大量空气迅速外泄，使得沙阿因缺氧未能返回驾驶室，副驾驶因缺氧而神志不清，双手抽搐，最后客机无人控制，在自动飞行模式下偏离航道，飞向浩瀚的印度洋。

当然，在结果没有水落石出之前，谁又能说这些推测没有道理呢？世界上不知道还有多少谜面未解，留待未来作答。我期待着有一天，当谜底一一破解时，方大曾的消失之谜也能够随之揭晓，给数十年来等待和寻找他的人们一个抚慰内心的答案。应该相信，有一个问题就会有一个答案，如同有因即有果，迟早而已。

2015 年 3 月底，《方大曾：消失与重现》出版近半年后，我再次前往保定，去参加该市方志馆的落成仪式，也再次见到了纪录片《寻找方大曾》拍摄完成以来，十五年未曾谋面的老朋友孙进柱。感谢岁月，它虽带走了我们的青春，却没有带走我们的友情，已经是保定地方志办公室主任的进柱兄，在和我叙

冯雪松（中）与方大曾亲属在方大曾纪念室合影

述彼此分别后的变化时，仍不时地提到我们当年一同寻找过的小方。忘不了1999到2000年的两年间，为了节目的拍摄，我曾多次往返北京与保定之间，有时候和摄制组同行，有时候一个人独往，找知情人、查资料、实地寻访，他总是抽时间陪着，渴了一瓶矿泉水，饿了一人俩火烧，我们的友谊就是在寻找的路上建立的。进柱兄撰写方志三十年，冷板凳坐了半辈子，这一次能把受人冷落的方志馆，开到光园——曹锟当年的大帅府，他除了高兴还是高兴。

在落成仪式后，我和时任保定市长的马誉峰谈起了筹备方大曾纪念室的想法，当听说小方在蠡县发出最后一篇报道后失踪了近八十年，至今没有下落时，马市长一边翻着《方大曾：消失与重现》，一边果断表态：“一定给小方在保定‘安’个家，地点就在光园！”

几个月后的7月7日，保定光园，在人们的簇拥下，方大曾的外甥张在璇、查昇年、查松年和亲属走进方大曾纪念室。这是经多方筹措，众人支持的结果。面对舅舅的铜像，后辈们潸然泪下，哽咽无语。中国记协国内部主任殷陆君先生、中国新闻史学会会长陈昌凤教授和各界朋友一同见证了小方“安家”保定的历史时刻。

光园位于保定市区裕华路中段，原为明代大宁都司右卫署和断事司。清康熙二年直隶巡抚由正定迁到保定后，巡道司狱署驻此。雍正二年（1724年）又改为按察使司狱署。1916年，曹锟任直隶督军时，在此大兴土木，进行改建、装饰，成为他的公馆，据传曹锟因敬慕抗倭名将戚继光，故将此处改名光园。光园主厅呈“工”字形，分前后厅，以廊相连，方大曾纪念室就设在这“工”字的最后一横起笔的部分，面积不大，二十几个平方米，由中国新闻学界泰斗方汉奇先生题匾，室内陈设着小方遗留下的旅行箱，展示他的作品、生平和十多年来我们的寻访足迹，纪念室正中安放着青年雕塑家李一夫敬制的方大曾铜像。

这似乎是一个故事最好的结局，也应该是长时间寻找方大曾的圆满句号，然而不久后，查昇年先生的一个电话，让句号再次打开，使小方的故事又一次继续下去。

除了表示家人的感激，电话里，查先生向我讲述，舅舅失踪之后，亲人们苦盼多年没有消息，母亲方澄敏曾找过哥哥最后供职的《大公报》，报社连着登了三天寻人启事，仍是没有结果，又辗转找到全民通讯社问询，也不知其踪。数年过去，母亲和姨妈方淑敏就让孩子们改口，管外婆方朱理叫奶奶，这个决定，意味着姐妹俩预感小方不会再回到这个家了。查先生还告诉我，母亲2006年去世后，有一些私人物品一直没有动，希望我有空去看看，或许对研究方大曾有用处。

方澄敏九十一岁辞世，没有让后人留下骨灰，遵照她的意思，撒了。她之后，

整理方澄敏的遗物（孙楠摄）

我们再也不清楚，世上还有谁曾经见过方大曾？除了日常所用，她的遗物是一大一小两只箱子，大的是小方使用过的旅行皮箱，小的木箱则是小方用七块大洋找人定制的两个底片盒之一。我原以为，2006 年 3 月 16 日，随着 837 张底片一同捐献给国家博物馆的那只是唯一存世的，没想到另一只还在。

是时光的雕刻，旅行箱斑驳的皮面划痕累累，左一横右一竖，不知道这些经年累月的密码记录着什么，预示着什么。八十年前，时间的那一头，它曾伴少年出远游，行程千里问苍生；八十年后，时间的这一边，它静待来者解迷雾，风尘百载叹无声。打开来，一些有关方大曾的杂志和书在里面仔细排放着，还有方澄敏的记录本、照片、资料、手稿和私人信件，若有若无的樟脑味道告诉我，此刻正在轻轻地接近一段家族的历史，可以触碰，可以感知，还可以慢慢唤醒。

小木箱里，一个旧信封外勒着几道发白了的皮筋，里边包裹着数十枚粉

方澄敏珍藏的哥哥的底片盒(冯雪松摄)

红色的底片袋，胶片一张张取出来，对向阳光，竟然是从未见过的小方的私人照片和一些陌生人的影像。十几年前，即使是在纪录片《寻找方大曾》拍摄过程中，我们曾反反复复地见识过方大曾留下的所有底片，此刻，可以确定地说，这一部分是实实在在没有见过的。

为什么方澄敏老人在纪录片摄制时没有拿出这些底片？晚辈们不得而知。它们被精心地保管在隐秘的角落，是因为比较私人化？还是另有隐情？在之后的很长时间里，这个问题一直萦绕着我。除了方澄敏的孩子们，我也曾问过方大曾的姐姐方淑敏的女儿张在娥和儿子张在璇，他们也没有听姨妈说过这部分珍藏，难道是因为年深日久被遗忘了吗？应该不会，在她 1987 年写给张在娥的一封信里，看得出，对于方大曾和协和胡同的老宅这“两件事”，她有着深切惦念与眷恋，怎么会忘记了呢？

小方留下的底片至今颜色未变（冯雪松摄）

在娥：

来信知悉，大舅的结论问题是办得晚了，“文化大革命”闹了那么多年，再加上我这“不为名不为利”的老脑筋，所以没有赶早进行，奔走了两年多才有这几篇文章发表，到现在还无人理睬，死的死了，官大的不以为然，吴群是搞摄影史的，他的角度跟我们的希望不一样，吴群只能写点文章把大舅介绍给今日社会，他也出不了别的力。

大舅的历史比较短，他只活了二十五岁，焉能有很长的历史。我写了一份简介，并有一份全民社的文章是可以证明他是牺牲在华北战场，1938 年我在重庆曾找过大公报，报馆给登了三天寻人启事，也就没有下文了，他是中外新闻学社战地记者，也是大公报的战地特派员，在那样动乱的时代，谁能给解决找人的事，就是在后方的人，也还担心着炸弹，自身难保。

方澄敏在纪录片《寻找方大曾》
拍摄中（冯雪松摄）

此事你如有门路就试着办，退了休的人就没有人理了，如果老朋友中有力量的人活着的多些我还可以跑跑，自知无力进行，我给某君的信不知没有转到，还是不加理睬，无从知晓。目前我就是靠吴群先生多给介绍，所以他要什么材料我就找什么，听他说明年是旅游年，他要写云冈风光，此地大舅到过，他预备把大舅写进去，虽然是与抗战无关，介绍一下总比不介绍强，至少他写的摄影史中已有了“小方”，这本书我也买到了。

我这两件事办不成心里老不踏实，一是大舅的事，二是房子的事，我感觉身体一年不如一年，今生能否如愿尚难说，两件事都不好办。

祝好！

二姨澄敏

12 月 9 日晚

哥哥方大曾的事情遥不可期，协和胡同老宅的修缮问题和拆迁的消息日益临近。当时，小方在保定前线失踪了已经五十年，他在院子里搭建的用以冲洗照片的小木屋，已经朽了、烂了、没了。对于方澄敏来说，随着时间的流逝，身边可供回忆的事物和可谈往事的人物愈来愈少，当时七十二岁的她自感到身心乏力，如果老宅也不在了，哥哥和方家五辈居此的气息和根脉也就没有了。

方大曾离家时留下的底片在方澄敏和母亲的心里视同于他的存在。“舅舅从战地再也没有回来，他在北京协和胡同家中留下了两小木箱底片。外婆说，小木箱是舅舅在院子里盖灰色小木屋时请木匠一并做的，有一尺多长，半尺多宽，半尺来高，外面漆上土漆，专门用来装底片。”张在璇回忆道，“日本投降后，外婆就把小木箱放在了她卧室的平柜上。这箱底片是家人对舅舅的一个念想，看见它就好像舅舅还在，觉得总有一天他会回家来拿这箱底片。但谁都没有想到 1966 年‘文化大革命’中，家人却很无奈地失去了它。”

1966 年夏，“红卫兵运动”迅猛发展，最初是在社会上破除“四旧”（即所谓旧思想、旧文化、旧风俗、旧习惯），随后发展为抄家、打人、砸物。舅舅的那两箱底片让家里人很紧张，因为他拍摄的绥远抗战的照片都是抗战初期布防在绥远前线的傅作义部队，官兵们服装、帽徽以及旗帜都有国民党青天白日的标识，在那个年代收藏这些是犯忌的；舅舅在通讯《冀东一瞥》中，揭露冀东伪政府统治区十分猖獗的娼、赌、烟、毒、走私等社会丑恶现象的照片，那时也都是有口难辩的“四旧”。万一这些底片让红卫兵看到，不用说底片，家里的人都将会遭受到灭顶之灾。在银行工作的姨妈就来和母亲商量怎么办，姨妈说她打算瞒着外婆把舅舅的那箱底片交到她工作单位的“红卫兵办公室”，告诉他们这是家里亲人留下的纪念物，看他们如何处置。母亲是一名家庭妇女也没有更好的办法，无奈地说，也只能这样了，但是你一定要注意自己的安全。姨妈在工作单位的人缘很好，说明情况后，“红卫兵办公室”负责人看她态度诚恳就没有为难她，只淡淡地说了一句“那你就放这儿吧”。失落的姨妈回到家里，母亲告诉她外婆已经知道了送底片的事。母亲说，那天外婆问她小木箱怎么不见了？没想到知道真相后，外婆的表现异常平静，沉默了一会儿，像自言自语似的说了五个字：“听天由命吧。”（张在璇《舅舅的底片》）

在写给张在璇的信中，方澄敏告诉他，北平沦陷后，为了这些底片，外公怕日军来搜查烧掉一部分，白天烧有烟，晚上烧有火光，也就停止了，留下的这部分藏来藏去。“也许是由于咱家是老住户，也就避开了日军的搜查。这些是小方心血的结晶，有绥远抗战的第一手材料，如果抄走就无处可寻了。1975 年我退休了，一日，我到工会办公室（前红卫兵办公室），也就是为了探探消息，看到屋子的角落里有一堆报纸包，破口处露出了粉红色的小口袋，当即我就认出是我以前交的底片，经说明后就取回来了，小箱子在食堂装着饭票，后来也还给我了，这些底片是逃过难的！”

逃过难的这些底片中，是否包含方澄敏遗留下的小木箱里的部分？不得而知。但可以肯定，这些属于小方的私人照片，是家人捐赠给国家博物馆 837 张以外的。身着学生装的少年小方、俊朗阳光的求知时代、与朋友轻松快乐的郊野远足、和师友记录情谊的历史瞬间，还有未知名姓者的笑貌音容，随着一张张底片冲洗显影，一个未曾见过的小方脱颖而出，这一发现，使我十

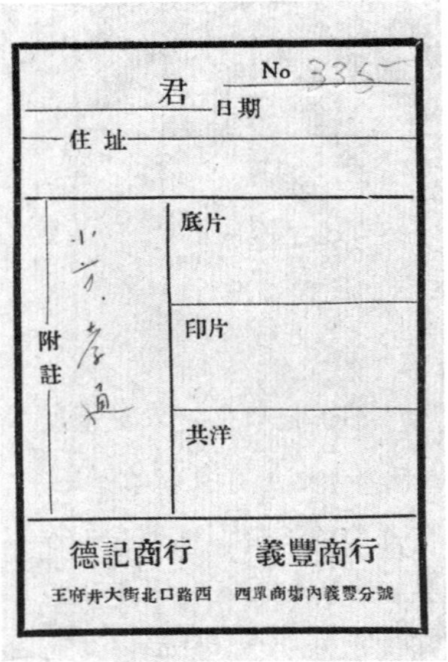

小方编号的底片袋（冯雪松摄）

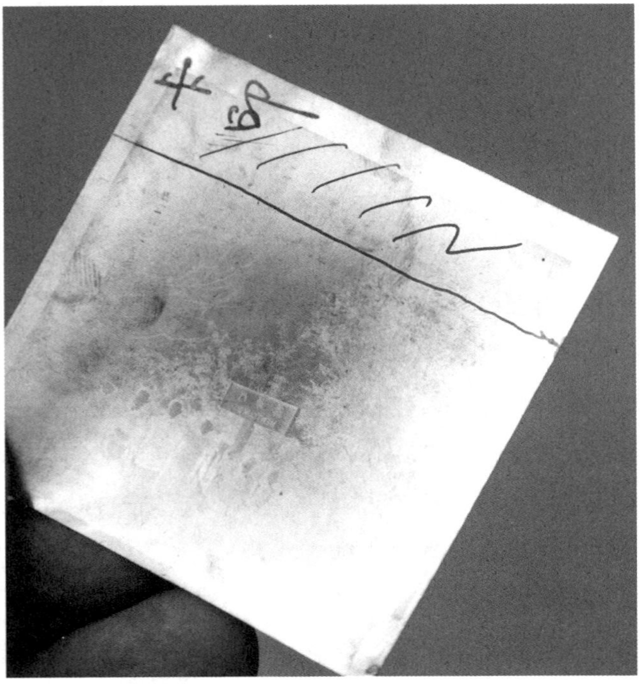
小方在底片上画的剪裁线（冯雪松摄）

几年的寻找旅程有了更加辽远的彼岸。

今天看来，方大曾留下的作品具有多重价值，无论是从新闻学、社会学、人类学、民俗学的哪一个角度切入，似乎都能够找得到相应的关联和支撑。他的通讯和摄影，很好地将道路的选择和行走的足迹有机联系，文字是注解，图片是表达。如果说，十多年前，我在拍摄纪录片《寻找方大曾》时，由于认识上的肤浅，还没有完全以两者统一的角度去丰满他的形象和血肉，以两者集合的方式来思考影像的构建和传播，十多年后的今天，随着生命年轮的丰厚，未曾停歇的寻找脚步愈加沉实，也愈加笃定。小方是一个富矿，未探明储量且难以估量，此刻我觉得离他很近，近得能感觉得到亲人般的亲切，清晰透明。

阳光从窗外照射而来，八十年前，这光不也一样照射在青年小方的身上？面对方澄敏的遗物，我想，如果没有她的珍存和传递，执着和坚持，我们怎么会认识方大曾？怎么会把一个名字和一段传奇连接在一起？怎么会感觉得到，穿越而来的太阳光线，今天和昨天有什么不同？

2016 年的秋天，我在租住地北京东单史家胡同，接到了交付冬季取暖费的通知，单位落款竟是世界知识出版社，这个单位与我住的 34 号院仅一墙之隔，在干面胡同，这一次难道又是巧合？《世界知识》就是它旗下的一本主要杂志，这本杂志 20 世纪 30 年代创刊于上海，因视野开阔，图文并茂，而被广泛关注，受时任主编金仲华函邀，方大曾担任过这本新杂志的特约记者。目前已知，他发表的二十六篇通讯和一篇译文中，有六篇发表在《世界知识》，其中就包括著名的长篇通讯《卢沟桥抗战记》。

不久前，我拜访曾经供职《世界知识》的百岁报人于友先生，据他回忆，

少女时代的方澄敏（左）与好友齐伦（小方摄）

百岁报人于友赞誉小方是英雄（陈昌凤摄）

在当时，进步刊物纷纷问世，资历最老的当数《世界知识》，它时常刊登爱国舆论，特别是揭露日本一步步侵略中国的险恶阴谋，小方发表的照片和文字就属于这一类型，所以深受读者的欢迎。新中国成立后，杂志社由上海迁到北京，而它所坚持的知识性和时事性的办刊方针未曾改变。

1947年，我从四川回来以后，看到了我哥哥留下几件衣裳，一件雨衣、一个背包，还有一个箱子，旅行用的，别的就没什么了，都是很简单的用品，他没什么衣服。他的底稿一点儿也没留下。退休后，我去过世界知识出版社，在干面胡同，我知道，他和这个杂志有联系，我就跟他们做自我介绍，他们就帮着我找资料，找出来一篇，就在那儿复印，七页

经常发表小方作品的
《世界知识》杂志

位于干面胡同的世界知识出版社（冯雪松摄）

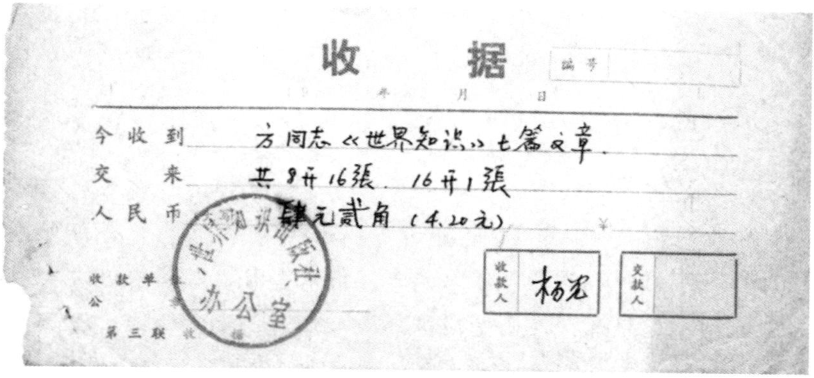

收据

编号

19　年　月　日

今收到　方同志《世界知识》七篇文章.

交来　共8开16張. 16开1張

人民币　肆元贰角（4.20元）　¥

收款单位公章　世界知识出版社办公室

收款人　杨宏　　交款人

第三联　收据

方澄敏复印资料的收据

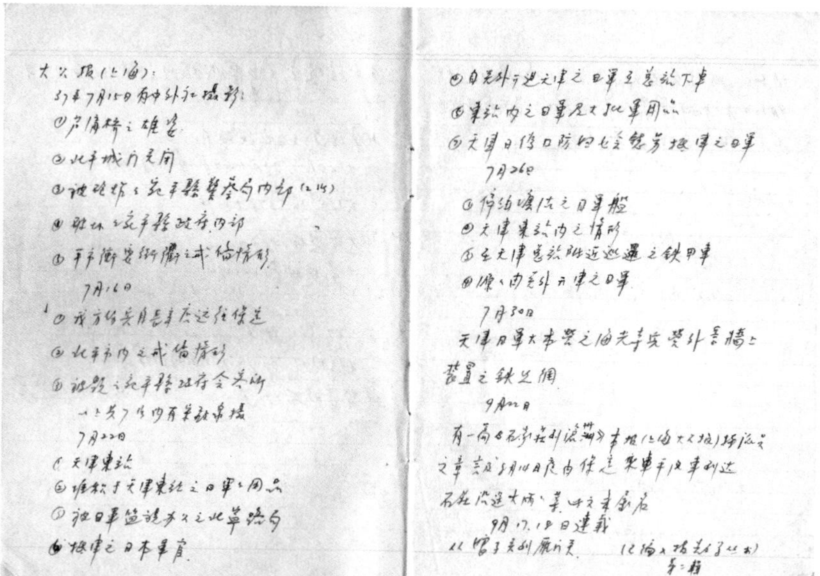

大公报（上海）：

37年7月15日有中外记者摄影：

①卢沟桥之雄姿

②北平城门关闭

③被破坏之宛平县警察局内部（2.14）

④驻守宛平县政府内部

⑤[illegible]之戒备情形

7月16日

①我方[illegible]

②北平市内之戒备情形

③被毁之宛平县[illegible]

[illegible]

7月22日

①天津东站

②[illegible]天津东站之日军[illegible]

③[illegible]日军[illegible]

④[illegible]之日本军官

⑤[illegible]天津之日军[illegible]

⑥东站内之日军[illegible]

⑦[illegible]之日军

7月26日

①[illegible]之日军[illegible]

②天津东站内之情形

③至天津总站附近巡逻之铁甲车

④[illegible]之日军

7月30日

天津日军[illegible]之铁丝网

9月22日

有一篇《[illegible]》[illegible]（上海大公报）[illegible]

[illegible]

9月17、18日连载

[illegible]

方澄敏整理的小方作品目录

纸花了四块多钱。

我到北京图书馆、档案馆都去找过材料，他的好多照片都没有标题，所以也不好找，我那时候天天去，借杂志看，也没找到什么。后来又去北京图书馆报库，在西黄城根，从单位开了张介绍信，我在那儿查了一个月资料，每天半天时间，找到不少，《大公报》什么的。查到1937年9月30日的《大公报》之后就没有消息了，这跟全民通信社说的情况吻合，后来就没有小方的音信了。找出来的东西，我捋了几遍，照片都是他离家以后照的，他的照片有他的风格，所以我一看就知道是他拍的，有的署名中外社，我就把这些记下来，做个统计。（方澄敏的回忆）

1986年初夏，方澄敏揣着哥哥方大曾的遗物——几张120底片，来到离家不远的北京东单红星胡同61号中国摄影家协会。

她已经七十一岁了，垂垂老矣，但拍摄这些照片的哥哥当年才二十五岁，永远二十五岁，永远是她心中那个青春、热情、才华洋溢的“小方”。她总想为他做点什么，让他不至于彻底从人间消失。

在61号院的传达室，她问门卫可不可以找一下协会的负责人，门卫听了她的情况，建议她先联系《中国摄影》编辑部。《中国摄影》是国内最早的专业级刊物，创刊于1957年，致力于介绍前沿的视觉表现方式和摄影技巧。

文字编辑吴常云接待了她。“她说她有一个哥哥，留下一些图片，怎么才可以发挥作用？”吴常云回忆道。

吴常云对摄影史不太了解，之前也没听说过小方，请教单位理论研究室的老人，被告知，这是一个被埋没的摄影师，应该赶快介绍他的作品。

《中国摄影》1986 年第 3 期
选用了方大曾的两幅作品

吴常云根据方澄敏留下的地址找到方家。方澄敏取出一只木盒子，有一只小抽屉那么大，里面全是方大曾留下的底片。他一张一张地翻看。片子主要是社会百态和战地题材。底片保管的情况一般，很旧，也不是很清晰了。

他试着从《黄河组图》里挑了几张构图讲究、人体很有质感、光影效果也不错的片子，带回了编辑部。总编辑袁毅平看过后，很快同意将其中表现黄河纤夫和黄河船夫的两张发表。

照片登载在《中国摄影》当年第 3 期的“旧作新话”栏目中。事实上，这两张照片并不太符合该刊的唯美诉求，“旧作新话”栏目也很少出现，少数几次出现介绍的都是吴印咸这样摄影大家的作品。这次算是破例了。吴常云还配发了一篇名为《历史尚需回顾——有感于方大曾作品的发表》的介绍。他写道：“我们从作品中，似乎可以听到一种被压抑的、愤懑的吼声，一种力量的凝聚。”

《中国新闻周刊》记者何晞宇在对我进行专访后，撰写的《寻找神秘失踪的战地摄影记者方大曾》一文中有过如此描述。方澄敏曾向吴常云表示，想把底片捐给中国摄影家协会。经请示领导，得知协会当时没有保存底片的条件，就婉拒了捐赠。此后，他再也没见到过方澄敏。

方澄敏曾试图找一家出版社，将哥哥的摄影作品结集出版，有人曾经表示愿意出两万元做这个事情，出乎意料的消息让她在一段时间内满心欢喜，她努力地回忆，与哥哥在一起的点点滴滴，与哥哥交往的人和经历的事，撰写了纪念文章，还整理了作品目录，最终等来的是不能出版的答复，原因是赚不到钱。

·抗战摄影文史撷英·

抗战初期以身许国的新闻摄影记者小方传略

·方澄敏·

1936 年，记者小方深入北平门头沟区中英煤矿、宏福煤矿采访，体察矿工生活，这是他下矿井前留影。

我的哥哥小方，姓方，名德曾，亦名大曾。小方是个英俊的青年，他身材高大，脸色红润，一双明亮的大眼睛透露出纯正无邪的光芒。他好像天天都是乐呵呵的。又好像从不知疲倦似的。他之所以称为“小方”，那是因为他童心未失，禀性活泼，喜欢同孩子们在一起的缘故。当朋辈们看到他这个大个子出现在欢蹦乱跳的小人群中时，就情不自禁地，亲昵地呼他为“小方”；他自己呢，也认为这个称呼并不孬。他说：“方者：刚正不阿也，小则含有谦逊之意，正是为人处世之道，我就是要做一个正直的、于国于民有用的人。”因此他发表作品的时候，原用“小芳”后便改用“小方”为笔名了。

小方的一生是短促的，他祖籍江苏无锡，1912 年生于北京。在北平市立第一中学毕业后，1930 年他考入北平中法大学经济系。喜欢旅行、写稿和照像。“九·一八”以后从事抗日救亡活动。绥远抗战时他到前线采访，活跃于长城内外。1937 年芦沟桥事变后任中外新闻学社（简称中外社）、全民通讯社（简称全民社）摄影记者及《大公报》战地特派员到前方采访，当年秋天就听不到关于他的情况，看不到他的战地报道，最大可能是在抗战前线以身许国光荣牺牲了。

小方的经历，他的走向革命，同三十年代那些忧国忧民的左倾青年学生所走过的道路大致一样：从不满现实，阅读进步书刊到参加党的外围组织的一些秘密活动。他从小就爱好摄影，第一次以照相机为武器进行战斗，是在他读中学的时候。他倡议组织少年摄影社“少年影社”，并举行过公开展览会。当时，他的一位同学李续刚（李对小方的影响很大，是小方的引路人，经常给他讲一些革命的道理。建国后李曾任北京市人民政府副秘书长，文革中受到四人帮的迫害，1969 年含恨而逝。）因进行革命活动而被反动学校当局挂牌开除，小方为了抗议，为了留下历史见证，把那张布告拍下了。从那以后，小方逐渐懂事起来。“九·一八”时他正在中法大学读书，加入了“反帝大同盟”（简称“反帝”），也把我介绍了进去，并帮助我在我就读的北平市立女一中建立了支部。他编写过“反帝”的机关报《反帝新闻》。

1932 年从天津南开中学来了另一名“反帝”的成员，名叫常钟元（笔名方殷，著名诗人，现已病故），他和小方共同主编了《少年先锋》。实际上，这个小小的周刊从写稿、编排到印刷、发行，都是这两个姓方的干的，有时候我也搞搞校对。

“九·一八”以后，小方真是席不暇暖，同时，我们家的“客人”也多了起来。大概由于我们有一位好母亲的缘故，小方的战友都喜欢把我们家作为接头晤面，讨论工作，或者赶写文章的地点，有时为了甩脱警特的盯梢，甚至也在我们家避住一两天。常来我们家的“客人”，除了李续刚和方殷以外，我现在能够记得的还有：李声簧（已故，生前为中国科学院科学出版社副主编）、夏尚志（曾在东北任厅长）、王兴让（原用名王

2

方澄敏发表在 1995 年第 4 期《摄影文史》上的怀念哥哥的文章

我这些日子简直累极了，医生给我二十五项化验及检查单据，用了两天功夫才算完成，二姨夫一天天衰弱，一天连一两粮食也吃不下，大小便失控，侍候病人比做饭还累，我两样兼顾，这就要命！

关于出书的事，我没有太动脑筋，一心一意为了纪念大舅，无经济力量，又无有力的人事关系，所以希望以不要稿费换取成功。曾与抗日战争纪念馆联系过，他们也没有来，本来完全失望了，我的岁数也大了，希望生前能看到出版事情的实现，我过去有言在先，不要稿费以表我对手足之情的忠心。

我所存的材料整理好给你寄去，据说，卢沟桥事变后的材料，全民通讯社结束后都交到中央档案馆了，他在战地的照片大多数都是由全民社发出去的，我托人跟有关单位联系过，但至今并无人来访，纪念反法西斯胜利五十周年，我记不清是哪个地方在开展览会，而这些第一手材料完全无人问津。（方澄敏写给张在璇的信）

新闻易碎吗？七十多年过去了，在今天的信息爆炸时代，回看当年小方的新闻作品，竟然还是那么新鲜。范长江新闻奖获得者江宛柳表示，小方长于摄影，相机与笔是他手中并行的两件武器。他留在家中被妹妹保存下来的底片编号有 1200 张，全部是纪实照片，大多数内容是底层穷苦劳动者，如人力车夫、纤夫、矿工、赶毛驴的农民、快饿死的孩子，传递着多难中国的现实，这些作品今天来看，照样引人入胜。每篇通讯，每幅照片，都是中国抗战初期最具体而真实的历史回放，年代越久远，越感受到其价值的永恒。并且当我们同时翻看他的新闻通讯与图片，会感到十分惊异，那时的小方就有了今

著名记者陆诒送给方澄敏的《战地萍踪》

天全媒体时代的新闻理念：有图有真相。

遗憾的是，长期的沉寂，使小方作品的价值并没有在最初得到这样的认识，以至于一段时间，他的照片知音者渺渺，他的文字阅读者寥寥。就连一同在战地采访过的同行，也抵不过命运和岁月的折磨，范长江、孟秋江憾然离世，知情者日益稀少，小方更加孤独了。

和小方同在卢沟桥采访的《新闻报》记者陆诒，新中国成立后在上海工作，方澄敏辗转找到他，希望能够进一步了解哥哥的线索，但仍然没有答案。在她的遗物中有一本陆诒赠送的《战地萍踪》，里面就有描述小方的文章。1983年6月陆诒到北京参加全国政协六届一次会议，在15日的日记中，他写道:

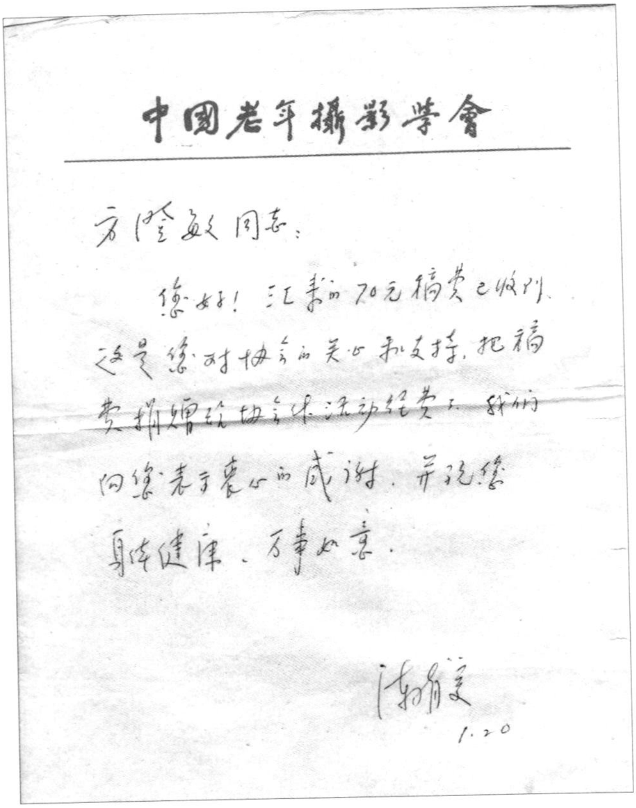

中国老年摄影学會

方澄敏同志：

您好！汇来的70元稿费已收到，这是您对协会的关心和支持，把稿费捐赠给协会作活动经费。我们向您表示衷心的感谢，并祝您身体健康、万事如意。

1.20

方澄敏捐赠稿费后收到的感谢信

“三时，去外交部街协和胡同十号访方澄敏（方大曾之妹），她招待极诚恳，谈了小方的情况，估计他是牺牲于抗日战场的，我建议为他出小册子。”后来，方澄敏告诉张在璇，在1992年7月上海出版的《新闻记者》上刊有一篇陆诒写的《悼念抗战初期牺牲的小方》，陆诒在通信中说，他已经八十二岁了，恐怕以后头脑不行就写不了文章了，他写此文是为出小册子作序言用的。

在方澄敏的遗物中，有一封编辑来信，感谢她把发表在《摄影文史》杂志的《抗战初期以身许国的新闻摄影记者小方》一文的七十元稿费寄回，捐赠给中国老年摄影学会做活动经费。据中国摄影出版社编审陈申先生回忆，他曾将小方的底片打样出来，陆续在报刊上发表了一些零星的研究成果。每一次得到的稿费，他都给方澄敏送去。“老太太也收，但过不了一个礼拜，她就买点东西给我送回来，而且买的礼物比那稿费还多。这似乎是中国传统

张在璇（左）把方大曾的珍贵摄影作品赠给《大公报》

中的‘薄来厚往’。”陈申说，“她还不上楼，每次都把东西往门卫那一搁，然后门卫打电话说，老太太又来了。”

陈申一直记挂着老太太的心愿——将小方的遗作出版，遗憾的是，当时没有出版社表现出兴趣和意愿。

“姨妈为了保存这些照片，付出很多，尤其在动乱年代。”张在璇对我说，“姨妈总是抱着盒子念叨：‘这是全家人的念想，必须保存好。’外婆去世后，母亲和姨妈接过了寻找舅舅的重担，几十年来一直在搜集他的资料。后来她们年纪大了，眼睛花了、耳朵聋了，这个重担就落在我们的肩上了。”张在璇说，对于舅舅的生死，家人仍保存着一线希望。

2015 年 6 月 29 日，在香港会议展览中心，我受邀出席《大公报》创刊一百一十三周年暨抗战胜利七十周年纪念活动，并在“一份报纸的抗战”论坛上发表主旨演讲《伟哉大公报 壮哉方大曾》。自 1937 年 9 月 30 日《大公报》刊出《平汉北段的变化》后，约有一年的时间，报纸上再也看不到方大曾的任何报道。通过多方打听，一家人辗转找到报社询问，据称，社里早已与方大曾失去联系多时。《大公报》是小方最后供职的地方，参加这次活动也是为了让小方“回家”，在演讲过程中，我把专程从成都赶来的张在璇先生请上台，这个家族八十年来有一个未了的心愿，就是让方大曾回家。现场，张在璇先生把长期珍藏的、舅舅方大曾完成于 20 世纪 30 年代抗战时期的 464 张底片的电子文件捐赠给了《大公报》，让这些抗战时期的历史记忆回到方大曾的家。“让小方回家”，我想，这既是了却方澄敏老人的愿望，也是对方大曾最好的纪念。

灯光下，我翻阅着方澄敏留下来的手稿，字迹清秀，洋洋万言，记述着哥哥的过往和曾经，这是一份她留给后人的交代，也是一份等待来者的遗嘱。小方的朋友很多，方澄敏写道，“常来我们家的‘客人’，除了李续刚和方殷以外，我现在能够记得的还有：李声簧、夏尚志、王兴让、王经方、高尚仁、汪鸿鼎、魏兆丰、吴颂平等等，还有一位摄影爱好者许智方，直到现在，我有时还仿佛能够想起这些人当时的音容笑貌，我梦想着有一天这些人再到我们的家聚一聚，但是，时过境迁，死的死了，活着的也天南海北，何况小方又早已不在人间了。”

这些人是谁？他们和方大曾有过怎样的交集？我好奇，在与之交集之前或之后，这些名字的背面会有什么样的命运故事？

我翻开一本范长江夫人沈谱主编的《范长江新闻文集》，扉页上有沈谱留下的字迹“淑敏嫂、澄敏姐惠存”。为什么会有这样的称呼？她们之间究

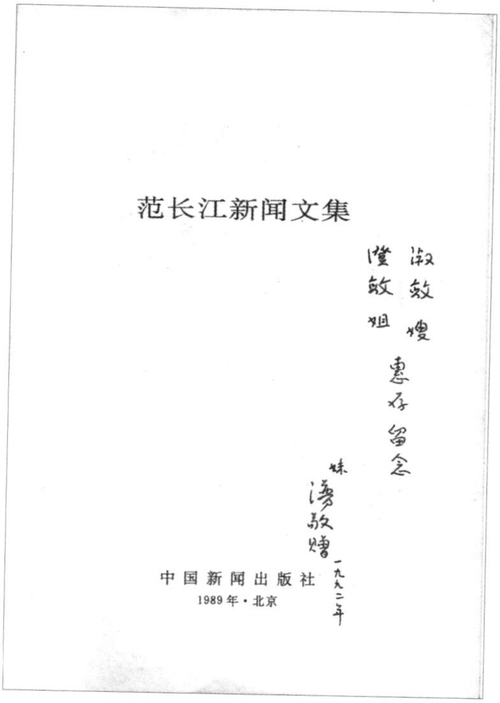

沈谱赠送给方淑敏、方澄敏的
《范长江新闻文集》

小方拍摄的李大钊葬礼，
原片已遗失

竟有什么样的关系?

在方大曾的私人照片中，有一张据传是他在李大钊出殡途中所摄，小方为什么会出现在送葬的队伍之中?我通过不同渠道查找了有关这次葬礼的历史图片，但是这一张并没有在其中，难道这又是一个新的发现?

应该说，探索历史，疑问是最好的向导，寻找方大曾十几年来，很多时候是疑问给我指引着方向，每一次打开问号，有关他的书写就轻盈几分。岁月遗落了什么?今天该重拾哪些?再次出发，对于方澄敏遗物的追问，又将会把这一条觅寻之路引向何处?

二　少年小方的成长

现在摄影艺术一天天的发达，进步，摄影人才也能在艺术上占了重要地位，得社会的赞许，于是研究摄影的团体就渐渐的多起来了。但是我们看看，少年摄影团体的组织，还是很少，以至我们虽是很好这种艺术，而终是不得其门而入，这是何等的苦恼呢！所以我们有组织少年摄影团体的必要。做少年摄影界的先进队，何等的伟大！何等的有趣呀！少年们！小朋友们！快来报名！踊跃！努力！

——方大曾

《少年影社征求社员宣言》

今日的协和胡同（冯雪松摄）

沿着东堂子胡同，经过 75 号蔡元培先生在北京时租住的旧居，一直往东走，大约四五百米，将到尽头的时候，有条小路南北走向，右转进去，即是协和胡同，方大曾的家就在里面。

这条胡同一百五十余米长，前窄后阔，听老人们讲，原来叫“蝎了虎子”胡同，就是说形似壁虎，光绪年间称蝎虎胡同。到 1947 年北平统一地名的时候，改称协和胡同，据资料显示，这一名称的变更与东堂子西口的协和医院并没有关联。

胡同两边墙上的灰色涂料，风雨斑驳，岁月打磨，每隔几年就要粉刷一新。十几年来，我几十次走进这里，周围不断经过的人们行色匆忙，旁边频繁加盖的房屋渐次生长，历史因漠视而遗忘，时间因无情而忽略，有谁还记得 10 号院里曾住过一家方姓无锡人？

协和胡同中段“大肚子”变“窄尾巴”处，就是 10 号院，也就是原来的 7 号院。院门坐南朝北，从前的格局是，进门西厢房影壁迎面，里边是一座独门独院两进四合院。据方淑敏的女儿张在娥回忆，老宅很大，占地有一亩多，

方大曾的父亲方振东，又名方祖宝

分前、后两个院落，布局呈“日”字形。北边一排房外婆住，南边一排房姨妈家住，中间一排是我们家，现存的10号只是方家原来马厩的部分，其余早就不复存在了。

我曾祖父（那辈）到的北京，江苏无锡人，在总理衙门就职，管财务方面工作。（一直）到90年代，方家居京经历了五代人。

祖父姓过，我见过他，叫过少侯。（老家）一条街都姓过，是皇帝赐姓，区别就是堂号，你是什么堂的过家。他没有离开无锡，在老家教私塾。

我祖母姓方，一直住协和胡同，原来没那么大，一点一点加盖，今年（盖）两间明年（盖）两间，布局跟装饰都不合规矩。

我父亲方振东在译学馆毕业，学的法文，那时候没什么外文学校，

外交部街的迎宾馆旧址（冯雪松摄）

毕业后就分配到外交部，在档案保管处工作，地点是外交部街。

协和胡同的家就是个老根儿，人来人往，谁来谁住，走了就走了。小方出生于农历五月二十九（1912 年 7 月 13 日），当时我们家家境不错。（方澄敏的回忆）

外交部街在协和胡同南侧，相邻并行，之间有窄巷连接，因民国时期外交部设此得名。方大曾出生这一年的 3 月 10 日，袁世凯在北京宣誓就任中华民国临时大总统，这条街上原来的迎宾馆就成了临时大总统府。8 月 24 日，孙中山抵达北京，为了表示敬意，袁世凯携带家眷搬到铁狮子胡同陆军部居住。作为临时行辕，孙先生一直在此居住到 9 月 18 日离京，二十五天的时间里，和袁世凯会谈了十三次。

郊游中的少年小方（前），底片上有他画的剪裁线

东单和王府井是北京的繁华地带，20世纪二三十年代，以东安市场为核心，戏院、商号、车行、医院、饭店、照相馆一应俱全，处在这样的环境之中，协和胡同自然是少不了热闹的。

少年方大曾聪明好学，除了参与学校组织的活动，还参加了童子军。他认同自强自立、有勇有谋的精神，希望自己具有健康的体魄、心理及情感，成为乐于助人、有能力助人的人。他喜欢四处旅行。据妹妹方澄敏回忆，他的特点就是特别招人喜欢，人缘好，拉车的车夫隔老远就和他打招呼。那时候方家是个大家庭，还没分家，家里的叔伯弟弟妹妹，大伙都无条件地喜欢他。

哥哥是什么时候喜欢上摄影的？在我们当年拍摄纪录片的时候，方澄敏已经不记得了，印象中，他的第一个相机是母亲给买的，“七块钱，算贵，不算便宜，方盒子，一打开哗啦一下”。

在当时，一块大洋够一个三口之家吃半个月，十块大洋就可以开一个小餐馆了，小方的这一爱好无疑是奢侈的。

目前发现的方大曾最早的自拍照

东堂子胡同口就是搁洋车的地方，车夫们跟他关系都挺好的，出来进去都打招呼，偶尔还给他们拍拍照，但是哥哥从来不坐洋车，他觉得那样不人道。（陈申访问方澄敏）

协和医院和北京基督教青年会与东堂子胡同一条马路相隔，方澄敏在接受采访时说，小方经常去青年会找一个姓蒋的人学拍照，向摄影史家陈申先

早期留影（左一小方、左三方澄敏）

生求证后始知，她所提到的人，是协和医院的蒋汉澄。

生于1900年的蒋汉澄，是一名邮电工程师，他喜欢绘画，经常在报刊上发表插图，同时也钟情于摄影，自然风光、风土人情和社会生活，都是他关注的对象，有不少作品发表在北平的《世界日报》《晨报》以及上海的《时代》杂志和《良友画报》上。他曾说，每一次按动快门的瞬间，都能感觉到一种巨大的快感。1924年，蒋汉澄被调到北平电报局工作。后经好友张培儒介绍，他告别了十二年的邮电工程师生涯，应聘到协和医院，成为当时唯一的一位绘图员。那个时候，随着阅历丰富和用心钻研，他的摄影技术娴熟，风格独特，在北平的文化圈颇受注目。与此同时，基督教青年会因经常组织有趣的活动，渐渐成了精英们的社交场所，因为工作地点临近，蒋汉澄不久成了那里的常客，更是有人把他和画家蒋兆和、二胡演奏家蒋风之并称为青年会的“三蒋”。

我曾见到过一张20世纪20年代军阀混战时期，在前门火车站，军人和难民挤火车逃离北京的纪实照片，拍摄者即是蒋汉澄。照片极具现场感，紧张气氛瞬息而来，画面自然朴素，即便身处事件之中，也能觉察得到摄影者

蒋汉澄

逃离（蒋汉澄摄）

不干预事态进展，专注于记录的沉稳与冷静。这种拍摄风格和工作方式，在后来方大曾对作品处理及现场把握中清晰可见，从某种程度上说，也许年长小方十二岁的蒋汉澄，除了技术交流外，在接触中，或多或少地把自己对于摄影的体会和理解传递给了他。

20 世纪初，摄影虽然得以推广普及，但在当时的社会经济条件下，照相机也不是平民百姓所能把玩的，只局限于有钱有闲的知识分子和商贾士绅阶层。知识阶层具有追求文人艺术的传统，他们深受传统文化的熏陶，对传统艺术的意蕴、精神有着深刻的认识，于是，照相机就成了他们手中的“画笔”，成为他们抒情写意的工具。早期的摄影家主要把摄影作为消遣娱乐的业余爱好，这从“光社”成员陈万里、许智方、刘半农等人的回忆中可以明显看出。陈万里回忆：“当时大家的照相，大都偏向于个人的嗜好，等于玩玩鸟，唱唱戏一般。”

经常和小方交流摄影体会的许智方，在《忆光社》中写道：“那时一般人对照相虽有一些接触，但毕竟还是皮毛，若谈起‘美术照相’似乎就更难懂了，‘为什么不去照美女，而专去照白胡子老头呢？’‘为什么不去照大洋楼而偏偏要去照牵骆驼的呢？’这是我们常遇到的问题。”

在方大曾留下的作品中，几乎没有“玩鸟唱戏”之类的内容，他带着相机，行走于北京城周边的寺庙古刹、乡村田野、商埠市集。在他的镜头中，有肃穆的长城、讨生意的小贩、蜷缩在墙角下的缝穷者、破衣烂衫的码头工人，还有吃黑面扛白面的苦力。少年小方，就是用相机和脚步开始认识社会的，而他给我留下深刻印象的是，对于人和生存环境的关心，这一点，正是每一个能成就大业者所具备的。

少年小方的习作

父亲方振东工作地点的门卫（小方摄）

“没有任何摆布和雕琢的痕迹，被摄者喜怒哀乐神态自然，画面情景交融。”范长江新闻奖获得者徐京星评价，“在那个胶片照相机为绝对稀有物的年代，拿着相机的他似乎像空气，无所不在，又让被拍摄者视而不见，可见方大曾先生深入生活的功夫和心境。”

年纪相仿的方大曾和许智方，在学习摄影上有过相似的经历。

记得当初自己开始学习摄影时，的确也曾费过一番苦心，因为自己毕竟还只是个中学生，经济上不是很富裕的。起初手中只有一个 F6.3 镜头四寸照页片和玻璃板的相机。那时照相的瘾头很大，因为玻璃板要比页片便宜得多，所以每到假期里就背着照相机，暗箱中满满的装了一打玻璃板，带着三脚架，跑遍了这古城的每一个角落，有些地方是人烟稀少的，但哪怕是长满荆棘的草野，哪怕是雨后的泥沼，只要是有景可取，我都从不放过。偶尔拍得了较好的照片，我就仍然用我那个照相机，后面自己加了一个马粪纸匣子，匣子里安上六个灯泡，前面横立一块木板，上面钉一张放大机，可是家中连一间合适的暗室都没有，只好等到夜间才开始操作，但是夜间电压的变化又大，放大一张照片真不是一件容易的事。后来虽然攒了两个钱，买了一架 F4.5 镜头的相机，当然这比起从前那只破旧的相机好用得多了，但终究不算满意。偶尔遇到社里有人拿只 F4.5 的反光摄影机（Graflex）就使我羡慕不已！（许智方《忆光社》）

他不仅是个摄影家，还是旅行家，周边的寺庙都去过，那时候没那么好的路，多半是步行，有时候骑自行车。每次拍好多照片回来，一开

身着学生装的少年小方

始不会洗时，在外面洗，后来钻研会了，就自己洗，他的照片洗得还是不错的，（编号）从小号到大号的，都是慢慢积累下来的，这么多年了，颜色不变。由于经济不充裕，只靠一点稿费，放大机是他用纸盒做的。

我帮他洗照片是因为好奇，功课松一点儿，就帮他弄一弄，看看他怎么洗，他的药水都是自己配的，还有一个小秤，秤药配制，我也不知道他怎么弄的，他叫我做什么我就做什么。（方澄敏的回忆）

在方澄敏遗物里，有一些是小方中学时旅行的留影，仅凭容貌，同行者的个人信息无从识别，根据景观和地貌判断，他所到达的地点大多在北京周边，西山、颐和园、卧佛寺、十三陵，还有八达岭。

其中有一张地址颇为明确，小方和另外七人在温泉中学的门口，照片中，

除了景物和人物，小方还以抓拍的方式练习纪实拍摄

身着制服的小方居最右，十三四岁的模样，背着行囊，不知是出发还是归来？这张从未见过的照片，使我颇为好奇。温泉中学在哪里？在以往的寻找中，还没有接触过这个地方，小方是在那里就读还是经过？依据照片上的光影判断，拍摄时间应该是在早晨，他在那里干什么？问了方家的后辈们，他们从未听老人提起过，只知道方大曾在北平一中读过高中。

翻阅了相关资料，才知道原来的温泉中学已经不复存在，所幸的是，小方当年和同学合影的校门还在，目前是北京市第四十七中学的一部分。

温泉中学原名叫“私立北京中法大学附属温泉中学”，1920 年，留学法国的李石曾与蔡元培在北京西山创办中法大学，三年后，中法大学附属温泉中学和小学建成，他们的理想是，建立一套从小学到大学的教育体系。

站在温泉中学门前的小方（右一）

北京市第四十七中学院内的温泉中学旧址保存完好

北京西山一带在历史上曾经与法国渊源深厚，特别是上世纪初至二三十年代，一批法国友人和曾留学法国的民国名人，参照法国先进经验，在此进行各项改变中国落后面貌的尝试。比如，利用庚子赔款返款，仿照法国学制在中国建立起学科众多、设备先进、涵盖教育全程且实习场所完备的现代大学体系，推动赴法勤工俭学大潮，吸收法国“均权”“社会合作”的思想，在温泉村一带开展农村自治试验，成立自治坊公所和各种经济合作社，开创了乡村自治的先河，进行各项社会建设，如修建公路，兴办电话、电力等公用事业和创办疗养院，以及发展乡村经济等。

李石曾，名煜瀛，1902 年赴法留学，是最早留法的民国名人之一。1924 年，他筹资九千四百元在西山北部购置了一个宅院，这个地方原来叫皇姑园，后来取其谐音改成环谷园，温泉中学遂迁于此。同年底，国民军总司令兼第一军军长冯玉祥、副司令兼第二军军长胡景翼、第三军军长孙岳向学校捐款三万元，修教室、建礼堂、搭石桥。

“隐隐飞桥隔野烟，石矶西畔问渔船。桃花尽日随流水，洞在清溪何处边？”李石曾曾手书唐代张载名篇《桃花溪》，在西山脚下，环谷园中，他找到了心目中的世外桃源。

从公主坟驱车一路向西将近三十公里，从海淀区西北部的苏家坨镇管家岭村，顺着蜿蜒的山路而上，很容易便能寻到北京市第四十七中学的大门。

2016年4月，沿着悠长的北清路，终点是北安河村，我随着手机导航的指引找到了这所位于山里的学校。德育主任王炯带我参观了校史陈列展。关于这所学校的创建，在校史资料中有如下记述，“本校原为私立中法大学附属温泉中学，成立于1923年。当时因陋就简地利用温泉村的庙舍，拉倒神像略加修理，招第一班学生三十余人，于该年10月间，正式开学。1924年购置环谷园校舍，添筑礼堂、教室，男中迁入，而在温泉村校址另成立温泉女中。”

“发展个性，陶冶品格，训练技能，养成健全公民。”李石曾先生的这一思想成为温泉中学和中法大学教育的指导思想，并始终体现于各项教学活动之中。

位于西山脚下的这片清净所在，“藏”着一片记录了中法文化交流和中法人民友情的遗址群。著名的法国诗人、外交官、1960年诺贝尔文学奖得主圣琼·佩斯，曾生活在这片记载着中法友谊交流的史迹群中，他获得诺贝尔文学奖的名诗《远征》正是在西山温泉附近一个破落的道观中写就的。1917年8月2日，圣琼·佩斯在写给母亲的信中提及：“我从一个小庙宇里给您写信，它位于北京西北部的一个山岗上，在我的脚下，距离一条因流沙淤塞的河道不远处，一个村落正在消亡，它建在一座小山丘上，从这个小山丘可以俯瞰那通往西北边陲的丝绸之路。”

天空清朗，阳光饱满，绿意萌动在初春时节里，几段青石老墙横亘一隅，穿过四十七中宽阔的校园，再向西山脚下探寻即是环谷园，向着王炯先生手指的方向看去，正是小方拍照的所在，那是一座仿佛隔离了尘世的古宅小院，它端庄而又神秘地在此坐落了近一百五十年。和照片上相比较，整个建筑几乎没有大的变化，只是校门内的松树历经风雨锻造和时光洗礼，长粗了、变高了。小方站立的台阶还在，此刻让我顿感气息相通，站上去，竟觉得少年小方的面容就在眼前，那么近又那么远。

院内从前的教室和宿舍还在，哪一间屋里仍有方大曾的痕迹？他的初中时代，会是在这个离家五六十公里的院落度过的吗？如果是，根据学龄，他应该是 1924 年，也就是这所中学成立不久后就读的，这是否是受到了学习法文的父亲的影响呢？温泉中学是中法大学的附属中学，这与日后方大曾就读中法大学有没有必然的联系？

温泉中学的历史不长，从校史看，办学方针明确，教育思路开阔，教师思想开明，学生爱国进步。

岁月变迁，物是人非，新中国成立后，温泉中学由重工业部接管，改名为“中央重工业部职工子弟温泉中学”，全部采用住宿制。1953 年重工业部将学校移交给北京市教育局，改名为“北京市第四十七中学”。2014 年，海淀区政府将温泉中学的旧址改建为敬德书院，专门用于中小学教师传统文化修习。

除了摄影，哥哥还喜欢唱唱京戏，会点儿，也不是什么正式学的，瞎唱。男孩子大都爱抽烟，他也没事抽两根儿，每天回家我都搜，进行搜查，不让他抽烟。有一天，他还没到屋子呢，我就搜口袋，一抓抓到一个鸡蛋，把一个鸡蛋抓破了，弄了我一手，现在想起来挺有意思的。他是青年会的会员，据我所知，跟他们关系比较好，始终没有入基督教。（方澄敏的回忆）

1924 年，就在李石曾把温泉中学迁到环谷园前后，北京基督教青年会少

少年小方初长成

小方（右四）与友人在十三陵

小方的母亲方朱理和小方同父异母的弟、妹在北宁公园

年部主任高尚仁负责筹办了第一届少年夏令营，以十二到十六岁初中学生为对象，最初每期一周，后改为每期一个月，组织会员和与青年会有联系的学校的学生参加，地点在北京西山的樱桃沟、卧佛寺一带。活动安排比较丰富，晨起，集体做操，上午安排国文写作、趣味数学、实用英语，请名师指导，下午为旅游、爬山或游泳等体育活动，夜间游艺、学唱歌、讲故事、变魔术等，或举行营火晚会、野营、野炊，夜间轮流值勤放哨，有时还组织偷营活动。间歇，还常举行“抢西瓜”比赛，赛毕，大家围坐吃西瓜。宿营时，常为锻炼少年适应大自然的能力，不搭帐篷而露宿于星光之下。

小方是这些活动的积极参与者，在朋友的眼里，他为人谦和，礼貌周到，家教很好，处事沉稳周全，做事勇敢担当，具有很强的亲和力，因此也得到了高尚仁的喜爱。

> 1968 年初我离开北京到四川工作，行前去看外婆。八十三岁的她精神已经不是很好了，在卧室里正斜靠在床上闭着眼睛养神，床边平柜上原放置小木箱的地方已改放了一张舅舅在中学读书时的自拍照。那时我也已经非常喜爱摄影，自然就和外婆聊起舅舅，她可能已经意识到舅舅回不来了，很伤感地对我说：“你照相时可别像你大舅，他太爱冒险了。”（张在璇《舅舅的底片》）

小方的私人相册中有不少
攀登高处的照片

就读北平一中时的小方（左二）与同学合影

在方大曾的私人照片中，留下过多张攀登在高处的形象，一张张翻过，从青涩少年到青春韶华，在塔吊上、在天梯上、在山顶上，他总是通过努力，站在所能到达的最高处，这样被母亲称作“爱冒险”的性格，在某种程度上，或许会伴随着身体的成长，挑战更高的极限，伴随着思想的成熟，激励他走向时代的巅峰。

李续刚是方大曾在北平一中的校友，在方澄敏的记忆里，他是与哥哥往来最多的朋友，也是与他们一家友谊持续最为长久的一个。高中期间，李续刚就加入了中共地下党的外围组织，负责共青团一中支部工作。“他是小方的引路人，”方澄敏回忆说，“经常给哥哥传授一些进步思想。”后来，李续刚因为参加学生爱国运动被校方开除，方大曾对这一决定十分反感，他拿起相机，把除名的布告当作罪证拍了下来，学校遂通知警方把他抓起来关了半日。这些事情，小方没有对家里人说起过，还是新中国成立以后，李续刚亲口告诉方澄敏的。

方大曾曾经就读的北京一中

愛好攝影的小朋友們注意

少年影社徵求社員宣言

現在攝影藝術一天天的發達，進步，攝影人才也能在藝術上佔了重要的地位，得社會的贊許，於是研究攝影的團體就漸漸的多起來了。但是我們看看，少年攝影團體的組織，還是很少，以至我們雖是很好這種藝術，而終是不得其門而入，這是何等的苦惱呢！所以我們有組織少年攝影團體的必要。做少年攝影界的先鋒隊，何等的偉大！何等的有趣呀！少年們！小朋友們！快來報名！踴躍！努力！

少年影社，以研究攝影藝術為宗旨，凡有攝影器，對於攝影發生興趣者，不論有無經驗，年在十六歲以內者，均得自由加入本社為社員。

少年影社通訊處　外交部街協和胡同七號方德曾。

表演「不識字的害處」

高中时代方大曾登报筹建少年影社

十八年九月二十九日　第二百零五期

世界畫報

每星期日出版一張零售大洋四分長期訂閱半年大洋一元外埠加郵費二角五分凡係直接訂閱世界日報者按期附送

本報徵求實事照片美術攝影中西名畫游藝裝束學校生活等照片一經登載酬金從豐凡名貴照片於製版後立即寄還

北平第一次公開攝影展覽會記

（蔭鐵閣）

北平的攝影風氣，極盛一時，攝影家亦多所發明，可惜沒法介紹，致使一般對攝影感有興趣的人，未能盡窺全豹，好友蔣君漢澄，施君畚厂等三數攝影同志，有見於此，遂相約發起北平第一次公開攝影展覽會，假中山公園展覽四日，後復借青年會展覽二日，以茲觀摩，參加者有二十餘人，作品多至二百五十餘件　誠北平數年來之盛會也。

現在把我個人觀察的介紹數幅，處前王後，尚希原諒可也

趙澄之「煉金」一幅甚能得光之變化，明與暗均含有偉大的意義，色調尤爲濃厚。施畚厂之「媽媽」係取反光，色調清爽，光線明亮，取景及姿勢，皆具秀氣。蔣漢澄之「三角」復雜中能見條理爲Mechattical Photograph之佳作。魏守忠之「泥濘」頗具泰西作風，光調濃厚，足見魄力。金哲啓之「睽舟」景色絕妙，觀之起人雄心，而一角船欄，亦屬罕見，宗惟賡之「斜」攝法新奇，雖僅楊樹數株而不覺枯燥　伍資基之「夕嶺林腰」取景雄偉，光線尤爲明朗，此誠風景中之上作。吳宗濤之「線上」攝法新奇，章法正齊，近代攝取人物之新法也。鄂鶴紀之「荒涼」取景單簡不俗，頗有畫意。索仁甫之「閃」明暗得宜，亦爲會中傑作。楊朗之之「弱不禁風」處處透明，別具見地。谷靖塵之「日没」色調濃厚，尤顯建築之偉大。方德曾之「寒夜」亦具西風，所取色調，尤能增其冷靜。張之達之「烟」頗具沈靜之意。又如李堯生之「吹簫」。許智之「滓」。尾巴先生之「小鬼」。秦元華之「樹影」又如金浩如，金猷阁，陽紫荆諸君，傑作甚多，限于篇幅，未能盡述，良深遺憾也。

再此首次展覽之結果，同人發起組織華北攝影研究社，已於九月十七日在公園董事會正式成立，但社址尚未選定，暫以東單火神廟五號爲通訊處，並以此次展覽籌備匆促，有未及加入者，同人議決雙十節移津展覽三日，地點正在接洽中，並盼同志踴躍參加也。

師大高材生吳敬仁（左）與張挽華兩女士合影

（上圖）寒夜……方德曾作　（下圖）大掃除……金開義作

小方十七岁参加北平第一次公开摄影展，作品《寒夜》（左下）被《世界画报》选用

1929年8月，年满十七岁的方大曾在北平《世界画报》第204期上发表《爱好摄影的小朋友们注意——少年影社征求社员宣言》。

现在摄影艺术一天天的发达，进步，摄影人才也能在艺术上占了重要地位，得社会的赞许，于是研究摄影的团体就渐渐的多起来了。但是我们看看，少年摄影团体的组织，还是很少，以至我们虽是很好这种艺术，而终是不得其门而入，这是何等的苦恼呢！所以我们有组织少年摄影团体的必要。做少年摄影界的先进队，何等的伟大！何等的有趣呀！少年们！小朋友们！快来报名！踊跃！努力！

少年影社，以研究摄影艺术为宗旨，凡有摄影器，对于摄影发生兴趣者，不论有无经验，年在十六岁以内者，均得自由加入本社为社员。

少年摄影通讯处　外交部街协和胡同七号方德曾。

据摄影史学者陈申介绍，小方在一中读书期间发起的这个社团，是中国北方最早的青少年摄影组织。当年9月，北平第一次公开摄影展览会在中山公园和青年会相继展出时，方大曾选送了多幅作品参展，摄影家荫铁阁撰文评价“方德曾之《寒夜》亦具西风，所取色调，尤能增其冷静”。接着，他拍的《寒夜》《青年会童子团野外庆祝会》《北郊之大钟寺》等作品在《世界画报》陆续发表，使他在北方摄影圈中崭露头角。

同年，方大曾的姐姐方淑敏在上海结婚，父亲方振东和母亲方朱理参加。姐夫张孝通是沈钧儒夫人张象徵的侄子，江苏苏州人，因其求进心切，受到沈老的喜爱。在《沈钧儒年谱》中记载，张孝通的父亲去世后，沈钧儒遂召其来京，待之如同亲出，供其入学于青年会专科学校，直到毕业，后又将其

1929 年小方的姐姐方淑敏与张孝通在上海结婚，方振东（后右）、方朱理（后左）参加了婚礼（张在娥供图）

推荐到上海铁路局工作。据家人回忆，小方和姐夫感情深厚，无话不谈，在他的私人照片中，就珍藏着两个人的合影。

撰写这本书的时候，在好友、暨南大学邓绍根教授的帮助下，我找到了目前已知小方唯一的译文《一个作家的自述》，发表于《市一中学生丛刊》（北平），原作者是美国的文学之父华盛顿·欧文（Washington Irving）。与其说这是篇欧文的自述，还不如说它是小方的心声，作家的笔端畅快游走，世界各地的名胜古迹飘逸流动，随着译者心绪的融入，仿佛让人感到欢快的

少女时代的方澄敏（小方摄）

文字在舞蹈。

我最喜欢游览新风景，和观察奇特的风尚人情，虽然我在五六岁光景，就已开始旅行了。到那不知名的邻乡去游行，累次的把我的双亲吓煞，到底，却是增加地保们的酬资。一到了童年的时候，游览的范围就扩大一点了。整个假期的下午，都消磨在逛游附近的村庄。我知道在寓言和历史上说过的有名的地方，那里曾经发生谋杀案，抢劫，……甚至于有鬼的出现我都知道了。我到乡村游行，因注意他们的风俗习惯，和得到当地明哲的指示，知识增多不少了。虽然是炎热的夏天，我曾不顾遥远的跋涉而跑到最远的远山之巅，立在那里，我放开我的最大的眼光俯察。远的，近的，尽是不知名的地方。我不禁惊讶了……多么广大呵，这个我住着的地球。

阅读多些和多思想，可以得到了一个明证。虽然我从前是那么的无目的主旨的逛游，但现在已经稍有见地了。倘使说我在游览各地方的时候，是专为爱好景色，那，我可不需要到其他较远的地方去寻求。因为我们美国的自然景色是天赋独厚的——她广大的湖沼，像银水流荡着的海洋；她的青翠的山，披上了炫耀的光彩高入云霄；她那一望无涯的平原，被盖于像水波动着的绿茵；她那宽而深的小河，在静寂严肃中悄悄的流出偌大的海洋；在她的荒芜了不见人影的森林，所有的植物都是争妍斗丽的怒放着；她的可爱的天空，弥漫着一刻千变光彩妖艳的阳光。——是了！一个美国人无需要到远方寻求景色了，因为他本国有现成的卓越美丽的自然的景色。

但欧洲亦有历史的，充满诗意的可爱。他有隽妙的艺术杰作；纯洁高贵社会的雅彩。古代俗土的奇巧的风尚和特质；我们美国不过是充满了蓬勃有希望的朝气罢了。欧洲是藏积古代珍品最富有的。从他的古迹，我们可以推想过去年代的历史。他那绿烟化的石块，成为了一本史记。我渴望着游览古代功绩著名的景致。追踪古人的足迹，徘徊于残废的大厦，沉思在败旧了的宝塔。是了，我真像匿迹于矛盾的尘寰而置身于古人之列似的。

我很恳切的渴望能够见见世界上的伟人。真的，我们美国也有很多伟人：也许每个都市都有他们的伟人吧！在幼年的时候，我曾和他们——伟人们——混在一起的。几乎萎败了，当我立在伟人们的影子遮蔽之下。这也许要算最惨不过的事情了；像一个没有名声的人立在伟人影子之下。尤其是那伟人是同在同一的都市里面哩！但我想见欧洲伟人的动机，是由于我曾读过欧洲哲学家的说及关于美国是他们的支派的作品，我以为一个欧洲的伟人，总比一个美国伟人胜过，而且好像亚立斯（Alps）山的比夏臣（Hudson）河要高似的。这种以为由于观察，我确信那些较为重要而大的几个到美国旅行的英国旅行者，要探访欧洲这个值得游览的地方，而同时观察下我们美国所由分枝的大民族。

这不管是好的或是坏的，我这次得到了游览欧洲，已经觉得愉快极了。我曾漫游过很多国家，见过许多不同的生活。我不能说曾用哲学家的眼光去观察；不过像一个爱好图画的人，一间一间的从窗孔窥看书店的图画罢了。有时见到了美丽的素描，有时见到了幽默的讥讽，有时见到了精致的风景。这也许是受了现代化的洗礼，游览地方的人们总喜欢手拿画笔。于是带回家里许多写生了。我也要选出几件，正打算娱乐我的朋友。但，当我重检阅自己所记所写的，我的浓兴立刻减了几分，我心中充满了失望，我不明为什么我把旅行者必录的重要内容撇下了。我恐怕我将会使读者们同样的失望，因为一个旅行欧洲的荒谬的风景画家，他，有着怪人的僻性。而专绘街头角落。他的小部绘满了小村落和那残旧的古迹风景。而竟没有圣彼得，罗马大戏场，太尔阿瀑布，尼布士海湾，冰河及火山。

旅行是小方成长的必修课

轻快的笔调流淌出对于世界的向往，阳光的心境荡涤开遮盖思想的尘埃，伴随着华盛顿·欧文的思绪和对于未知世界的向往，译者仿佛跟着文字旅行，那曼妙的时光和新奇的景物，让人浮想联翩心荡神驰。少年小方在成长，他总是带着一把雨伞、一条毛毯、一个背包、一架照相机就离开家了，在方澄敏的眼中，哥哥方大曾永远都在旅途中。

三　大学时光

一天，教师范文澜、王慎明、阮慕韩和同学方德曾分别被国民党省党部逮捕去了，过了好几天，他们才都被校方营救保释出来。方德曾是经济系学生，原本高一年级，此后被校方降了一级，于是和农莒同班。（我和吴子牧前一年已被降了一级，于是比农莒低了一班）。方德曾（我们都叫他小方）出狱以后，我曾问他为什么被逮捕？他说是为了“互济会”的事。

——高云晖

《回忆农莒在中法大学和抗战初期》

翻开历史，1930 年的世界和中国似乎并没有多少大事发生。岁值庚午，这一年的一月，毛泽东给林彪写了封回信，批评了党内和红军内的悲观思想，同时撰写了《星星之火，可以燎原》，标志着毛泽东关于“以农村包围城市，最后夺取城市”的革命理论基本形成。7 月 30 日，乌拉圭以 4 比 2 击败阿根廷，成为世界杯历史上的第一个冠军。刘易斯·迈尔斯通凭借《西线无战事》赢得了奥斯卡最佳导演奖，辛克莱·刘易斯获得了诺贝尔文学奖。还有梅兰芳首次在美国演出京剧，大获成功，梁启超的家属向北平图书馆赠书 42180 册，国民党军人阎锡山、冯玉祥、李宗仁合取蒋介石，爆发中原大战，以及英国政治家尼古拉·艾登出生，俄罗斯画家伊里亚·叶菲莫维奇·列宾去世。

同一年，协和胡同 10 号院对门，坐北朝南建起了一栋三层西洋德式小楼，有半地下室，底层有围廊，屋顶为双折式，北侧有烟囱，用女儿墙掩饰，在一大片中式院落里，显得另类时尚。从三层矩形玻璃窗望出去，方大曾的家尽收眼底，百岁槐树翠绿婆娑，青灰色的院中祥和有致。洋楼的主人是华南圭，早年留学法国，中国营造学社社员，著名建筑师，曾担任过京汉铁路的总工程师，和方家一样也是无锡人，比邻而居，不知是偶然还是有意？

2000 年拍摄纪录片《寻找方大曾》时，方澄敏一家已经搬离了协和胡同，对面的小楼内拥挤破败，完全失去了光彩，院门大开，形同废墟，我们走进去，里边的木楼梯油漆斑驳，踩上去吱呀呻吟，老态龙钟，那个时候还真不知道它姓甚名谁。想当年，方大曾一定是看着小洋楼修建的，出来进去，哪里留住过他的目光？说不定他也进过里面串门造访，对于新鲜事物，他总是有兴趣了解的。

和华南圭同是留学法国的李石曾，似乎兴趣并不在搭造自己的家宅上，

他早年在法国开办豆腐工厂，以实业投身社会，人称“豆腐博士”，游走在中法之间，工业文明和农业社会的对比，如同汽车和马车的比较，优劣尽显。把法国先进教育制度引入中国，培养高水平的科学人才，办实业不如办教育，怀揣这一梦想，从 1918 年开始，他和蔡元培一起动员法国退还庚子赔款，用以加强中法文化交流。1920 年春，在留法俭学会与法文预备学校和孔德学校的基础上，在两国知识界人士的共同努力下，象征教育合作的中法大学应运而生，蔡元培任首任校长。

最初，设在北京西山碧云寺的法文预备学校扩充为文理两科，改称中法大学西山学院，是该大学创建之始，随后，温泉中学的建立使这一教育系统更加完备。1924 年以“注重科学的精神”为宗旨的孔德学校在阜成门外成立。1925 年校方将文科移至东黄城根北街，改称中法大学服尔德学院，理科改称居礼学院，生物研究所改称陆莫克学院。1929 年成立中法大学药学专修科。

1930 年，刚满十八岁的方大曾，考入了中法大学经济学系。此时，他已经在北平的摄影圈颇有名气，经常参加各种展览，开始在报刊上发表摄影作品。方澄敏回忆，上大学后，哥哥就不再向家里要钱了，他用稿费支付生活用度，

外国摄影师拍摄的民国早期前门街景（私人收藏）

1930 年小方（后立者）考入中法大学

中法大学校徽，象征自由、
平等、博爱

买胶卷、药水，自己冲洗照片，放大机是他用纸盒做的。也就是从这时起，他开始热衷参加各种学生活动。

在长时间的寻找当中，我一直期望透过某种机缘，能遇见小方的同学、朋友，或者有过生命交集的人。沿着这一思路，我多次探访他的家人、寻觅知情者、实地踏查相关现场。翻阅文献，拂去尘埃，透过杂零的信息，问寻无声的历史，捡拾和缀连那些散佚在岁月缝隙中的残片，努力去呈现与方大曾有关的人和事。

1931 年，李麟玉担任中法大学校长，学校成立了镭学研究所。同年把服尔德学院，也就是经济学系所在的学院，改称文学院，居礼学院改称理学院，陆莫克学院改称社会科学院。

若按 1930 年入学算，小方应该是 1934 年毕业，与阎逊初、魏登临、陈钟慧、孙家玮等十人同班，当时，与他关系比较好的女同学、戏曲理论家齐如山的侄女齐伦在法国文学系。但《中法大学历届毕业生名录》显示，1934 年的经济学系毕业生名单中并没有方大曾，而是出现在了 1935 年的名单里，和夏隆台、曹承宪、黄淑清、孙以坚等九人一同毕业。前后一年之差，是方澄敏记忆有误还是别有原因？

私立中法大學文學院（服爾德學院）學生 以姓氏筆畫繁簡爲序

姓名	別號	性別	年歲	籍貫	科系及年級	通信處	電話
王崇恩		男	二五	河北宛平	經濟學系四年級	大中公寓	
王晥瑩		男	二六	江蘇泰縣	法國文學系四年級	北大西齋	
王聯曾		男	二五	山東濟寧	法國文學系四年級	西安門酒醋局八號	
王金綬		男	二六	河北定縣	經濟學系四年級	雙輦胡同二十三號	
王季文		男	二五	雲南昆明	法國文學系三年級	京兆公寓	
王嘉瑞		男	二二	河北宛平	本科一年級	西單大栅欄二十五號	
方德曾		男	二二	江蘇無錫	經濟學系三年級	協和胡同七號	
文雝模		男	二四	江西萍鄉	本科一年級	西城前撒袋胡同一號	
朱淑貞		女	二三	安徽合肥	法國文學系三年級	大栅欄興隆街廿二號	
朱尚英		男	二一	四川江津	本科一年級	西單新皮庫胡同十八號	

王方文朱

四三

48

中法大学学生名录，方德曾（方大曾）名列其中（北京市档案馆提供）

1930年1月，我离开家乡河北省深泽县，来到了北平。开始，我在红色互济会工作。红色互济会是党的外围组织。当时，在北平很难找到职业，而工作又需要一个职业作掩护。不久，上级组织让我以拉洋车作掩护开展工作。我便以拉洋车作掩护，来到了贫苦的洋车夫中间。白天，我拉着洋车，走街串巷，和洋车夫们生活在一起。在同他们交上朋友后，我便找适当的机会向他们进行革命的宣传，启迪他们的阶级觉悟，对他们进行教育和培养。夜晚，我回到租住的小房里，一个人编辑、刻写、油印革命小报《洋车夫》《青工之友》。

1931年初夏，团省委决定，将西城区委改为城区区委，由团河北省委直接领导。团城区区委书记叫李续刚（师大学生），我也是城区区委负责人之一。（北京市人大常委会原副主任武光1983年口述）

方澄敏曾多次提到，李续刚，别名李又常，是频繁去方大曾家的朋友之一，他与小方无话不谈，私交甚好，偶尔带人来家里开会，有时也住上几天，从种种迹象来看，哥哥小方应该是有组织的，但他失踪后，虽经多方打听，却始终没有切实的认定。

20世纪30年代初期的北平，学校较多，工厂较少。所以，团的基层组织多建立在各大、中学校和职业学校中。据北京市人大常委会原副主任武光回忆："北大、师大、中法、燕京、清华等，都有共青团的组织。有些学校团员较多，如北师、艺术学院、艺文中学、北大、师大、中法大学等。"

九一八事变爆发后，北平的抗日救国活动十分活跃。青年学生站在抗日救亡运动前列，是这一时期革命运动的主要特点。"在这一时期里，北平共

九一八事变后的小方

青团组织过一些集会游行，向群众进行公开的抗日宣传。有时，团组织还利用文艺演出的形式集结进步群众（主要是青年人），发动他们同国民党反动派的不抵抗主义及其反共卖国政策作公开的斗争。”

我和哥哥小时候在一起，说起来还是挺有意思的。九一八事变后，我参加了南下示威团，去南京，当时我是女一中的学生，我们班有七个人参加，在火车站“卧果儿”（即卧轨示威，取北京话谐音。“卧果儿”为鸡蛋的一种烹制方法）的时候，我哥哥也去了。当时他带着相机在前门那儿照相，发现我啦，他赶快就回家了，告诉家里一声，他也要去，家里不知道我走，我住校，从学校走的。他赶回车站的时候，车已经开了。从那时起，他对我有了新的认识，认为我是抗日的，是进步的。后来我们都加入了反帝大同盟，他和一个姓马的同学还帮助我们建了一个女一中支部，这样我和他的关系就很密切了。当时很多活动，比如示威、集会，都是他通知的。他每次活动都带着照相机，有一次警察截住他说，你别跟他们一块儿搅和，他们以为他是外国人呢。反正只要哪儿有游行、集会准有他。（方澄敏的回忆）

2016年秋天，在为这本书的撰写收集资料时，我再一次去东黄城根北街甲20号，中法大学的旧址实地踏查，还带了九岁的儿子瑞濠当小帮手。据看门人介绍，当年在此办公的单位已经濒于解体，目前只能靠房屋出租，维持离退休人员的工资和福利待遇。他把我带到院中一方1931年毕业生留下的纪念碑旁，告诉我这还是当年的老物件，没挪过地方。

一家艺术机构承租了中法大学旧址的大部分空间，正面的礼堂被用作展室，当天因正在布展，谢绝参观。右面的建筑就是当年方大曾就读的服尔德学院所在，走廊、楼梯和教室还是原貌，几乎所有的门都敞开着，工人们里里外外地搬运着杂物，据说是租金太贵，租客们已经承担不起了，不得不迁到别的地方去。

小方在中法大学读书期间的留影（冯雪松摄）

喧嚣散去，楼道里清静得发冷，顺着楼梯拾级而上，一间间教室，似乎还留着岁月的余温。带着小方学生年代的照片，经过一扇扇窗子透来的阳光，黑白图片里清纯的脸庞，随着找寻的脚步穿越而来，年久陈旧的水龙头有水流渗出，滴答清脆，像分针和秒针应和对答，讲述着封存多年的青春故事。

父亲的青年和童年时代，正是第一次世界大战这个动乱时期，那时他只有十多岁。到 1917 年俄国十月革命和 1919 年我国“五四运动”后，马克思主义在中国传播很快，影响很大。在 20 世纪 20 年代，父亲在北京大学上学时，就经常和同乡李大钊同志接触，受到了大钊同志的影响和指导，大钊同志介绍他读过一些马克思主义和唯物史观的书籍，父亲开始接受了革命知识和马克思主义启蒙教育。

1926 到 1930 年，他在法国和英国学习期间，接触了一些地下党员和进步同学，在他们的影响和帮助下，继续研究马克思主义，写了一篇“马克思主义与普鲁东主义”的博士论文。1930 年，父亲从国外回到祖国时，

原中法大学教室，格局基本未变（冯瑞濠摄）

年仅26岁。在地下党组织的指引帮助下，应聘到中法大学担任教授。在当时北平白色恐怖十分严重情况下，他不畏风险，先后参加了地下党外围组织的左翼教授联盟（简称左联）、反帝大同盟、抗日救国会等爱国组织。（王瑞平《纪念我的父亲王思华》）

入学后不久，方大曾就结识了年长他八岁的经济学教授王慎明，这位留洋回来的青年教师，后改名王思华。王老师为人彬彬有礼，儒雅谦和，学识丰沛，深受学生的喜爱。中法大学校友陈大东回忆："归国后，王教授就开始从事教育工作，在学校担经济系教授兼高中部主任。他治学严谨，态度认真，待人和蔼可亲，对于青年学生的成长和政治上的进步，尤为关心，同学们都很敬重他。"

王思华是经过陈翰笙介绍结识侯外庐的，同为留法学生，而且同样有一段受李大钊启蒙的经历，见面自然多了些亲近。由于有着共同的信仰和对《资本论》比较接近的研究基础和理解水平，侯外庐、王思华两人一见如故，很

方大曾与王慎明（左）在王寓合影

快就结成志同道合的朋友，并相约合作，从头翻译《资本论》。

李大钊的族侄李乐光是当时中共北平党组织的负责人，与王思华私交很好，曾暗中帮助侯外庐找回了当年不便带回国内、留在德国柏林由成仿吾悉心保存的《资本论》第一卷（20 章）译稿。

为了让《资本论》第一卷尽快与读者见面，他们将这本著作分为上、中、下三册进行翻译。当时，王思华还是单身汉，住在南河沿大街欧美同学会。

1932 年的整个暑假，侯外庐每天一早起来，就到王思华的宿舍去“上班”。王思华将欧美同学会的一间公共客厅开辟出来供侯外庐使用。由于春秋书店已经预告了《资本论》译本的出版，这段时间，他们的工作紧张忙碌，但效率很高，翻译速度相当快。同年 8 月，上册已经具备出版条件。9 月，生活书店以“北京国际学社”的名义出版了他们翻译的《资本论》第一卷的上册，出版费用是王思华垫付的。

在方大曾的私人照片中，有一张与王思华的合影，照片中小方青春阳光，凛凛正气，在他右侧的王思华，持重沉稳，谦谦君子。廊柱上有王寓字样，应该是小方到家中拜访老师时的合影，至于是在欧美同学会还是后来的住址后门腊库，地点已无从可考，但是这两个地点距离协和胡同都很近。当时，王思华任北平和中法两所大学的教授，月薪大致在 240 元左右，这在当时能保持较富裕的生活水平，他还经常用个人收入接济思想进步的同学。

除了任经济系主任的王思华外，中法大学的教授张友渔、阮慕韩、范文澜等在讲课中，也常常流露一些进步观点，向同学们介绍一些进步书籍。王思华讲授“社会经济学”这一课，教材就是采用张仲实翻译的苏联《政治经济学教程》，他从来不用灌输的方式讲授，而是提出问题，引发学生自由讨论，

张友渔教授（小方摄）

而后总结归纳加以引导，结论清晰明了。

当时，中法大学的学生大部分走了“科学救国”的道路，后来很多人都成了科学家。还有一部分思想进步的爱国学生，却不满足于这样一条道路，而进入了经济系学习，想从经济基础上认识社会，认识中国，寻找符合实际的前行道路。

在课堂上，王思华总是结合自己留学欧美的经历，风趣地介绍所观所感，从异域风光到人文历史，从自由经济到社会经济，从康德到马克思，还引导学生阅读《资本论》等著作。在学生们的心目中，他并不是一个单纯授业解惑的先生，而是一个鼓励向上、指引道路的兄长，小方正是在这样的氛围中，

编辑《少年先锋》时的小方（中）和方殷（右二）等人合影

得到了视野的开阔，以及运用经济学科的角度看待事物的专业训练。

1932 年，我由天津到了北平。那时，我的几位南开中学的老同学张敬载、王兴让、胡思猷（胡适的侄子）、曹京平（端木蕻良）等，已先后云集在此。他们有的是原来校刊的主编，有的是校中学生会的主要负责人，都因组织南下请愿、闹学潮，而被迫或开除离校的。在此相遇，不仅由于是老同学而更觉亲密，还因为革命而把我们联结在一起。当时，他们之中谁有地下党团的关系，我不知道，总之，都是在外围组织工作着，则是无疑的。

不记得是谁把我介绍加入了“反帝大同盟”，而且不久，我就参与了“少年先锋队”的机关刊物《少年先锋》的编辑工作。《少年先锋》是个周刊，十六开本，一期只有 4 到 6 页。就在这项工作中，我结识了一个英俊的青年方德曾，他的笔名是“小方”。当时在中法大学读书，人品纯正，热情，精力充沛。在我的印象里，他好象总是在走路，奔忙，不知疲倦。刊物，只有我们俩人搞，从编稿、写稿到印刷、校对，一直到发行，都由我们包办。印刷厂是东城灯市口东口以北把角的一家不大门面。每次跑进去，先要东张西望地看看前后左右有没有盯梢的。刊物出版时，我们俩便分头送往“有关方面”及东安市场小书摊里发售。后来，我们都因工作需要调开了，刊物出了不多期数，也就停刊了。（方殷《破涕而笑》）

方殷眼中的小方，对于我的寻找弥足珍贵，从友人的角度记述，往往比文献亲切直接，又饱含情感和温度，这个形象不仅有轮廓，而且有血肉。灯市口东口印刷厂所在的位置，已经被一家超五星级的大酒店所覆盖，东安市场也重新翻建，周遭的繁华强烈删除了往日的记忆，当初那个不知疲倦的青年人的身影，已经被岁月隐匿起来，样貌渐渐被时光洗白，气息却持之以恒地保存在亲友的思念里未曾离开。

在中法大学的旧址，瑞濠帮我拍了几张照片，院子里很静，尽管处于闹市，依然沉寂如昨，未被打扰。从楼里到楼外，北京秋天的味道扑面而来，树叶的边缘开始微微泛黄。从知道方大曾的那个秋天算起，花开花落十七载，年轮套着年轮，幼苗长成大树，不知不觉中，我们的经历已成为故事。这个院落里，承载着小方的青春和美好时光，新思想的启示、新事物的认知、新风尚的影响，在他身上渐渐凝聚成一种报国为民的渴望。

“1/25，F.9，微薄的太阳，十一月底，下午四点”，这些字迹是小方留在一张底片上的，在黑白之间，快门响过之后瞬间凝固的影像，把中法大学女子排球队员的勃发青春，留存于历史的保鲜期，她们浅浅的微笑经年累月，让今天的我们看来依然是那么亲切，毫无年代隔阂，可以想象，站在 11 月底

中法大学寻“方”踪，物是人非（冯瑞濠摄）

中法大学女子排球队，小方的笔迹留在底片右侧

《人猿泰山》1932 年在中国上映

小方模仿“人猿泰山”的自拍照

微薄阳光下的方大曾同样意气风发。

在方大曾的私人照片中，有一张在山间赤身挥手的自拍照，方澄敏说，那是哥哥看完电影《人猿泰山》后，模仿着泰山的造型拍摄的。这部电影由米高梅公司出品，片长 101 分钟，1932 年 3 月 25 日在美国上映，轰动一时，不久后进入中国的影院，主演是约翰 · 韦斯穆勒，他曾在游泳比赛中 67 次打破世界纪录。作家萧红在回忆文章中提到过，当时，鲁迅先生介绍给人去看的电影中就有《人猿泰山》。模仿泰山的造型，无疑是被电影的情节、异域的风光和韦斯穆勒的力量所震撼，在小方的成长履历中，新奇、阳光和正义是不变的主题。

这一年的圣诞节，美国记者埃德加 · 斯诺（Edgar Snow，1905—1972）与海伦 · 福斯特 · 斯诺（Peg Snow，即 Helen Foster Snow，1907—1997）在东京美国驻日本使馆举行婚礼，婚后，他们游历日本、东南亚和中国沿海一带。1933 年的春天，斯诺以美国《纽约日报》驻华记者身份应邀兼任燕京大学新闻系讲师，在北平东城盔甲厂胡同 13 号安家，这个地点离东单很近，位于方大曾家的南面约一公里。

20 世纪 30 年代的前门远眺
（私人收藏）

从一开始起，我们在北京就感到那种高度的传奇及戏剧性历史的气氛。我们搭上黄包车，串进狭窄拥挤、未经铺砌、尘土飞扬的胡同，游览两边植槐、宽敞平坦的马路。我们在狭窄的通道上被挤来挤去，有驮进生活用煤的骆驼，也有在自行车与手推车中间拽车的骡子和毛驴。我们只能时而见到外国人坐着出租汽车。街道上尽是从远方荒漠刮来的黄土。天气冷得刺骨，我们在室外简直喘不过气来。（海伦·斯诺《我在中国的岁月》）

刚刚到达陌生的城市，年轻的夫妇充满了好奇，海伦·斯诺曾在回忆录中描述，北平是一个城垣套着城垣的城中之城。街道窄狭，胡同里尘土飞扬，两边是四合院高耸的没有窗户的砖墙或土墙，唯一的出口是紧紧上闩的院门。围墙隔噪音，挡尘土，防盗贼，还能保持院内的清静，平房绕着围墙的四面修盖。然而也有少数宽阔的商业通衢，例如槐花盛开的莫里森大街（王府井大街）和哈德门大街（崇文门大街）。由于缺少木材，房屋通常是用抹泥的篱笆或青砖建造的。

与此同时，与小方关系非常好的姐夫张孝通，带着一家已经从上海迁往

小方与姐夫张孝通（右）

重庆。方淑敏给北平家中的亲人寄了一张全家福，他们已经有了三个孩子，生活幸福，1943 年 10 月 10 日拍照时，最小的孩子张在瑜九个月，照片上还有他的两个姐姐，张在娥和张在琪。

1934 年，父亲（王思华）因向当时共产党员绰号称“季大鼻子”的提供关于教育界的情报（父亲当时任过教育部督学），以后“季大鼻子”即被捕叛变，父亲受到牵连而被捕。在狱中他立场坚定，毫不动摇，后经地下党营救，并通过北大校长徐诵明和中法大学校长李麟玉保释出狱，在狱中约 20 天。出狱后，他曾和润诗母亲及姨父韩幼林到温泉休养。当时我在温泉中学上学，他们到学校来看我。我陪他到温泉疗养院住了一夜。翌日返回学校。在温泉休息的日子里，我见他精神正常，谈笑自如，和平时一样，看不出是从狱中出来的样子。（王瑞平《纪念我的父亲王思华》）

方淑敏、张孝通一家在重庆（张在娥供图）

这一年春天，中法大学在校本科生有 183 名，自 1926 年至 1933 年底，历届本科生已经有 107 人步入社会。此时的中法大学，思想活跃进步，教学理念超前，社会实践丰富，在北平高校中独树一帜。

在王思华的学生中，还有一个叫高云晖的人，也是反帝大同盟的成员，曾任湖北省文史馆副馆长。我在搜寻中法大学史料时有一个重要的收获，就是无意中见到了他的一篇文章，题目是《回忆农苔在中法大学和抗战初期》。文章中，他详细介绍了同学夏农苔的事迹和中法大学的往事，其中，就有几段提到方大曾。这些内容之前并未见到过，就连方澄敏也未曾提起，新的发现，对小方大学期间的生活多了一层了解，也明晰了他比其他同学晚毕业一年的原因。

一天，教师范文澜、王慎明、阮慕韩和同学方德曾分别被国民党省

范文澜在中法大学（小方摄）

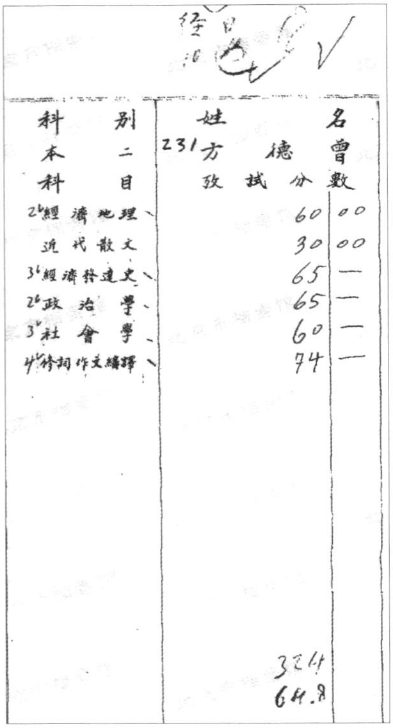

科别	姓名
本二	231 方德曾
科目	致试分数
26經濟地理	60 00
近代散文	30 00
36經濟發達史	65 —
26政治學	65 —
3社會學	60 —
4修詞作文編譯	74 —
	324
	64.8

小方在大学时期的成绩单（北京市档案馆提供）

小方和同学夏农苔（中）、曹承宪（右一）等在门头沟

党部逮捕去了，过了好几天，他们才都被校方营救保释出来。方德曾是经济系学生，原本高一年级，此后被校方降了一级，于是和农苔同班。（我和吴子牧前一年已被降了一级，于是比农苔低了一班）。方德曾（我们都叫他小方）出狱以后，我曾问他为什么被逮捕？他说是为了“互济会”的事。（高云晖《回忆农苔在中法大学和抗战初期》）

当时在中法大学教书的范文澜先生，后来在《从烦恼到快乐》中写道，我跑到北京教书多年，接触青年学生不少。“使我愤怒的经验告诉我这样一个规律，凡是学业最好品行最好的青年，十之八九是要开除逃亡被捕坐牢受刑失踪打靶的。”

在降一级的班里，方大曾相识了夏农苔，一个身材不高、戴着圆眼镜、略显消瘦的湖北人。夏农苔长小方一岁，1926 年从武昌到北平上学，最先上的是一个天主教堂办的“法文专科学校”。教堂在宣武门内，是一座规模很大的古老建筑，人们习惯称之为“南堂”。学校主要教授法文，也教一点古文。1928 年暑假，夏农苔考入北平中法大学“补习班”，所谓“补习班”，是中法大学为了招收没有初中毕业文凭和未学过法文的学生而设立的。

据同学回忆，夏农苔热衷钻研社会科学理论，思想逐步表现出明显的左倾，开始接受马克思主义的革命理论。又由于他爱好文艺，这年冬天，他和同班同学陈廷瓒办了一个文艺刊物，除刊登一些文艺创作外，还进行一些文艺理论的讨论。他是主张和赞成“普罗文学”（无产阶级文学）的，与同学孙以坚的“民族主义文学”主张，曾有针锋相对的辩论。

在《中法大学月刊》上，与夏农苔和小方同班的孙以坚，多次发表经济学方面的文章，《从产业合理化到“战后经济没落”的复活》（1932 年第 5 期）、

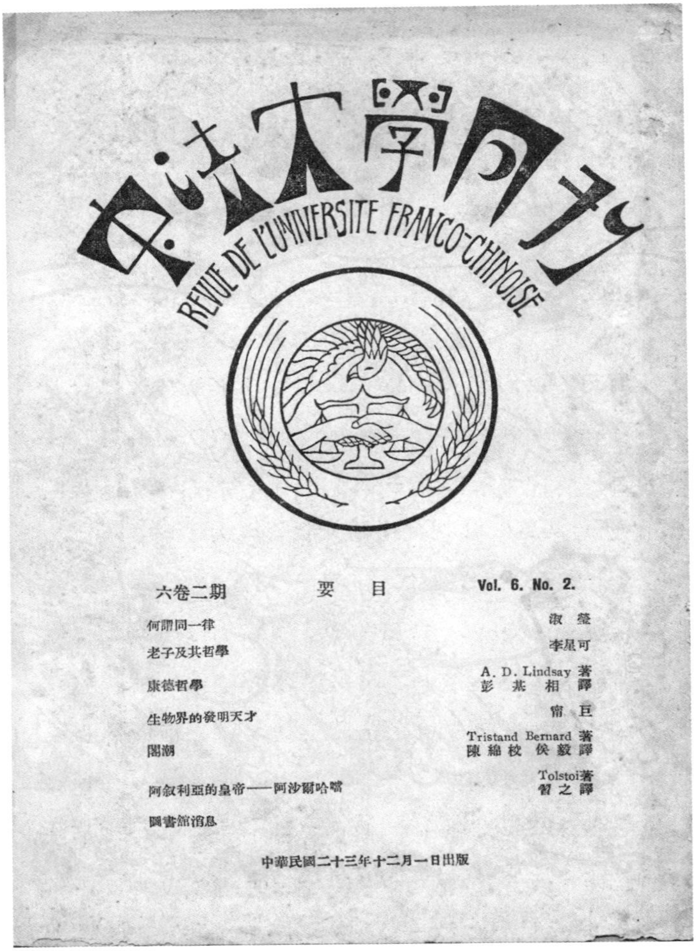
中法大學月刊

REVUE DE L'UNIVERSITE FRANCO-CHINOISE

六卷二期	要　目	Vol. 6. No. 2.
何謂同一律		淑瑩
老子及其哲學		李星可
康德哲學		A. D. Lindsay 著 彭基相 譯
生物界的發明天才		甯巨
閤潮		Tristand Bernard 著 陳綿校 侯毅譯
阿叙利亞的皇帝——阿沙爾哈噹		Tolstoi著 智之譯
圖書館消息		

中華民國二十三年十二月一日出版

《中法大学月刊》中西贯通、兼容并包

《中国近年对外贸易入超激增至研究》（1933 年第 3—4 期）、《中国农业金融之现阶段》（1933 年第 4—5 期），是目前能够检索到他们同学中唯一与经济学专业有关的著述。

与方大曾同时考入经济学系的阎逊初，毕业后留学法国，获得生物学博士学位，后来成为我国放线菌分类工程的奠基人，还当选了中国科学院院士。

20 世纪 30 年代中期的北平，对于青年学生来说，是民主和自由的城，各

光与影，小方大学时期的自拍照

种思潮此起彼伏，新鲜事物不断涌现。东城因为离外国使馆区最近，所以洋东西多集中在这里，连南纸铺也变成了洋纸行，面包房、鲜花店、电影院一应俱全，还设有跳舞厅，而在其他地方是找不到的，中法大学正是处在这个洋味充斥的地方，学生时尚，教师洋派。

范长江在重庆时写过一篇有关小方的文章，发表之后，别人带给我了。他提到了一个哥哥的女朋友，向他打听小方的下落，他所说的这个人，姓曾，是我的同学，我们都是一个支部的，跟哥哥也熟，常上我家来，其实也没有过深的交往。（方澄敏的回忆）

在方澄敏的遗物中，有一封这位曾姓同学写给她的信，里面还提到小方的母亲方朱理，在他们大学期间营救过进步青年。

澄敏：

时光飞逝，我们在北京市女一中同度青年时代，同参加革命组织，同赴患难，猛回首已是半个多世纪了，但若干惊心动魄的往事，还历历如在目前，记得是1931年“九一八”事变后，女一中同学邹德馨等被捕入狱，继云、雷哲（四姐的爱人）及冉琴舫等人亦先后被捕，禁闭在“南京中央军人监狱”，这时似竹四姐也常为特务追捕，特别在她生了小孩之后，处境更加困难，在这危急存亡的时刻，得你急中生计，面向方伯母商议，假托四姐是你的亲姐姐，因生产回娘家照料为理由在你家隐藏下去，这样才把似竹四姐的处境转危为安。

似竹四姐是在艰苦时代过来的共产党员，虽然她在1980年因病去世，但她的子女每提到似竹在北京困境中被老一辈掩护的情景均潸然泪下，深感方老祖母和方女士的深情厚意，似竹有五个孩子，四女一男，均是大学毕业后就参加了工作，都说将来有到北京的机会，定来协和胡同拜见方姐姐。

你的老同学老战友　曾淑德

1987年6月10日

在接受访问时方澄敏说：“我父亲根本不管家的事，只管自己的事。我母亲是个开明的老太太，北平人，毛主席的五卷著作，她看过四卷。她自学过中医，邻居都知道她会开药方，有了小病都找她，也没挂过牌，没参加过工作。后来解放以后，招医生，她去考了，当时都七十了，初试考过了，人家看药方也开得不错，就是年纪太大了，复试就没取上。她还挺生气的，因为她特别爱好医学。”

其实很多女孩子都很喜欢小方，经常一起出去旅行，他喜欢玩儿，她们就愿意跟着，也可能是因为他太穷了，所以也没听说谁跟他有进一

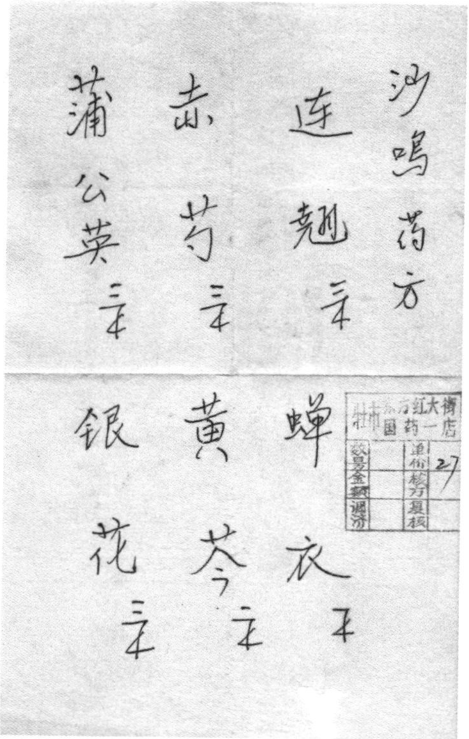

沙鸣药方

连翘

赤芍

蒲公英

蝉衣

黄芩

银花

小方母亲方朱理开具的药方（张在娥提供）

小方（右一）和友人游览颐和园

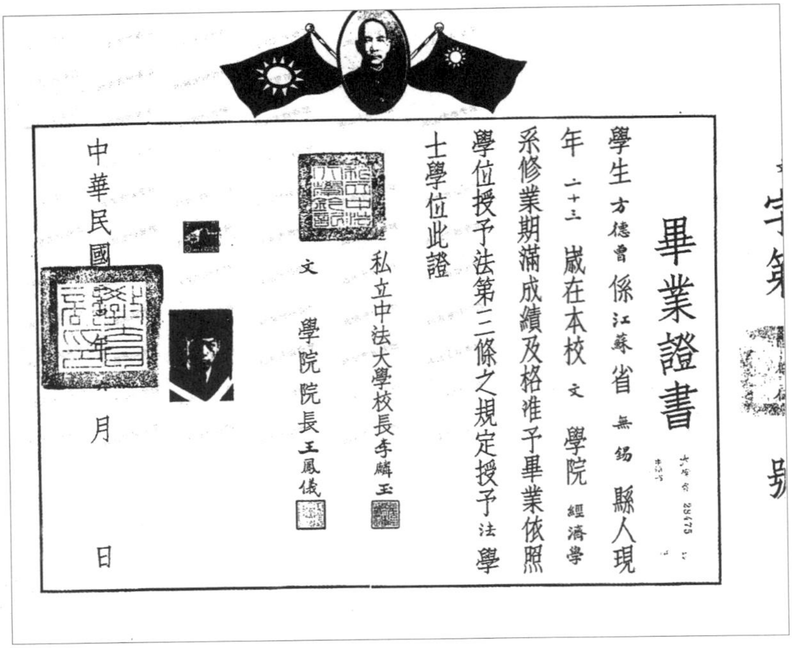
畢業證書
學生方德曾係江蘇省無錫縣人現
年二十三歲在本校文學院經濟學
系修業期滿成績及格准予畢業依照
學位授予法第三條之規定授予法學
士學位此證
私立中法大學校長李麟玉
文學院院長王鳳儀
中華民國 年 月 日

小方的大学毕业证书（北京市档案馆提供）

步的往来。那些人都是家境比较好的，清华大学教授、物理学家萨本栋的小姨子（黄淑清，小方中法大学的同学，体育健将黄淑慎的妹妹），齐如山的侄女齐伦，不是有张照片吗，她在水边拿一把花儿，我也在上头，还有姓陈的，陈同惠（音），都经常一起出去玩儿。其实，哥哥当时也没那个心思，没见着他追求哪一个女同学什么的，就是关系都挺好的，大家思想都挺进步。解放以后，她们中的好多人，都来家里问小方回来了吗？有的人听说小方没回来，慢慢地也就不来了。（陈申访问方澄敏）

在《中法大学毕业生名录》中记载，1935 年中法大学文学院经济学系有十人毕业，他们是：方德曾，男，江苏无锡；李光倜，男，四川合川；李训民，男，河北献县；陈献能，男，广东琼山；孙以坚，男，上海；夏隆台（农苔），男，湖北武昌；曹承宪，男，河南固始；黄淑清，女，湖南沅陵；欧阳诚，男，广东中山；魏荣章，男，天津。

原中法大学正门（冯雪松摄）

秋天里的中法大学旧址，灰墙和碧瓦与蓝天相映，静默不言中，往事历历，陈如老酒，观则清澈，品则温厚。

岁月流长，今是昨非。方大曾毕业十五年后的夏天，中法大学奉命与解放区迁来的华北大学工学院合并，除保留校部及文书档案，各院系分别作了转学安置，经济学系被划归南开大学，从创办到结束，存在了三十年的中法大学就此落幕。

四　光明行

方德曾是共青团的活动分子，他时常向我输送一些《红色中华》、英文《苏联建设》画报和海参崴、巴黎出版的一些革命书刊。还给我介绍东安市场的丹桂商场一家旧书店的老板，从那里可以秘密地买到翻印的一些党内书刊，如《中国大革命史》、《肃反》等。

——高云晖

《回忆农苔在中法大学和抗战初期》

古洞左上角石壁留有小方的字迹

京西，千灵山，观音古洞，因洞前曾有“观音庵”故得名。据说观音洞是灵山一带诸洞中最大、最深的一个洞窟，又名“太古化阳洞”，相传是庞涓修习武艺的居所，乃天然形成。后经数代人改造为佛教洞窟，正中间供观音菩萨，洞口往里深不可测，相传与永定河相通，当地人也称其为无底洞，洞内形态自然，颇有古意。明代《长安客话》还记载了一个故事：说有人怀疑这个洞是不是真的通向永定河，向洞内扔瓦砾，结果听不到落地的声音，还有人往洞中放了一条狗去检验，结果这条狗真的从永定河出来了。

在方大曾留下的照片里，有一张既非风光人物，也非新闻事件，观者往往泛泛浏览，并不在意。照片上除有“大慈大悲观音古洞”的匾额外，并无特别，像是一张普通的留念，从环境地貌比对分析，地点就是千灵山观音洞。在读图阶段，我并不理解他为什么要拍这样一张片子，出于好奇，把它扩放到电脑屏幕的最大，仔细揣摩，竟发现在匾额左上方的石头上，依稀有“小芳 1931.7.7”的字样，余者小字不清晰。方澄敏说过，哥哥原名方德曾，后改为方大曾，笔名原来是小芳，后改为小方，无疑，大学一年级暑期的这一天，他曾到此一游，巧合的是，六年后的这一天，卢沟桥事变发生了，而小方的命运也因此改变。

东单距此三十多公里，小方或步行或骑自行车，遍游京郊的山山水水，千灵山威名远播，自然要排在必到之处。如今，观音洞的石匾早已不知去向，洞口外观似乎并无多大改变，八十年，对人来说是一生，对自然来说是一瞬。光线从洞外面照射而来，明亮耀目，菩萨微微含笑面容安详。寂静掩盖了时空的遥远，在时间的那一端，小方面庞青春，目光清澈，相机快门的响动清脆而来，在洞中回响，眼前的景物刹那间黑白定格，成为我们手中今天的历史。令人疑惑的是，洞口上方的石壁，光滑陡峭，若无攀附物体难以触碰，小方又是如何将字迹留在那里，而且从容不迫？

观音像后面，阳光已经照射不到，一扇类似屏风的墙竖立着，侧面还有一道一人多高的门，门后面就是“无底洞”的入口。怕游人乱闯发生意外，景区还安装了铁门并上了锁。据当地村民说，无底洞到底通向哪儿，至今还没有找到答案。至于小方当年是否曾经进洞“冒险”不得而知，想必爱冒险的他是会探个究竟的。

有一点可以肯定，方大曾远足的目的并不是单纯的游山玩水，从他留下的照片和通讯看得出，他对山川河流一草一木都有着情感投入，对于家国民生前途命运深切关注，否则，他对景物的选材就不会透射出赞美，他对人物的拍摄就不会显示出平等。如果说小方和同时代的摄影者相比较风格迥异，或许是因为，他的镜头取舍更多是以情怀为标尺的。行走中，他感到惊讶和愤懑的是底层劳动者在自己国度里的悲惨命运，思考中，他感到屈辱和愤怒的是日本侵略者在别人土地上的耀武扬威。从校园到社会，就是在这样的行

旅行途中的小方（右）

走和思考中，方大曾渐渐成长为一个具有使命感的进步青年。

方德曾是共青团的活动分子，他时常向我输送一些《红色中华》、英文《苏联建设》画报和海参崴、巴黎出版的一些革命书刊。还给我介绍东安市场的丹桂商场一家旧书店的老板，从那里可以秘密地买到翻印的一些党内书刊，如《中国大革命史》、《肃反》等。（高云晖《回忆农苔在中法大学和抗战初期》）

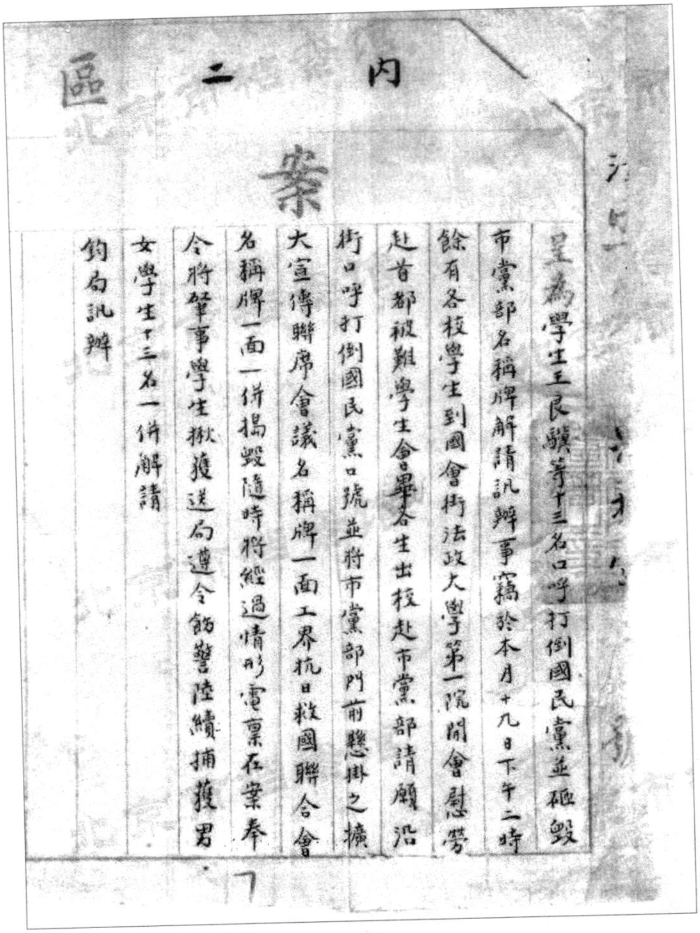
內二區

案

呈為學生王良驥等十三名口呼打倒國民黨並砸毀
市黨部名稱牌解請訊辦事竊於本月十九日下午二時
餘有各校學生到國會街法政大學第一院開會慰勞
赴首都被難學生會畢各生出校赴市黨部請願沿
街口呼打倒國民黨口號並將市黨部門前懸掛之擴
大宣傳聯席會議名稱牌一面工界抗日救國聯合會
名稱牌一面一併搗毀隨時將經過情形電稟在案奉
令將肇事學生揪獲送局遵令飭警陸續捕獲男
女學生十三名一併解請
鈞局訊辦

方大曾被捕案卷（北京市档案馆提供）

在近期资料查找过程中，有一段小方不为人知的被捕经历浮出水面。在北京市档案馆目录数据库，有关中法大学的五百份卷宗里，一份 1932 年 1 月 19 日北平市警察局内二区的案卷引起我注意，内容是“解送中法大学王良骥、方德曾等十三人游行被捕案”，事由记录大意为“当日下午，青年学生集会后赴市党部抗日请愿，沿街高呼‘打倒国民党’等口号，并捣毁数面牌匾，奉令将肇事学生揪获送局，记男女生十三名”。

案卷内有小方亲笔书写的事情经过，全文如下：

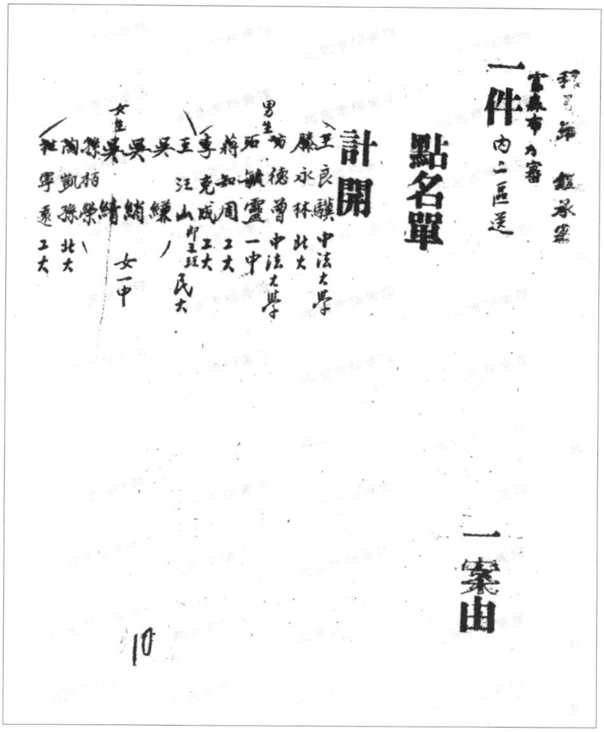

點名單

計開

王良驥 中法大學
滕永林 北大
方德曾 中法大學
石鐵靈 一中
蔣知周 工大
李克成 工大
王汪山 即王班 民大
吳纓
吳鮹
吳績 女一中
孫榮
陶凱孫 北大
杜寧遠 工大

一案由

10

被捕人员名单（北京市档案馆提供）

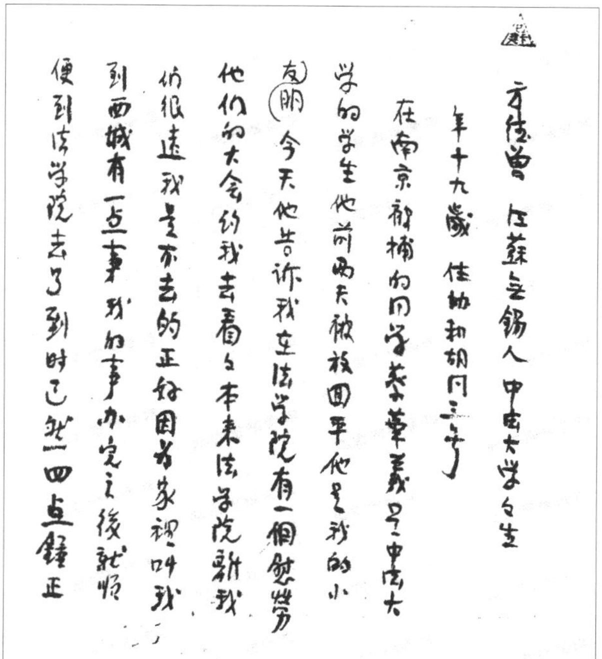

方德曾 江蘇無錫人 中法大学学生 年十九歲 住协和胡同三号

在南京被捕的同学蔡華義是中法大学的学生他前两天被校回平他是我的小朋友 今天他告诉我在法学院有一個慰劳他们的大会约我去看看本来法学院離我们很远我是不去的正好因為家裡叫我到西城有一点事我的事办完之後就順便到法学院去了到时已然四点鐘正

小方手书的事情经过（北京市档案馆提供）

方德曾，江苏无锡人，中法大学学生，年十九岁，住协和胡同三号。

在南京被捕的同学蔡华义，是中法大学的学生，他前两天被放回平。他是我的小朋友，今天他告诉我，在法学院有一个慰劳他们的大会，约我去看看。本来法学院离我们很远，我是（想）不去的，正好因为家里叫我到西城有一点事。我的事办完之后，就顺便到法学院去了，到时已然四点钟，正是他们要出发游行，我就尾随着跟去了，我因为将病好，什么口号也没有叫。等他们到市党部去请愿，我也跟着去看热闹。后来，他们把大门关上，好些个人就将市党部的牌子打下来了，打了之后就都跑了。我也不知道为什么要跑，所以我等在门口，看看究竟是怎么回事再说。哪知道，不一会儿大门开开，一大堆警察追了出来，怕得我往西就跑，因为将病好，脚还不很得力，被三四个人给捕了去。一到市党部里，看见还有我们的同学王良骥也在那里，他叫我不要怕，我问他看见有我们学校的同学没有？他说他也没有看见。我真后悔不应该来，义勇军的军帽也丢了，我们每天还要练操呢！

方德曾民国二十一年一月十九日

显然，这份《事情的经过》是打了“埋伏”的，“避重就轻”地把一个精心策划有意为之的行动，描述成了一个临时起意无辜被捕的偶然事件，足见小方的沉稳和机智。一句“我问他看见有我们学校的同学没有？”把他的心思表露无遗，少年老成，巧妙迂回，对抗日义勇军的身份“轻描淡写”，如此“经过”居然瞒过了警局，不久，他们被告诫一番后，未再深究，被北平抗日团体保释出来，由此看来小方走上救亡道路并不是偶然的。

哥哥的朋友里，从始至终来往的，就是李续刚（原共青团北平市委

小方自拍照

书记，解放后任北京市人民委员会副秘书长），是我们最老的朋友，他十四岁就参加革命了，是地下党员，后来学校开除了他，小方跑去拍开除李续刚的布告，人家不让照，他就照，最后被警察给带走了，关了半天，家里不知道，哥哥回来也没说。他和李的关系一直很好，后来还是李续刚告诉我们的。

方殷被捕那次，也很危险，小方跑到他的住所，赶在警察去之前把东西都收走了，万一遇到特务呢，不就一块儿抓起来了？像这样的事他

回来都不说，这件事是我从方殷的文章中了解到的。（陈申访问方澄敏）

下午的档案馆里没有几个人，或许是临近春节了，座椅大部分是空的，有些冷清，不远处一个工作人员修着电脑，不情愿地嘴里叨咕着，十年的破机器早该换换了，他是自己在跟自己说话，看着有些想笑。等待调卷阅览的时候，我又检索了一遍中法大学的卷宗目录，每页二十条，一共二十五页，总计三十年的学校发展史全都浓缩在这里，翻来覆去，再也找不见小方的信息了。一些与他相关同学老师的名字偶然闪现，黄淑清的毕业证没有领取，夏农苔的选修课成绩不错，王思明被聘为教授的时候，范文澜还只是一个讲师。方大曾在校期间，教育部令中法大学改为“国立”遭拒，遂被撤销社会科学院，改称为文学分院，学校兴建理学院居礼楼，成立化学工厂，扩充铁工厂，扩充温泉疗养院。此时，华北局势开始严重恶化。

1933年的春季，中法大学学生会成立，目的是为保障学生的民主权利、改善学习条件进行斗争。大家选举数学系同学王志民为学生会主席，农苔也是学生会主要干部之一。学生会出版了《学生会会报》，每周一期，作为学生的喉舌，非常受同学们的欢迎。

暑假中，小方和我编写了一份学习研究社会科学理论的讨论提纲，内分哲学、政治经济学和社会主义三个部分。他弄了一架油印机，到我家里刻印了许多份，于是我们就组织了一个“读书会”，参加的人记得有王志民、曹承宪，北大的同学钱昌诶，春明女中的毛掬等人。每两个星期到我家中讨论一次，因为那时我家的房子多，而人又很少，非常空旷方便。大家讨论非常激烈，一谈就是半天，农苔虽未参加这个“读书会”，

小方（右中）与经常往来的进步同学

但他和曹承宪同班上课，同住一个公寓，关系非常密切，因此“读书会”的一些情况，他都了解，和参加了一样。（高云晖《回忆农苔在中法大学和抗战初期》）

1933年4月22日，在北平的《晨报》上刊登了一篇李大钊先生出殡的讣告，这是他被杀害的第六年，之前灵柩一直寄厝在宣武门外长椿寺内。讣告是以李大钊先生之女李星华的名义发布的，当时她是中法大学孔德学院的学生。

见识广博、为人忠厚、深受爱戴的李大钊是著名的共产党领袖，蒋梦麟、沈尹默等北大十三位教授伸出援手，为他发起公葬，每人捐款20元，另外，北大教授李四光、郑天挺每人捐 10 元，马寅初等每人捐 20 元，梁漱溟等每人捐 50 元。外地故友鲁迅捐 50 元，戴季陶捐 100 元，陈公博捐 300 元，汪精卫捐 1000 元。

葬礼的前两天，北平党组织负责同志找到法学院的进步学生李时雨，指示他组织好李大钊同志的殡仪活动，特别是护卫好灵柩安全地送到万安公墓。李时雨出生于黑龙江巴彦，1931 年在国立北平法政大学读书时加入中国共产党。1934 年，打入东北军潜入西安"剿总"第四处，任中尉办事员。1936 年后潜入天津，在中共北方局社会部领导下，以天津高等法院检察官的身份从事地下工作。

经一位姓乔的乡亲引见，李时雨见到了李大钊的夫人赵纫兰，介绍时，说他是李氏家族中的晚辈，特意前来送葬，帮助做些事情。他们商定好，送葬时，李时雨头戴白色孝帽，专扶李大钊十几岁的小儿子，紧跟灵柩，不离寸步。这既是防备军警驱逐的措施，免得他像一般群众那样被驱散，同时也考虑到，万一他被捕，也可以说是李大钊的远房亲属，比较容易脱险。

1933 年 4 月 23 日清晨，李大钊的葬礼在他牺牲六年后才得以举行。这天，长椿寺前殿里设了灵堂，中间挂一横幅，前后左右悬挂了许多挽联，两旁摆放了大量花圈。奏哀乐、读祭文之后，群众唱起了《国际歌》，气氛十分悲壮肃穆。

在方澄敏的遗物中，保存着一张用照片翻拍的底片，是方大曾的朋友在新中国成立以后转送来的，据称是方大曾拍摄的李大钊先生的出殡队伍。照片上，前面的几个人身披重孝，相互搀扶，缓步在市井当中，似是向摄影者的方向投来一瞥，在街边和酒肆上有人驻足观望。扶持孝子的那个人就是李

李大钊殡仪照，友人几经辗转交付方澄敏

某某（即李时雨），方澄敏对此印象深刻并留下了文字记录。

礼毕起灵，覆盖着绣有蓝色花朵棺罩的烈士灵柩，在群众的簇拥下，缓缓地被抬出长椿寺。李时雨扶着李大钊的小儿子，同李夫人及其亲属紧随灵柩一起走，后面跟随着数百名送葬的群众。大家胸戴白花，臂缠黑纱，一些同志抬着李大钊的画像，扛着花圈、挽联和挽词，边走边向路边行人撒传单并高呼口号。

从掌握的信息来看，小方有多种可能参加了这次葬礼，和他关系比较密切的老师王思华（慎明），曾受到李大钊的启蒙，又是同乡，或许两个人一道前往。其次，这次行动是红色互济会出面组织的，方大曾曾因参与互济会的事被捕。再者，李星华是小方中法大学的校友，获得消息应该更为直接。

我们戴孝打白幡的儿女们，走在棺材前面引路。母亲和亲友们，坐在结着蓝布白花的马车里，跟在棺材的后面缓缓前进。

送殡的群众越聚越多，人群拥满马路，汽车、电车以及各种车辆全都断绝了往来。沿街两旁商店的小楼上也站满了人，有人还用照相机在拍照。（李星华《我的父亲李大钊》）

送葬队伍最前面是用白纸黑字写的一副巨大挽联，上联是“为革命而奋斗，为革命而牺牲，死固无恨”，下联是“在压迫下生活，在压迫下呻吟，生者何堪”，横批是“李大钊先烈精神不死”！灵柩抬过宣武门后，送葬群众已增至千余人，到西单时，只见不少群众在路旁摆出了祭桌。

这时，宣读祭文声、燃放鞭炮声以及呼喊口号声连成一片，震撼着半个北平城。行至西单北大街时，李时雨回头往南一瞥，只见人山人海，望不到边。

有资料显示，队伍行至甘石桥，有人把早已准备好的绣有镰刀斧头的红旗，覆盖在李大钊的灵柩上。反动军警立刻从四面八方冲击送葬的群众，踢翻了祭桌，殴打朗诵祭文的人，用枪托子打散送葬的群众，逮捕了几十人。李时雨始终扶着李大钊的小儿子和亲属们坚持把灵柩护送到万安公墓。

据北京研究李大钊生平事迹的专家介绍，先生的葬礼在当年的报纸上多有记载，但从没有配发图片。那么，方澄敏留下的这张照片会不会又是一个新的发现？

这年冬天，在清华校园，有学生组织“现代座谈会”公开招收会员，刚刚考入清华，比方大曾小一岁的毛掬，又名凌云，是这个组织的常委，她以“学术活动”的名义动员韦君宜参加，学习《辩证唯物论教程》等书籍。不久，清华发生了静斋逮捕革命学生的事件，毛掬被列入逮捕名单，由于大家的掩护得以脱身。随后，仅成立半年的“现代座谈会”被迫解散。这段短短的经历，使韦君宜的学习和思想发生了很大的变化。她回忆这段时间自己的思想时写道：“我这个刚刚摸见一点点新世界影子的头脑里，实际还是模糊一片，真感到无路可走，苦闷得要死。”

出于无奈，小方参与组织的“读书会”成员毛掬远走日本，在《中共东京支部》一书留东妇女会简况部分，有关于她在日本的一些活动情况。建国后，她曾任国家统计局副司长。

与此同时，家境富足的阮慕韩带着一家彻底告别了地主家庭，在北平定居下来，担任中法大学、法商学院和天津法商学院三个学校的教职，一面维持家庭生活，一面以大学教授的公开身份为掩护，从事党的地下工作。

1934年，国民党宪兵团进驻北平，镇压并搜捕中国共产党及进步爱国人士，当时在中法大学任教的我父亲及进步同学方德曾突然被捕，这时我母亲正在医院生我二弟崇德，家里我们一群孩子，父亲突然失踪不知被带往何处，我母亲立即匆匆出院奔走，姨母及舅舅也来帮着料理，一家人非常焦急。就在这困难时候，我父亲的多位老朋友出面奔走，特别是中法大学李麟玉校长多方设法营救，最后得以出狱。由于我父亲在

小方（高坐者）与进步教师往来密切

狱中并未暴露他的政治面目，出狱后继续参加革命活动，李校长也留他返校继续任教。（阮崇武、阮若珊、阮若琳《感激与祝贺》）

关于这次意外被捕，同为方大曾中法大学老师的张友渔，在其回忆录中对事情的经过有过更为清晰的描述。

慕韩同志是我的老战友，1933 年，我认识他于北平。当时我在党的北平市特科系统做上层统战工作和文化运动。党组织让我同慕韩同志和王右铭同志（即王思华）组成一个核心小组进行工作，我担任组长。我们每星期在我家里碰头一两次，传达党的指示，讨论问题，布置工作。

有时需要开人比较多一点的会，因我只租住一间房子，并且是同房东住在一个院里，为了避免惹人注意，常在慕韩同志家里开会。慕韩同志住在自己的一所院子里，并且有客厅，开会很方便。慕韩同志是大地主家庭出身的知识分子，那时他的职业是大学教授。

1934年，因为他同我一道工作的关系被捕。那时，我的公开身份是《世界日报》总主笔，北平大学法商学院、中国大学、民国大学等校教授，作为进步文化人同反动派进行斗争。由于市委特科同我联系的一个交通员被捕叛变，供出了我。于是宪兵第三团副团长丁昌亲自率领宪兵、特务、警察数十人，在一个夜里包围我家来捕我，可巧我接受党组织的临时任务去山西太原做阎锡山的统战工作。我向报馆请假三天，当天下晚班后，没有回家，直接去火车站乘车赴山西了，他们扑了个空。但他们并不甘心，留下数人在我家“蹲坑”。过几天，慕韩同志去我家找我，经“蹲坑”的特务盘问后，报告他们的上级，到慕韩同志家中逮捕了他。在狱中，他始终没有暴露自己共产党员身份。通过在狱外的社会关系营救出狱后，他积极找到组织，同南汉宸同志接上头，继续为党工作，曾积极领导“一二·九”学生运动。（《张友渔回忆录》）

当时客居北平的海伦·斯诺在《我在中国的岁月》一书中写道：“一九三四年一年期间，仅华北就有三百多名大学生、教授和知识分子被捕，处决人数不详。”进步、爱国的青年学生方大曾就是身陷囹圄的一员。

小方几乎从未和家人谈起过在外面的事情，大学以后，他就不再向家里要钱，用自己的稿费支付生活学习用度。父亲方振东不大管他，也不干涉他的任何行为，平淡和睦的父子关系，似乎给了方大曾更多思想的空间和行动

小方具有独立精神和独立人格

的自由。母亲方朱理总是觉得他胆子太大，爱冒险，不时地提醒儿子遇事要小心，但并不阻碍他做事和交友，而且还默许支持着他的喜好，比如旅行和摄影。这样一种开明的家风，培养了小方为人忠厚仗义、处事周全大气的品格。

他的朋友很多，老师、同学、亲属，还有摄影圈里的熟人，大家喜欢他的不仅是宽容随和的性格，更是热忱正气、乐于助人的品行。方大曾的家里人来人往，像一个客栈，在协和胡同10号前后两个院落里，方澄敏经常见到哥哥带来的或是来找哥哥的人，南来北往的，有时甚至还住上几天，当时她

小方（右一）与友人

并不清楚这些人的身份和来历，后来才渐渐清楚他们都是进步的。她知道，比哥哥小两岁的李声簧是中共一大代表李汉俊的儿子，父亲遇难时，他十四岁，由伯父李书城管养，而召开“一大”的上海望志路106号，当时的法租界贝勒路30号，正是李书城的家。后来，李声簧到燕京大学学习，遂与小方有了交往，1929年5月他加入了共产党。还有夏尚志，九一八事变后，他与阎宝航等人在北平共同发起了“东北民众抗日救国会”，后被中共满洲省委派往黑龙江巴彦游击队工作，1932年7月入党，新中国成立后任国家轻工业部副部级干部。还有毕业于法学院的丹东人王兴让，曾担任过共青团北平市委宣传部长，新中国成立后担任过商业部副部长。还有通过党的外围组织“社会科学研究会”团结青年学生的王经方和后来成为上海财经大学教授的汪鸿鼎。

多年之后，这些面孔仍然经常浮现在方澄敏的眼前，奇怪的是，他们的音容笑貌并没有因为时间的久远而模糊，反倒更加清晰和亲切，她甚至梦见过，朋友们重聚协和胡同的老宅，说啊笑的，彼此寒暄，只是缺少了哥哥。

在北京圆明园西南面的九州清晏遗址，有一座烈士墓，墓园占地不大，正中修筑一米多高的石砌圆形台基，通高九米的六面体大理石墓碑正南面镌刻着“三一八烈士公墓”几个大字。从正南面开始，自右而左，镌刻北平市长何其巩所写的《三一八烈士墓表》和三十九位烈士的姓名、年龄、籍贯、所在单位和职业等。墓碑四周有二十八位烈士的坟茔，其余烈士葬于别处。

方大曾留有一张照片，即自拍于此，我见过这张片子的小样，他笔直站立目视远方，双手背在身后，远远望去，似是一尊威严的雕像，左侧的“三一八烈士公墓”坚实独立，仰角拍摄更加突出了它的崇高。可能是出于喜爱，小方多次带着这一张作品和另一张《又是一座长城》参加摄影展，当时的艺评人秋尘撰文赞誉，方大曾“取材大众生活”的摄影方向和创作特色，是个有“时代思想”和“深刻”洞察力的摄影新秀。《三一八公墓》，墓旁立一青年昂首开天，有不尽之意。《又是一座长城》，则系群众运动游行之留影，令人生无限感慨！

不久前，张印泉写于1963年的近两万字手稿《四十年来从事摄影的回忆》被发现，内容涉及他1919年至1962年期间的人生经历和摄影活动。文中提到：在1937年6月24日举办的“北平摄影联合展览会”期间，有一位名叫“小方”的作者，是一位二十岁左右的青年，送来的作品都很进步。

> 1937年初夏，刘旭沧从上海到北京，银光社（当时北京青年会系统的摄影团体）约我们开一次座谈会，在会上决定举办一次南北摄影家联合影展，定名叫“北平第一届摄影联合展览会”，发起人有叶浅予、刘旭沧、

小方在“三一八烈士公墓”前

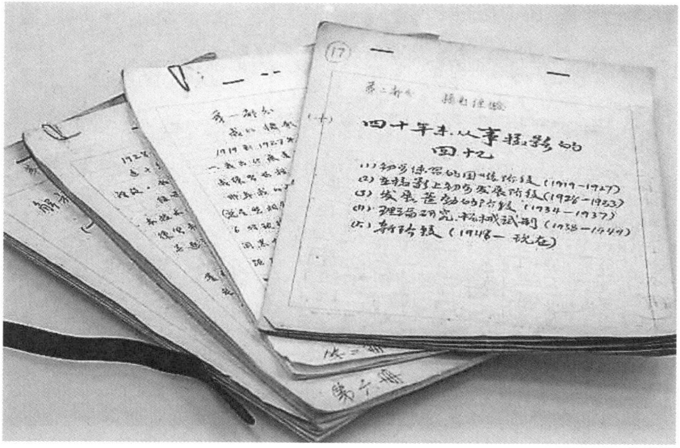

未发表的张印泉手稿中有关于小方的记述

船工（小方摄）

蒋汉澄、魏守忠、舒又谦和我等 11 人。这次影展于 1937 年 6 月 24 日在东城青年会二楼展出，共有二十多人的一百二十多幅作品。我的作品展出了十五张，有《力挽狂澜》《劳作》和一些农村及山景。

这次影展中有一位署名叫“小方”的作者，他是一个二十岁左右的青年，送来的作品都很进步，题材内容都是表现下层劳动的，如《塞北风云》《联合战线》《地下锻炼》《这是我的武装》《保卫内蒙古》《任重致远》《齐步前进》《吃白面的不是扛面的人》等。在国难严重时期，像这样反映现实、具有鲜明的思想性、对观众能起些激刺和振奋的作品，实在如凤毛麟角。即使在表现技巧上尚不够纯熟，但在当时的意义上则很有价值，所以给我的印象非常深刻。我曾认为，他是一位杰出的摄影创作者。可惜此人早就故去了，实令人追念不止。（张印泉《四十年来从事摄影的回忆》）

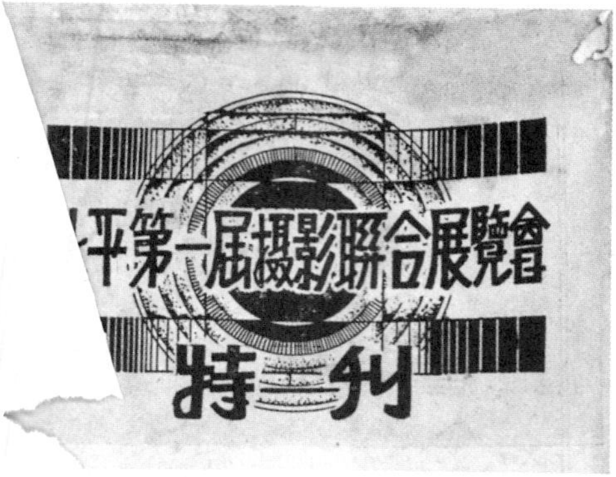

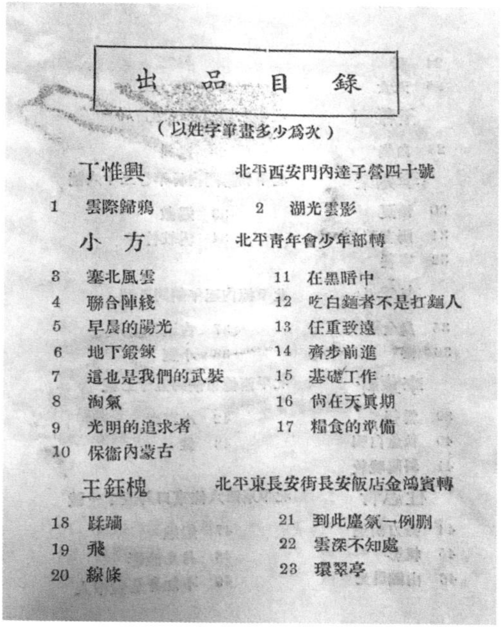

出品目錄

（以姓字筆畫多少爲次）

丁惟興　北平西安門內達子營四十號

1 雲際歸鴉　2 湖光雲影

小方　北平青年會少年部轉

3 塞北風雲　11 在黑暗中
4 聯合陣綫　12 吃白麵者不是打麵人
5 早晨的陽光　13 任重致遠
6 地下鍛鍊　14 齊步前進
7 這也是我們的武裝　15 基礎工作
8 淘氣　16 尙在天眞期
9 光明的追求者　17 糧食的準備
10 保衞內蒙古

王鈺槐　北平東長安街長安飯店金鴻賓轉

18 蹊蹺　21 到此塵氣一例删
19 飛　22 雲深不知處
20 線條　23 環翠亭

加北平第一届摄影展作品目录

安营（小方摄）

营地座谈（小方摄）

小方既是露营活动的组织者，也是观察者和报道者，他们的日常生活是早晨四点半起床，先有早操，升旗等，然后举行自然科学军事学及政治问题等座谈会，或者演讲会，约请北平市的名人莅营主讲，如二十九军何基沣旅长、南开大学教授罗隆基等。下午大半时间是军事演习，着重夜间游击战术。此外每晚必有检讨会，以检讨一日的得失。

眼前的景象，令小方兴奋和欣喜，也引发他的思考。国内国难当头，广泛发动民众，一致对外才是出路。“当我们看到河南山东的二十万农民被诱出关以及海河浮尸等，我们就得自问：难道我们就没有法子预先防止吗？日本人也常说：学生运动并不可怕，因为它并未深入农村，但是反观大批的毒品，棉织，走私的日用品，倒早就和许多农民的生活结成一片了，这是多么严重

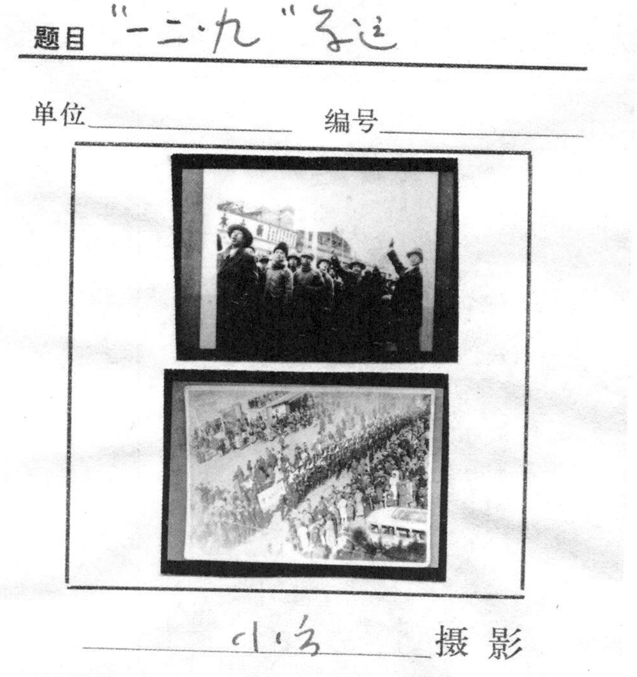

小方拍摄的学生运动资料（陈申提供）

的问题，站在国防前线上的学生们，应该在自我的训练之外，还要努力加紧一般民众，尤其是农民的启蒙工作！”在《北平学生联合大露营》中，他救国救民的愿望表露无遗。

1936 年 7 月，埃德加·斯诺带着两台照相机和二十四个胶卷，辗转来到安塞红军东线司令部，周恩来亲切地接待他，给他画了革命根据地的草图，为他安排了九十二天旅程的采访计划。斯诺回顾此行时说：“我是第一个冲破‘国共内战’的屏障，而获得同毛泽东、周恩来和其他中国红军领袖会面，并为他们照相的外国人。”

斯诺在红军中采访了将近四个月，返回北平时带着“十几本日记和笔记，三十卷胶卷——是第一次拍到的中国红军的照片和影片——还有好几磅重的

此照曾出现在纪录片《斯诺》中，小方和斯诺会有怎样的交集（陈申提供）

共产党杂志、报纸和文件”。

海伦·斯诺回忆，斯诺回到北平后，立即写作，向各报发稿。还在燕京大学讲演，向学生们做报告，展出了他访问陕甘宁红军时所拍的二百多幅照片。

小方爱好并精于摄影，曾摄取了许多照片，并举办过摄影展览会。“一二·九”运动中，示威学生队伍与镇压的军警在街头搏斗，他跑去照了很多相，由于他身材魁梧，长得很像一个外国人，穿着一身西装短大衣，警察以为他是一个外国新闻记者，不敢干涉他，于是很多珍贵的照片得以保存下来。后来，斯诺从延安回来，曾在美国兵营和协和礼堂放映所摄制的电影，小方告诉我，他曾去看过。（高云晖《回忆农苦在中法大学和抗战初期》）

小方和斯诺是否有过交流？他遗留的底片中，有数张来自斯诺的延安之行，是翻拍还是斯诺的馈赠？为此，我曾和方汉奇先生做过探讨，得出的结论是，他们相识的可能性是极大的，原因多方面。其一，以东单为圆心，小方和斯诺的家距离并不远；其二，北平基督教青年会是他们活动的交集，小方在此工作，斯诺在此办展；其三，共同的爱好、兴趣，或许还有共同的朋友。

据早前方澄敏回忆，哥哥曾邀请青年会少年部主任高尚仁，看斯诺访问延安革命根据地拍摄的照片。在当时国民党统治的华北，他的这一行动显然是在极其秘密下进行的。从斯诺的照片中，他看到陕北高原动人的异彩，看到了由共产党人描绘出的那一条新鲜的风景线。斯诺的笔和镜头说服了世界，自然也说服了方大曾。如果没有随后突如其来的战事，他被迫取消的一系列计划中，会不会还包含着一次延安之行？

五　在天津

抗战前夕，青年会已受到天津各界的推崇和赞誉，风尚文明，从善如流，海河两岸人所共知。方大曾职业生涯的开端从兹起始，由于从小与北平基督教青年会交谊深厚，谙熟会中事务，加之率真热情，善与人交道，便很快进入角色。他以少年部职员的身份，带领孩子们参加夏令营，学习野外生存技巧和专业知识，开办摄影班，讲解构图基础，培养审美兴趣。业余时间，小方背着相机，下码头、上万国桥、去劝业场、游天后宫，从他留下的照片中，未经描摹的天津卫市井生活质朴呈现，虽远隔八十年，岁月冲刷，样貌依稀，读来依然亲切。

——冯雪松

《采访笔记》

小方在天津的最早留影

2016 年 9 月 25 日清晨，北京南站，G57 次列车即将开往天津。这一程，我与中央电视台《等着我》栏目的一位编导、两位摄像师，还有一位负责拍照的同事孙楠同行。此行的目的有两个，一是计划已久的方大曾天津寻踪；二是这一天的下午，“方大曾校园行”公益计划的第十一站，将走进天津师范大学。

9 月末的天气，已经些微有了几分秋意，高速列车划过田野，窗外的景物倏然飘移，减速玻璃也无法暂缓瞬间的风景，只是感觉风一样地飞进。几个年轻的同行者，偶尔向车厢外望一下，揉一揉眼，又低下头去查看着手机里的讯息。京津之间约一百二十公里的路程，现在只需三十分钟左右，而在八十年前，这段距离要用上几个小时。从少年到青年，方大曾往复在双城之间的旅行，已经无法统计数目，铁轨的两端，一端是他生命的开始，一端是他事业的开篇。

在北京之外，天津是与方大曾联系最紧密的城市，国民政府南迁之后，他的父亲方振东在档案管理处工作了一段时间，便离开了外交部，到天津和几个朋友一起做事情。每到假期，小方和妹妹方澄敏都会到天津来看望父亲，新近发现的一张照片，就是他坐在父亲津埠电力公司办公室的留影，坐在写字台前，十几岁的方大曾颇显老成，伏案执笔，目光沉静，与众不同。

一个异常高大的身影单肩背着包，疾步从天津南站出站口如潮水般涌出的人流中穿过。冯雪松先生见了我们，微笑着上前握手示意，随行的还有央视拍摄“寻找方大曾”纪录片组的四位摄像、编导老师。冯老师和我在新闻中看到的并无两样，只是脸色因为仓促的行程略显微白，依旧目光敏锐，精力充沛。

作为一个土生土长的天津人，从未料想过一位为国捐躯的战地记者曾在八十多年前，与踩在我脚下的这片土地有着千丝万缕的联系。此时此刻，我们和冯老师的团队，依靠着方大曾先生仅用的一台折叠式相机留下的几张遗作，如同黑夜中的几烛微火，探寻散落在这星罗棋布的市井杂巷，小方曾经驻足过的些许印记。（马睿姗《曾记少年春衫薄》）

天津南站，我们与久候的天津师范大学新闻传播学院副教授陈娜，还有她的学生马睿姗会合。在此之前，陈娜曾专程赴京为我做她的国家社科项目“当代杰出新闻学者口述实录”，就是那一次，我们敲定了“方大曾校园行”公益计划走进天津师范大学的时间，同时我也向她透露了计划已久的方大曾天津寻踪的想法。接下来的几个月，我又重新检视了小方的通讯和摄影作品，查找与天津相关的部分，为实地考察做足准备。

1935 年 6 月，方大曾与夏农苔、曹承宪、黄淑清、孙以坚等经济学系的九名同学从中法大学毕业。夏农苔和曹承宪要出国深造，继续求学，其他同学各有规划，而小方要到父亲做事的天津去谋职。因为彼此相熟，北平基督教青年会少年部主任高尚仁，便把他推荐给从前的同事杨肖彭。

杨肖彭是直隶省霸县胜芳镇人，出生于清光绪三十二年（1906 年）。他

赴天津实地寻访（孙楠摄）

小方的同学夏农苔的中法大学毕业照

天津基督教青年会旧址

在家乡读完小学和中学，高中时与同乡王宗舆结婚。1923年考入天津南开大学，因为品学兼优而深受张伯苓校长赏识。1927年他考入北平燕京大学。在燕大读书期间，为摆脱旧家庭的羁绊，他同妻子居于北京海淀，独自生活。他学习刻苦，成绩优秀，得到过校务长司徒雷登的帮助，他每学期都靠奖学金贴补求学费用。此外，他还在学校做一些半工半读的工作，维持夫妻俩的生活开销。

杨肖彭在燕京大学，先是主修新闻学，后改入社会学系。此时，在北平基督教青年会任少年部干事的美国人甘霖格，在燕大兼任社会社团课程教授。甘霖格教授特别喜爱杨肖彭，青年会在青岛举办少年夏令营，甘霖格派杨肖彭前去协助工作。1932年，杨肖彭又被天津青年会总干事陈锡三聘任为天津青年会的少年部主任干事，此后长期工作在天津。

在当时，中华基督教青年会全国协会受聘者一般需要以下六个条件：身体健康；具有完全的知识，即大学毕业生；基督徒；具有丰富的交际经验；

本會幹事及職員

總幹事 陳錫三

會員部 王子英（主任） 王錫昌 王雲波

智育部 王正路（主任） 岳世楚

少年部 楊肖彭（主任） 方大曾 陳鴻保

體育部 毛駿民（主任） 錢靈甫

事務科 鍾嗣庭（主任） 吳世昌

文牘科 桂逢伯（主任） 莫家鼐

會計科 邵杏題（主任）

天津基督教青年会花名册，方大曾名列其中

有关注全会的魄力；有宗教事业的实绩。方大曾并不是基督徒，方澄敏回忆说其录用是破格的，他被安排在天津基督教青年会少年部工作，任职员，除了主任杨肖彭，另一个同事名叫陈鸿保。

青年会的会训为“非以役人，乃役于人”。宗旨是“发扬基督精神，团结青年同志，养成完全人格，建设完美社会”。会徽图案是红色的等边三角形中间一条蓝色的等距横杠。意寓德、智、体、群，即一个健全的青年必须具备高尚的品德、丰富的知识、强健的体魄和做群众工作的能力。

天津青年会成立初期，会址几经迁徙，后来，天津青年会在南开区内创办多所学堂。为了方便工作，1909 年，天津青年会举行了募捐活动，着手在东马路兴建新会所；1913 年 5 月 23 日，举行奠基礼，1914 年 10 月 16 日，天津中华基督教青年会东马路会所（以下简称“东马路会所”）落成，该会所坐落于天津市南开区东马路 94 号，是曾经的天津市中心。东马路会所内设体育馆、室内篮球馆、电影院、教室、健身房、办公室、图书馆、宿舍等 206

原天津青年会大堂原貌至今未变（孙楠摄）

个房间，占地2.2亩，四层砖木结构，建筑面积4300平方米。

东马路会所是按照当时世界基督教青年会统一模式兴建而成，是天津近代社会对外开放的标志性建筑。天津青年会也是中国现代体育的重要引进渠道之一，是中国篮球运动的引进者。东马路会所内曾拥有中国第一个室内篮球馆、中国第一张乒乓球台，并于1931年举办了天津市乒乓球第一次正式比赛。东马路会所还为中国奥林匹克运动的发起和推动起到了积极的作用，著名的“奥运三问”——中国什么时候能够派运动员去参加奥运会？我们的运动员什么时候能够得到一块奥运金牌？我们的国家什么时候能够举办奥运会？——就是在天津青年会时任代理总干事的饶伯森推动下提出的。

抗战前夕，青年会已受到天津各界的推崇和赞誉，风尚文明，从善如流，海河两岸人所共知。方大曾职业生涯的开端从兹起始，由于从小与北平基督教青年会交谊深厚，谙熟会中事务，加之率真热情，善与人交道，便很快进入角色。他以少年部职员的身份，带领孩子们参加夏令营，学习野外生存技

当年青年会的篮球馆，现在是少年宫的排练场（孙楠摄）

巧和专业知识，开办摄影班，讲解构图基础，培养审美兴趣。业余时间，小方背着相机，下码头、上万国桥、去劝业场、游天后宫，从他留下的照片中，未经描摹的天津卫市井生活质朴呈现，虽远隔八十年，岁月冲刷，样貌依稀，读来依然亲切。

1935 年 6 月 15 日下午，天津历史上的第一次集体婚礼由青年会主办，北宁公园礼堂上悬有大红的“囍”，两旁的纱灯上装饰着“同心”九颗，象征着九对新人共结连理之意，礼堂外童子军维持秩序，三千余来宾熙熙攘攘。商震市长致辞证婚授予婚书，新郎新娘互换戒指，鞠躬致礼，现场掌声一片，摄影师拍下了珍贵照片，报章撰文谓开风气之先。

翻看青年会的历史，东西方文化百年杂糅推陈出新，思想观念不落窠臼，尽管二十三岁的方大曾在这样的环境中得以新空气的滋养，然而他依然没有忘却，行走中所接触到劳苦大众的生活窘境，他曾经在通讯中发出感慨：“他们什么时候才能够获得‘光明’呢？”

二楼的大厅呈规则的矩形，由两根四面都是镜子的柱子支撑着，整体格局与当年无异，靠墙四周高大的拱形门下，坐满了等待孩子下课的家长们。拉开两扇木制的大门，大红色的呢绒毛毯映入眼帘，四五排正在上舞蹈课的孩子们，随着音乐的旋律，舞蹈着幼小的身躯，欢声笑语充盈着整个屋子。这个二层有圈廊的排练场，据说就是天津第一个室内篮球馆，虽经过百年，仍看得出当初的威仪。

方澄敏在接受访问时回忆："哥哥生性活泼，喜欢跟孩子们在一起玩，因为他很聪明又有趣，孩子们也喜欢他。当别人看到他的大个子出现在欢蹦乱跳的小人群中，就会亲切地叫他'小方'。"在这栋有木头味道的老建筑里，我们似乎听得到，杨肖彭在叫他，孩子们在叫他，那声音穿越而来，仿佛昨日重现。

穿行过繁华的城市，我们行驶到南开区东马路 94 号，刚一下车，一群身穿彩色舞蹈服装的孩子们鱼贯而出。这个小方曾经工作过的基督教青年会旧址，如今变成了天津市少年宫。会址左边，隔着一条马路，就是大胡同商业区，它是华北地区最大的小商品集散地，素有"南有义乌，北有大胡同"的美誉。会址右边，拔地而起两座现代化的购物中心——新安商场和远东百货。会址对面的古文化街还保留着老天津卫的风情，街边天津银行的招牌上面还赫然镌刻着"官银号"三个字，只有它们还在诉说着早年间的沧桑短长。

我们从一个高高的拱门进入，扶手的油漆已经脱落斑驳，显露出暗黄的铁锈色，踩着被砖红颜色亮面漆覆盖的楼梯拾级而上，脚下不时传来吱呀的声音。接待的同志告诉我："这个楼内部都是木制结构，从 1914 年建成到今天已经被翻修过好几次了，不用担心。"

在小方曾经工作过的地方寻访（孙楠摄）

冯老师走上大厅侧面通往三楼的楼梯，面对着一面巨大的落地镜站定，手捧着那本他为小方写的书，又回头望望我们："小方应该很高兴，这个他曾经工作过的地方现在成了孩子们的乐园。"这栋悠远肃穆的建筑被保护得很完好，却不像其他基督教遗址那样人迹罕至。高耸的屋顶上悬挂着欧式风格的吊灯，在灰暗发白的灯光下，镜子里似乎出现了小方渐渐红润起来的面庞，一双大眼睛里闪烁着笑意。（马睿姗《曾记少年春衫薄》）

杨肖彭组织青年会的每项活动，总是显示出超人的办事能力，他的所言

天津中原百货（小方摄 1935年冬）

海河上的运棉船（小方摄）

所行，无不体现强烈的爱国之心。起初，他协助陈锡三做英文秘书，同时负责少年部的“青光”“四育”等一些小团体的事务。他还组织“征友募款”，充裕青年会的活动基金。由于善于交际，他联合工商界名流参加的“联青社”，支援青年会的工作，也为社会办了许多福利善举，从而进一步扩大了青年会的声誉。

天津市市立图书馆（小方摄 1935 年冬）

少年部的活动丰富多彩，参加者多数是小学生和初、高中生，除了定期的夏令营，青年会的游艺室和篮球馆也经常开展文体活动，小方负责组织，也积极参与。由于英文出色，杨肖彭也曾带他和几位同事到西湖饭店参加“联青夜”活动，开阔眼界，跟社会各界广泛交流。对于方大曾的摄影爱好，工作之余，杨肖彭给了更多的便利，允许他四处走走，更多地接触社会，从小方现存有关天津的照片数量看，即可明晰这一点。

不久，小方与吴寄寒和燕京大学新闻系毕业的周勉之等进步青年知识分子，在海河之滨成立了“中外新闻学社”，其宗旨是通过研究新闻和新闻写作，向国内外传播抵御外侮及学生运动的图文报道。由于关注时局，贴近民生，短短的时间内，新闻学社发布的消息和图片被上海、北平、天津等地的报刊大量采用，迅速在国内外新闻界产生了较大的影响。

和方大曾同龄的吴寄寒，原名沙兆豫，又名吴江，陕西汉中人，出生于一个回族家庭。中学时，受到谢佐民（早年中共地下党员）等教师的影响，和同学研读进步书刊，参加进步学生组织“新文学研究会”。与其他同学发起组织了“青年励进社”，发行周刊，宣传反帝、反封建思想。1935 年初，沙兆豫在上海大夏大学、沪江大学夜校读书，5 月加入中国共产党领导的新社会主义联盟组织。不久，考入天津南开大学，加入中国共产党，积极投入抗日救亡运动。他团结同学与压制学生运动的旧学生会斗争，改选了学生会，他当选为学生会秘书长。与进步同学一道组织读书会、夏令营，举行游行，发宣言，编辑出版了名为《新生》的刊物，进行抗日救亡活动。

有资料显示，中外新闻学社是在党的指示下成立的。当时，方大曾是中外新闻学社唯一的摄影记者，在他尘封的作品中，能看到八十多年前天津的海河、海轮、万国桥和各行各业的劳动者，还有关于“海河浮尸”等热点报道。

“一个健全的记者所不可少的技术，是采访方面。流利的谈话、速记、打字、摄影，和至少一种外国语。在表达方面：写论说、通讯、特写、译电、翻译和演说。在行动方面：骑马、游泳、骑自行车，开汽车、打枪、驾船，长距离徒步、航海习惯，将来最好能开飞机。”范长江应邹韬奋之邀撰写《怎样学做新闻记者》一文写道，“我们中国新闻界同业学习技术的机会，比较旁的国家差得很远。我们也须急起直追，尽可能利用四周可能的环境，受技术锻炼。因为在基本原则决定之后，技术就决定一切了。我个人在这方面的

中外新闻学社所在的原新华信托大厦

时光走远，历史的基因未曾改变（孙楠摄）

从少年时起小方就经常往来海河两岸

小方（左二）与天津友人

缺陷非常多，因此有许多有利的新闻活动机会，我只好让它过去，没有充分技术条件去把握它。实在是万分遗憾的事情。”

> （哥哥）第一次去绥远，回来他跟我说，头一次骑马，上去就给撂下来了，摔了一跤，在大青山附近，他反复练习，渐渐地马骑得就不错了，后来不仅能骑马了，还骑快马。（方澄敏的回忆）

显然，按照范长江先生对于新闻记者的定义，方大曾是完全适合的。兴趣爱好、教育背景、专业素养和职业精神合为一体，身体力行、善于思考、敏而好学和家国情怀融为一炉。如果说，大学时代是他从事新闻工作愿望的萌发期，那么在天津，就是坚定他以新闻为业实现理想的成熟期。

我们一行人从天津站绕行进入解放路，百多年前，由于这条路贯穿英法租界，法国人称它为大法国路，英国人称它为维多利亚道。中外新闻学社旧址就位于解放北路。马路两侧枝叶轻颤的法国梧桐遮住了微微刺眼的阳光，一幢幢青色中发灰、巨柱支撑门廊的西洋古典建筑向车后窗掠去。小方当年从基督教青年会到中外新闻学社，应该就是由此经过，车窗外，仿佛看到了一个年轻的、急匆匆的身影，偶尔停下来，举起相机调焦拍照，那瞬间凝固的影像立刻幻化成车内我手上照片中的一张，再望出去，青年的身影早就不知所踪了，摇下车窗，现代化城市的声音和味道迎面而来，竟一时分不清是现实活在历史里，还是历史隐存现实中。

中外新闻学社的旧址现为天津和平金融创新服务大厦，坐落在解放北路与滨江道交口西北侧，是 1917 年设立的新华信托储蓄银行天津分行。新华信托储蓄银行最早由中国银行、交通银行合力创办于 1914 年，天津分行内部设信托、储蓄两部。1921 年该行发行流通储金券，在京、津、沪三地流通甚广。新闻学社创办初期，因有社员在这里工作，遂将此作为联络地点和落脚点。

大厦前的路边，聚集着三五辆卖早点的小推车和簇拥在旁的老人，炉子上尚未出锅的煎饼果子正升起腾腾的热气。在小方镜头里庄严冷峻的金融银行布满的中街，如今俨然充满了街头巷尾本应具有的人情味。

小方拍摄过新华大楼的一角，画面简单，几个商人模样的人，衣着光鲜从边门前经过，想必这个偏于一隅的角门就通往中外新闻学社。门前的轿车和街边打盹的人力车夫在不经意间构成了社会的两极，有钱的和没钱的。照片右下角一个正在拉脚的车夫，显然注意到了街对面拍照的小方，眼光蓦然瞥来，显得好奇而匆忙。

在为中外新闻学社提供照片和通讯的两年间，方大曾的主业悄然转移，渐渐成长为一名职业新闻记者，目光由天津投向更远的地方，关注点聚焦于国难和民生。

在一篇《天津通讯》中，方大曾把目光投向华北走私的大本营北戴河海滨，在海滨与昌黎边界之间，四十里长的走私地带上，上岸的私货，几占华北走

中外新闻学社所在大厦入口（小方摄）

与八十年前的小方站在同一位置（孙楠摄）

走私船（小方摄）

临时货栈（小方摄）

私总数的三分之二。他站在风景区的山头上，往西南望去，见到几只火轮浮在遥遥的海面上，那就是走私的景况。“出了风景区，往西走过一条小溪，”小方写道，“有个村庄叫河东寨，‘河东寨’想必就是指戴河之东的意思，这是‘参观’走私的一个起点，从此往西去，那里有无数的‘奇观’供给你鉴赏，其实这与其说的是走私倒不如说是自由贸易了。别看这里没有那些现代化的码头设备，但这确干着‘超现代’的勾当。”

在北戴河车站上，小方曾见到一个海关稽查员守立在那里，一大批的走私品就堆在离他有五十米远的地方，他无法施行应有的权力，唯一任务只是为这些货物作记数的工作，把调查来的数字报告给海关，以便绘制统计表而已。

远在1935年的9月，日本宪兵司令部正式通知秦皇岛海关税务司：“要求”自芦台至秦皇岛海面间的缉私船卸除武装，接着更要求在此段沿海三英里内不准缉私船巡逻，这“要求”实际上是命令，没有等待对方答应的必要。从此，在这一地带，海关即完全失却了缉私能力。“若海关不服从这个命令，则日方将视为海盗，而以对待海盗手段应付之。”

码头上的苦力(小方摄)

走私的经营者，在这地带建筑了好多大小不同的席蓬，当作临时的货栈，也都竖起各自的商旗，戴河口有一个“旭株公同”英文音为“Asahi”，所以他的商旗上就写着一个大大的“A”字。私货来时就将旗升起，搬卸完毕后即降下来。像这种的席蓬，现在还继续的建造新的，以便容纳更大量的“需要”。席蓬的体积，较大的长约二百尺，宽约三十尺，高约二十五尺。但货物上了岸不一定要往蓬里搬，大多还是放置在露天地方，因为很快的就可以装好大车运到北戴河车站去了，除非有特别情形，货物是不需要在这里停留的。北戴河，留守营，昌黎，滦县等车站，都有“运输会社”或“转运代理店”一类的机关，这种机关，和北宁路各火车站上的日本宪兵驻守所一样，飘扬着“光荣的”太阳旗，作着这“文明”的事业。（小方《天津通讯 走私在海滨》）

1937年《国民》杂志第2期，刊登了方大曾以中外新闻学社记者的身份撰写的《天津通讯 走私在海滨》，这篇报道图文结合，简洁直观，细节描述颇具现场感。文章中，他把实地所见所思所想，结合自己的分析和判断，清楚地向读者描述了走私的现象，在痛陈这一顽弊的同时，青春的正义感和坚定的爱国情被再次激发，伴随着职业精神，化作了民族危难时刻的责任与担当。

“最近，海滨一带的土著绅商们，看出这种行为是有利可图，正在呈请着把此地也开为一个走私码头。但是冀东的汉奸统治阶级还考虑着一个问题：即如果允许了这风景区里的走私行为，是否会被夏季来避暑的‘中外人士’所耻笑呢。”小方在通讯的最后写道：“无耻的汉奸们什么勾当都干得出来的，这一点点顾忌也许很容易克服的，若然则不久的将来，华北走私就将要进入一个更新的阶段了。这又关系到‘国策’问题了，我们且拭目以观其后。”

范长江先生说，新闻记者要能坚持真理的火炬，在夹攻中奋斗，特别是在时局艰难的时候，新闻记者要能坚持真理，本着富贵不能淫、贫贱不能移、威武不能屈的精神，实在非常重要。

从少年到青年，在方大曾身上，“坚持真理火炬的精神”越来越鲜明。今天看来，在天津时期，是他蓄势待发的阶段，更是他要做一个“顶天立地记者”，随时准备牺牲的开端。

在距解放北路不到两百米的路口处，连结着在小方遗作中为数不多自命名作品的取景地——解放桥。冯老师快步走到桥上，阳光洒在大桥碧蓝的外壁上，折射出微光。他将照片高高拿起，眼睛细眯起来，细细端详着小方在这座原名万国桥的码头上拍下的，那幅画着剪裁线《为生计奔波》的作品。拍摄结束后，冯老师转过身背对着我们，望向波光粼

万国桥上（小方摄）

八十年星移斗转，桥在人去（孙楠摄）

物象内外，时间的距离（孙楠摄）

粼的海河水。那个方向，也许正是八十多年前小方对准劳苦大众按下快门的方向。那一刻，他的背影，莫名的亲切，却又莫名的悲怆。（马睿姗《曾记少年春衫薄》）

顺着海河沿岸向西南方向辗转至和平路商业区，“天津劝业场”五个金色大字的牌匾依旧高悬在栉比鳞次的尖顶洋楼上，被重新粉刷的马车铜像隐隐遮住了岁月的斑驳。

方大曾有一幅作品拍自劝业场，照片以剪影呈现，有光线的氛围中，尖顶的建筑、匆忙的行人、街头的景物和谐统一，难得的轻松感忽倏袭来，平和安详中的某年某月某一天，被记录成为历史。小方一定不会想到，时光走过八十载，还会有后继者以致敬的方式寻踪而来。

雪松老师与摄影师们讨论原照片真实的拍摄方位：“从光线的射入方向来看，应该面对西北方向。”他顿了顿，“如果这是夕阳的光线就另当别论了。”突然，他径直走向对面的街道，身后的摄影老师们一溜小跑着紧跟他的步伐。就在反复多次比对拍摄方向时，日头渐渐升了上来，汗珠顺着冯老师的鬓角流淌下来，摄影老师们的衣衫也被汗水浸湿。通过与路旁的一位老人搭讪，很遗憾，照片中被夜色笼罩的惠中饭店，早已被新建的商场取而代之。得知后，这支寻找小方的队伍继续穿梭于熙攘嘈杂的人群中，没有片刻的停歇。旧照在黑白底色的映衬下，靠拉黄包车为生的车夫、身着旗袍摇曳过市的妙龄女郎、蜷缩在路边瑟瑟发抖的乞丐已然显得微微发黄了，眼前物是人非的场景与小方镜头中的画面，在某一时空毫无缝隙地重合，被抽离的历史环境镶嵌进我们所能触及的现实，它是有温度的。（马睿姗《曾记少年春衫薄》）

许多年来，我们一直有一种误解，认为中国的新闻纪实摄影，尤其是市

谋生在海河边上（小方摄）

井摄影和战地摄影，从时间和水平上与卡帕、布列松等世界大师的距离遥不可及。通过方大曾的作品，一定程度上还原了真实的中国摄影史，至少是缩短了相当一段距离。著名摄影记者、范长江新闻奖获得者于文国先生在接受访问时表示，方大曾的作品影像淳厚、视觉灵动、构图严谨、平实朴素，充满着写真的美感。方大曾在画面上对新闻情节、细节的叙述也严肃理性和准确具体，尤其是对多幅场景和人物肖像的记载具有鲜明的历史特征。更可贵的是，它们完全有别于 20 世纪二三十年代中国社会上流行的那些以画意、唯美为标准的消费摄影，为后人研究中国新闻摄影史乃至世界新闻摄影史，以及静态照片的生产规律提供了一份难得的、珍贵的中国范本。

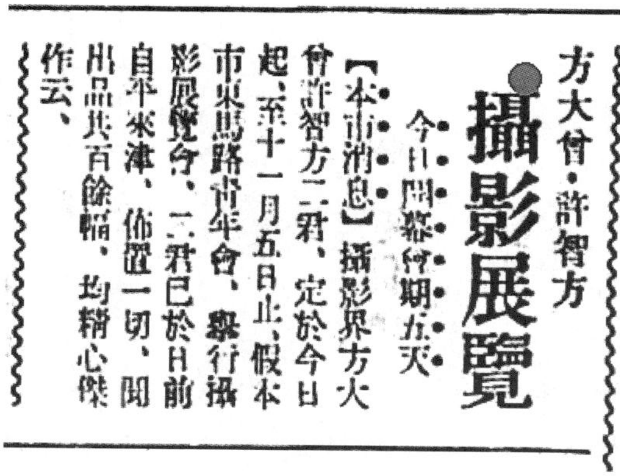

方大曾・許智方
攝影展覽
今日開幕　會期五天

【本市消息】攝影界方大曾許智方二君、定於今日起、至十一月五日止、假本市東馬路青年會、舉行攝影展覽會、二君已於日前自平來津、佈置一切、聞出品共百餘幅、均精心傑作云、

天津《益世报》刊登方大曾、许智方摄影展讯

11月4日 (中華民國二十五年即丙子年九月二十一日) 第7364號　14 / 14

方大曾、許智方
聯合影展觀賞記
○水皮○

、方君的作品之主題，是兩重現實的生活與勞工的活動，雖然題材方面也許被高貴的人目為醜惡，但經過他的鏡頭的渲染，便成為美麗的畫面，例如「頂尖立地的英雄漢」，「中國勞動者的命運」，「飢饉所迫」，「吃甚麼的人抗白魔」以及貧家的生活寫真等幅，都是他的力作，使人看了要引起人的同情或是興奮，鋒張對面的中心意識都極尖銳的表現出來，他是一個喜歡探險的青年，有着沉毅的意志和熱烈的情緒，為了選擇他們捨棄了安樂的優的位置，而冒着西北風去作艱遠等處的徒步旅行，除了用文字紀述外，更用照相機攝取各地的風光和社會現象，「合利塔的壯

，第一個分明的印象，就是方許二君的作風有着顯然的分野，但決不是指着程度上或時間上的差別，而是說他倆代表兩種相對而且並存的意識與態度，按照我的觀點來解釋，許君的作品，表現着「秀麗」，「典雅」的柔性美；方君的作品，卻要表現着「雄壯」，「勁健」的剛性美，按着他倆的生長地說來，恰又合於「駿馬秋風冀北，杏花春雨江南」兩句古詩裏所象徵的剛柔美的類型。

他認為攝影是現階段的新聞事業中最好的報導工具或抗爭的武器，所以他的視野展開，轉向勞苦大眾的生活，去發掘廣大材料的資源，他在門頭溝探礦中攝的「光」，作品

天津《益世报》刊登方大曾、许智方摄影展评

大公报社旧址（孙楠摄）

“方大曾校园行”公益计划走进天津师范大学（孙楠摄）

范长江先生在《忆小方》中描写过与方大曾的“初识”，只可惜机缘不巧，在天津失之交臂。

大概二十五年的夏天，我在天津《大公报》的编辑部桌上看到一张“方大曾”的名片，据同事告诉我，是一个来交涉投稿机会的人。因为这样的事情很多，当然没有什么特别注意。以后不久，在天津《益世报》的地方版上，看到有他的一篇长篇通信——“张垣至大同”，他把察晋间的社会黑暗情形暴露不少。不过，一则他名气还不大，再则初写通讯，还没有引起很多人注意。（范长江《忆小方》）

继续向西几百米至哈密路，坐落着一排素雅的两层白色小楼，“大公报社旧址”几个烫金的字体印刻在白石匾上，分外醒目，这地方现在是一家经营眼镜的店铺。围绕在房子前的是一排半人高的象牙白花坛，茂密旺盛的棕红色叶子满得快溢了出来。当年联系发稿业务的小方，是否也在同样的季节里来过？鼎鼎大名的《大公报》可曾知晓，这个高大英俊、礼貌谦逊的年轻人，会给报馆带来惊天动地的荣光？

天津之夜（小方摄）

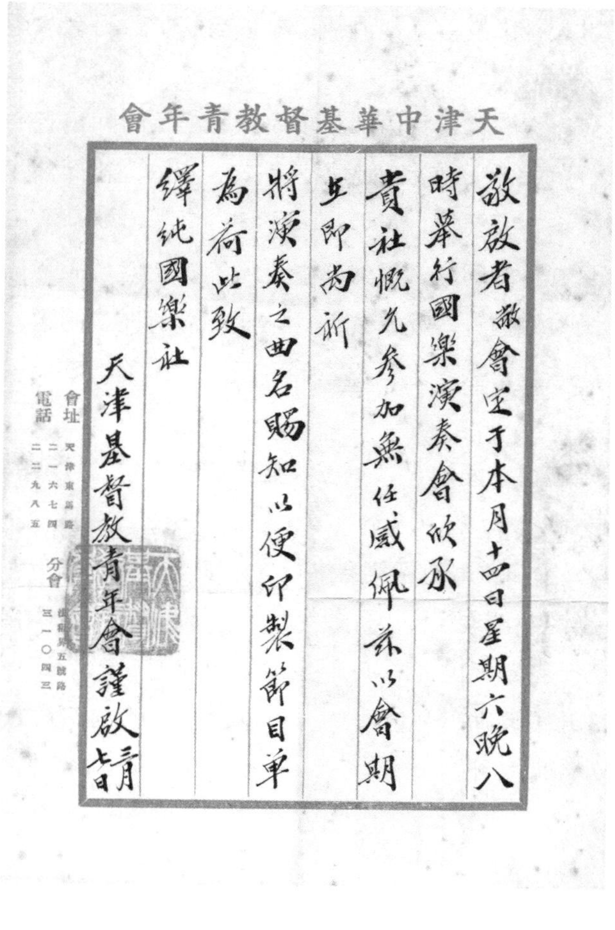

天津中華基督教青年會

敬啟者 敝會定于本月十四日星期六晚八時舉行國樂演奏會欣承
貴社慨允參加無任感佩 茲以會期在即尚祈
將演奏之曲名賜知以便印製節目單為荷此致
繹純國樂社
天津基督教青年會謹啟 十二月七日

會址 天津東馬路 電話 二一六七四 二二九八五
分會 [illegible]租界五號路 三一〇四三

天津基督教青年会邀请绎纯国乐社的函（私人收藏）

曾记少年春衫薄，那颗被思慕和切望的灵魂，熔铸进从历史深处传来的吟唱，弦诵不绝。

2016年9月25日下午3时，“方大曾校园行”公益计划如约走进天津师范大学，在会议中心中报告厅，来自新闻系、摄影系等全校各个专业的三百余名师生，通过讲座了解了方大曾以及寻找他的故事，校园网上，另有八百余名师生在线上同步收看。

在互动环节，我用范长江先生的话，寄语即将步入社会成为新闻记者的青年学子，“新闻记者之所以可贵，除了有正确政治认识与坚贞的人格而外，就是要有丰富的知识。这个知识，既要博，又要精。所谓‘博’，就是常识要丰富。无论国际国内、上下古今的问题，虽然不能无所不知，但是一个记者无论如何要对非常广泛的学科知道一些简单的概念。至少能对许多问题，谈起来总能找着些门径，不能连几个基本名词都不懂。因为常识不丰富，一个记者的活动就很难展开”。

一个好的记者，不仅仅是传递新闻的人，更应该是民族的先声、社会的良知、时弊的医者和公众的眼睛，方大曾就是这样的人。

1936年3月14日晚8时，天津基督教青年会举行国乐演奏大会，邀请绎纯国乐社等团体进行表演，当晚共演奏了十八个曲目，绎纯国乐社表演了管弦乐合奏《云庆》和弦乐《五节锦》，电台同步广播，轰动一时。

在此之后不久，方大曾离开了天津，转任北平基督教青年会少年部干事，而他的另一个身份依旧是中外新闻学社的记者。

六　行走的记录者

高尚仁告诉我，1936年的时候，小方曾经给他看过斯诺拍自延安的照片。哥哥还用发表在英国一家杂志上的《四子王府的婚礼》（组照）的稿费买了一个新相机，把替换下来的旧相机送给高尚仁作纪念。解放以后我见到高尚仁，他谈起小方来津津有味，他特别想他。高尚仁十分支持小方，允许他出去旅行拍照。

——方澄敏的回忆

北京八达岭，东经116度0分20秒，北纬40度21分3秒，海拔高度720米。

2007年6月5日上午，中国长城学会理事张保田和同行者王建军，一路走走停停，拿着手里的资料反复确认，终于找到了小方七十年前拍摄照片的准确位置。这次，他们选择为八达岭长城的老照片拍摄对比照片，寻找方大曾照片中的长城就是主要任务之一，当年的景观近在眼前，就是这儿，张保田抹了抹额头的汗水，长出了一口气。

方大曾在长城上拍摄过一张照片，前景是三个孩子席地而坐，他们每个人的身边放着一个篮子，前面一小堆，像是煤块，似乎是等待着买主的光临。圈内人称老普的张保田，利用他的长城专业知识，通过照片上呈现的单边垛口判断，这个场景应该是在八达岭，至于是哪一段，必须到现场实地观察。

通常长城墙体上都修筑垛口和箭眼，用以射击敌人和掩护自己。在北京地区，多数地段长城，例如著名的黄花城、慕田峪等，长城墙都是双面垛口。而八达岭地区则是单面垛口，即在面向关外御敌方向修筑垛口和箭眼，而关内方向只修筑较矮的女墙。对照小方拍摄的照片，可以清楚看出墙体右侧的单边垛口，因此右侧是关外御敌方向。墙体左侧是女墙，关内防守一方。再根据长城攀援上山的走势，又推测是八达岭城关南侧，特别是左侧墙根下山石与墙体的交错，又一次成为寻找老照片场景的确凿证据。

在这一系列推论下，老普与同伴从南一楼开始攀登。从南一到南二距离很近，举步即到，南二到南三就拉开了距离。在南二楼到南三楼之间也发现一段疑似照片上的墙体，细致辨别后虽然否定了，但更加相信目标就在前面。从南三继续前进到南四楼难度就大得多，距离长，坡度陡，骄阳当空，36摄氏度高温下挥汗如雨。

逃荒者（小方摄）

站在小方拍照的地方
（张保田摄）

无忧虑的日子（小方摄）

时间接近正午，11 时 54 分，前方终于出现了与小方照片上完全重合的城墙曲线。

这是一次成功精确的约会，既是在预期地点与长城的约会，也是穿过历史时空，与当年站位在此的方大曾的约会。

“所能告慰小方的是，当年您在此看到的是山河破碎，异族横行，人民流离，”老普感慨，“而七十年后，我在这同一地点，看到我族同胞，各国友人来瞻仰游览我们的长城。”他说：“我用这种方式来寻找方大曾，表明我们没有忘记历史，表明我们对方大曾的尊敬和纪念。”

“在摄影中，最小的事物可以成为伟大的主题！”布列松认为，摄影作品承担着重要的社会责任，每个摄影师都应深具尊严感，都应意识到：无论一幅摄影作品画面多么辉煌、技术多么到位，如果它远离了爱，远离了对人类的理解，远离了对人类命运的认知，那么它一定不是一件成功的作品。正

小方（右一）与喜爱摄影的伙伴们

是由于对于人类的理解和爱，小方关注着长城脚下逃荒的孩子，在他的镜头中，弱小的事物成就了伟大的主题，而这看似不经意的着眼点，也折射出了他的伟大。无疑，看到这样照片的人，都会如同张保田一样被深深吸引和感动。

那时一般人对照相虽有一些接触，但毕竟还是皮毛，若谈起“美术照相”似乎就更难懂了，因此，我们必须详细地向他们解释，“美术照相”就是有“画意”的照相，换句话说，就是要把照片照成画的样式（这是当时我们对“美术照相”的认识），其实连“摄影”这个名词在当时还有人弄不清，“照洋片”或“写真”都是普遍的一种说法。曾经与方大曾一同举办过摄影展的许智方，既有与方大曾相似的经历，又有对于摄影相近的认识。

当时摄影的对象，由城市逐渐转入农村，出城一二十里的地方有人连照相机都没见过。小方和同伴每逢到城外去拍照，常常会被一群人团团围住，有人说“那是千里眼”，有人争辩说：“那是照相的！我知道！”有些妇女急急忙忙抢着把孩子们抱开，惟恐照相的偷着把孩子们的魂照走了。

小方习作

车夫老宋和伙计们（小方摄）

记得有一天下午，雪后初晴，我和郭学群到海甸去照相。我们沿着一条小河往前走，从远处游来一群鸭子，雪白的京鸭后面衬托着蔚蓝色的天空，岸旁垂柳上挂着的积雪还没有化净，一片倒映的云影构成一幅美丽的图画。我们刚要拍，突然从后面跑来一位老太太，她大声喊道："劳驾！先别照！"于是走到我们面前，用委婉的口气向我们解释说："先生！

您知道我这群鸭子都是母的！说话就要下蛋了，您一照不要紧，它们就不生蛋了！您若是一定要照，我去给您赶一群公的来吧！”说着便将这群赶了回去，一会儿果然另赶了一群来。（许智方《忆光社》）

对于摄影的态度，小方曾经在文章中，把绥远跟河北的老百姓做过比较，绥远的百姓喜欢和他们的牲畜一起合影，河北的呢，一见相机就远远地跑开，生怕把他们的“运气”照走了。尽管如此，方大曾还是想尽办法接近他们，尤其是面对底层的劳动者。这些经验来自于他和家门口老宋等车夫们的交流，来自于他对于濒临在生死线上的采煤工的了解，更来自于他东奔西走一路得来的见识。

人力车夫是北平城市的一面镜子，折射出那个时代的特色，在时人看来，“北平最大的动人处是平民，绝不是圣哲的学者或大学教授，而是拉洋车的苦力”，他们是劳动界里最苦的，凭着卖血汗力气赚钱生活，可“时常还有一般人，看着他们没势力，把他们当作牛马，随便欺负”。20 世纪 30 年代初，北平的人力车夫激增到五六万人，占城市人口的百分之七，“到了卖无可卖，当无可当的时候，咬着牙，含着泪，上了这条到死亡之路。这些人，生命最鲜壮的时期已经卖掉，现在再把窝窝头变成的血汗滴在马路上”，老舍先生把人力车夫的苦难命运写成了《骆驼祥子》，青年方大曾则将对车夫老宋等人的同情融入了生命的底色，无论走多远，走多久，每遇到穷苦的人的时候，就总是会联想起家门口的老宋们。

1936 年初，小方回到北平，任基督教青年会少年部干事，部门主任是相识多年的高尚仁，对他的才华非常欣赏，会员和孩子们都喜欢他，彼此关系非常融洽，“大家都听他的，所以就聘他当了干事”。当时，少年部会员多

小方（前排左一）带领光明团的孩子们小汤山之行，照片背面有他的字迹

达九百人。

在少年部的楼厅内悬挂着“四愿八句”愿词：道德高尚、思想清洁、学习进步、知识发达、精神活泼、身体健康、广交朋友、服务社会。其宗旨是发扬德、智、体、群“四育”精神，培养学生健全人格，丰富课余生活。少年部还成立了“四育养成团”，将会员中自愿参加的学生，按年龄分成若干团组，每团十到二十个人不等，聘请品学兼优的人做领袖。小方曾担任过成绩突出的“光明”A、B 两个团的辅导员，在遗留的私人照片中，就有一张他带领光明团的学生在小汤山活动时的留影，照片背后，还有他写的团员名字的笔迹。除了组织团员们参加郊游和球赛等活动，小方还与他们讨论有关品德方面的问题，比如行为举止、言谈修养、尊敬父母等。他不只是传授知识的教员，还是无私无畏的榜样和引领人生正途的向导。

高尚仁告诉我，1936 年的时候，小方曾经给他看过斯诺拍自延安的

小方（右）与友人在矿区

照片。哥哥还用发表在英国一家杂志上的《四子王府的婚礼》（组照）的稿费买了一个新相机，把替换下来的旧相机送给高尚仁作纪念。解放以后我见到高尚仁，他谈起小方来津津有味，他特别想他。高尚仁十分支持小方，允许他出去旅行拍照。（方澄敏的回忆）

在方大曾留下的照片中，有一部分是他到河北、山西的煤矿，甚至深入井下拍摄的，在那里，从不被人关注的矿工们，成了他镜头里的主角，他们的命运和境遇震惊了这个来自大都市的青年。

在一个清朗的早晨，小方走进了南沟矿厂，在井口，看见一个受伤的工人，乘着连接升降机，从井下被扶上来，这是他到矿区采访的第一个印象。

早晨六点，下午两点，晚上十点，这是换班的时候，从底下上来的人，吸到这别来八小时的新鲜空气，自己会疑惑这是一场梦。实际上这不是梦，而是得庆再生！不过这再生不是为了自己的幸福的享受，倒是叫他准备着恢复精神之后，好再下去工作。所以这再生也就没有什么可庆幸的了！

一班工作完毕之后，也就如又活了一辈子，窑工们就这样循环着延续他们的生命，更谈不到这是人类所应忍受的生活！

因为矿里黑得要命，推运煤车的工人，只在他脚前携着一盏油灯，他们只顾拼命的推车，除了脚跟前一点点的空间之外，别的完全都看不到，更不能理会到前面有什么人，就连自己还往往因后面的煤车赶上来，而被撞伤，所以井下的危险是具有立体性的，上，下，前，后，左，右各方面均闻楚歌！

轰轰隆隆的车轮响声，使一个陌生的参观者感觉可怕，但车运间或停止时，则非常寂静，阴森森，又同样地令人害怕！

死亡的恤金虽然只有五十元，但和他们日常的可怜的工资比较，这自然是一个可以的数目了，实行里工制的北矿，每班普通工资为二角八分六，这就是出卖生命的危险在黑暗中工作八小时的全部代价。在这里，死，是很平常的事。（小方《矿区杂记》）

在同时拍摄的照片中，小方还记录了许多煤矿工人的生活情形：条件简陋的井下采煤工作面、衣衫褴褛的采煤工、捡柴做饭的煤矿工人，一幅幅照片触目惊心，令人心酸落泪。这些珍贵的影像，如果不是作者俯下身子，放低身段，走入矿工生存状态的隐秘角落，是不可能拍摄到的。尤其是下到采

送镐针的孩子（小方摄）

煤作业面，危险系数很高，没有获得高度的认可，是不会有人愿意引领你下去的。他力求最及时地出现在最佳的拍摄位置，尽可能靠近所拍摄的对象，尽可能多的角度进行拍摄，在最关键的瞬间按动快门，他与镜头中的人物间，确立了真诚的信任与理解。实地观察了种种现象后，小方在《晋北煤业现状》中做出判断，“提到了晋北煤业，也正是反映着我们中华民族的前途，我们必得改善大众的生活，努力建设事业，不然就等候着灭亡了”。

童工在矿下工作，除了管送镐针者之外，还有就是管理风门的工作。各煤巷如蜘蛛网一样散布在一个平面上，都有一定的空气流通路线，各置风门来节制和调动。这些风门的旁边常有一个十二三岁的孩子在那里

井下开采（小方摄）

孤独而冷静地把守着，如同一个警察的岗位。因为这些地方都是不经过煤车的，也很少有人走过，所以阴暗，森冷得很，不知道这些可爱的孩子们是不是会害怕呢？

又因为大半的工人，都是从农村破产逼出来的流浪农民，他是无家可住的，更无处找到做饭的火炉，所以只得忍受矿主无情的剥削了。

女人们有时也可以在矿上找到一点以煤为对象的工作，看她们在煤场上拾“矸子”的情形，也着实是能干的。所谓拾“矸子”即把煤里杂着的石头块挑拾出来的工作。她们的全身，也是和她们的丈夫和小孩一样的黑。

记得有一次在矿场附近的山沟里，见到一对煤工夫妇在那里洗衣服，洗脸，我觉得这是一幅非常诗意的图画，比都市公园里并肩携手的摩登男女，是更有令人羡慕的资格啊。（小方《矿区杂记》）

方大曾以自己经济学专业的角度看来，晋北煤最吃亏的地方就是在运输费。“兹以一吨煤的运价来算，从口泉镇经大同至丰台，四百零三公里长的路程，运费须三元七角，从丰台运至塘沽海口，一百六十五公里长须一元六角五分，

口泉煤矿（小方摄）

从塘沽下火车上轮船的装卸费要四角五分。由轮船往上海市场上出售，还得二元至三元的运费，总计起来，只运价每吨就已合八元以上，而上海的市价平均只为十二三元。”

记者在口泉晤到上海华北煤业公司经理潘君，他是为了购货的任务，特地来此考察的。据谈：在民国二十三年以前，上海煤市场上每年销三百二十万吨，其中开滦占一百二十万，抚顺占一百二十万，另外还有日本从秦皇岛一带运来的约六十万，中国内地的煤，几乎等于没有。可是近一年来，开滦已落至四十万，日本煤落至二十万，但是又加上了一种从安南来的，廿四年度竟销了一百十万吨，余下的数目，则为华北几个国营的煤矿及大同矿业公司所占有。此外，国民政府建设委员会在淮南开了几个大矿，现在正开始出煤，预算将来的产量，每月可有六万吨，将全部销于上海。因其运费便宜，每吨销售只合八元左右。所以从目前的情形看来，中国的煤业是很有前途，很有发展的希望！（小方《晋北煤业现状》）

在首都图书馆高大的书架上沉睡了数十年，新近发现的纯英文《1936老北京风俗地图》，由学苑出版社重新整理出版，绘制者是Frank Dorn，其身份不详。在编者的眼中他是一位穿着中国的长袍马褂、操着半生不熟的汉语、

ALTAR OF E
NORTH
北
西
東
南
RUSSIAN CHURCH
俄罗斯教堂
雍和宫
YUNG HO KUNG (LAMA TEMPLE)
国子监
HALL OF CLASSICS
TUNG CHIH MEN TA CHIEH
东直门大街
东直门
铁塔
IRON PAGODA (PRINCE KAO HSÜ ROASTED TO DEATH)
旧粮仓
FORMER GRANARIES
TUNG YUEH MIAO (TAOIST TEMPLE)
东岳庙（道教）
TUNG CHOU TIENTSIN
通州 天津
CH'I HUA MEN TA CHIEH
TUNG SSU P'AI LOU
朝阳门
CH'I HUA MEN
TEMPLE OF 18 HELLS
18层地狱庙
TENG SHIH K'OU
DOG TEMPLE (ERH LANG YEH MIAO)
狗神庙（二郎神庙）
TUNG AN SHIH CHANG (MARKET)
东安市场
LI HUNG CHANG'S ANCESTRAL TEMPLE
智化寺
HSI TS'UNG PU HUT'UNG
西总布胡同
日坛
ALTAR OF THE SUN
P.U.M.C.
协和医院
ERH T'IAO HT'G
东单六条
MORRISON STREET SHOPPING
HATA MEN TA CHIEH
哈德门大街
SITE OF EXAMINATION HALLS
FORMER GARDENS
荒废的公园
观象台
OBSERVATORY
SOO CHOW HT'G (SHOPPING)
ASIATIC ARTS
WU LAO HT'G
五老胡同
POLO FIELD
PEKING CLUB
IMPERIAL TRIBUTE FROM THE GRAND CANAL
从大运河来的贡物御用河道
PAPER MAKERS' DISTRICT
纸市
FOX TOWER
TUNG PIEN MEN
T'UNG CHOU

《老北京风俗地图》（局部）

未剪裁的《吃黑面的人扛白面》原图

黄发碧眼鹰钩鼻子的人。至于他到底来自哪个国家，又是如何绘制出这幅风趣的彩色地图，尚无线索。在能够识别清楚的前提下，编者给这些英文地名配注了中文。除了修正一些张冠李戴的错误外，一般地名的翻译，或音译、或意译，以尊重原作为原则。尽量让那位“老外”，在1936年的时候，走在皇城根下，看着拉骆驼的人端着大海碗、闻着炸酱面喷香味道时的那份心情，能够原汁原味地呈现在读者的面前。

在《老北京风俗地图》上，尽管比例不够精确，大致上还是分辨得清楚，方大曾的家距离皇城根不远，盛着炸酱面的大海碗，香气诱发的满足心情，洋溢在拉骆驼人的脸上，这样的画面在小方的作品中似曾相识。

而《吃黑面的人扛白面》则是极具视觉冲击力的作品。烈日当空下，码头搬运工艰难地扛起白面大包，两大袋一扛似乎压得喘不过气来。小方运用中午顶光拍摄，让黑白对比更加明显和强烈，揭示了“吃黑面扛白面的人却吃不起白面”的时弊，照片的表现，犹如一幅吸人眼球的版画。“方大曾的特点是贴得近些再近些，用他的心灵与劳苦大众贴近，使他的情感接地气。”范长江新闻奖获得者俞新宝在接受采访时表示，“在深入现实生活中，他用敏锐的目光，熟练的技巧，真实地记录了最底层劳动人民的生活现状，展现了这位满腔热血的爱国青年时刻关注社会、体察民情的人文情怀，从而进一步表达了他与众不同的超越时代的博爱精神。在他的采访途中和旅行期间，能够敏锐地体察当地百姓的真实状况，特别是通过一些细微的生活点滴，反映出表象背后的一些重大而意义深远的主题。”

1936年的六七月间，小方受邀担任邹韬奋先生主编的《生活星期刊》《生活日报》特约记者，负责写旅行通讯，将所见所闻，以图文结合的方式介绍给读者，他选择了河北、山西和绥远实地探访。

六月四日晨，离张垣沿铁路西南行出南菜园。回顾远山近水，天空衬着一块块浓淡的白云，不是身临其境，真不知大好山河之可爱。

徐步三十里，至孔家庄，继搭火车至柴沟堡，时已黄昏，当夜即宿于站旁一个靠近车站的客栈，房价往往要比城里面的小店贵上三四倍，其实设备之简陋，都是半斤八两。窗外是满院的马粪，屋里则是土炕上铺着破席，夜间下火车的人，进不了城，于是才不得已多花几个钱住在城外，这里的店钱，单间七角，伙炕二角，均有价目表贴于墙上，然而

繁重的劳作（小方摄）

经过短时间讲价后，记者得以一角五分而睡伙炕，晚间人就不客气的喷起云雾，一个抽完一个接，想像着他们在那一转瞬间，生活是多么的逍遥自在！（小方《从大同到绥远》，原载《生活日报》）

昏暗的小客栈里，与方大曾睡在同一土炕上的人，是十几个青年农民，他们是“应差”来县城的。原来县城西门外有一道河，县里下令各选义务工人，每村出十五人，来县修治河道，这种“应差”非但不给工资，而且食宿均须自理，一干就得两三个月。与他们交流后，小方独自慨叹，“大概这种毫不给酬的剥削，也可美其名为‘人民服役运动’吧？此种超经济的统治关系，亦为半封建之中国政治所特有的现象之一”。

两天以后小方到达阳高县，这里距天镇六十里，距大同一百里。一个小小的县城里，有许多铺子门口，挂着代售戒烟药的牌子，大概是吸鸦片的人很多，小方边走边想。

记者徘徊于阳高车站之际，得识副站长唐某相谈于站长室，唐君仍操其广东味之官话，为一诚恳而热情之老职员，我们谈到现在的职业界的贪污，谈到青年人思想上的堕落，尤其是他非常关心着目前西南政局之演变，谈吐间，在他那老实忠恳的眼眶里，溢满了悲愤的泪水“为什么要妄动干戈呢？为什么彼此不能相谅？更为什么自己总觉得自己是对而别人则非？”但是他不会感动当权者的，当权者亦未始不是感情的动物，不过他们之间的矛盾，总想付诸战争以求解决，然而，战争永远不是解决矛盾的出路，反之，它只有使矛盾更深刻，更是无止境的延续下去。（小方《从大同到绥远》，原载《生活星期刊》）

鸦片铺子（小方摄）

塞北风光（小方摄）

田间小憩（小方摄）

6月16日晨，方大曾离开大同，一路沿御河上游向正北行进，铁路线出入于崇山深壑间，这一带风景宜人，依他看来，眼前的塞北风光也许是平绥路上最美丽的一段，高朗而伟大。

旅途中，一路上的观感萦绕脑海，底层劳动者的苦难、统治者的腐化堕落，还有侵略者的虎视眈眈，他所看到的不仅是浮世的表象，还有关乎国家和民族命运的潜在危机。在发表于《生活星期刊》的通讯《从大同到绥远》中，他写道："你若是在这样的环境里住上两三天，大概就不会再看得起那山清水秀的南国了。确乎是这样，时到如今，我们的民族再也不需要那温柔幽雅的陶醉，而该有魁伟豪迈的姿态了！江南的朋友们，你们都到这里来吧，不止是这里的风景好，而且是因为这里的疆土需要我们的保卫啊！"

俗话说"冷丰镇，热包头，不冷不热绥远城"。丰镇车站位于南门外，一条依着山谷的小河在东门外，沿着这一条水的流域，土地也就特别肥沃，当然应该种植一点"好东西"了，然而这些良田里却尽是鸦片烟苗。

农民们见着方大曾这个陌生人，很觉得奇怪，小方也就借着这个机会来和他们交谈起来。

"这是什么呀！"我指着地里的烟苗故意问他们。

"大烟！"农民直爽的立即回答。

"大烟都卖给谁呢？"

"烟贩子。"

"官家买你们的烟不买？"我还以为这烟土得卖给官方呢！

"官家他可不要这个！"

车马小店（小方摄）

“要钱就得啦！”农民接着又加上了一句。这才点破了一个政治学上的真理。不错，生为中国人，谁又忍心鼓励同胞去种植毒品来害自己呢？我假想我们的政治当局绝没有这种意思，不过只是为了“要钱就得啦！”（小方《从大同到绥远》）

在接受采访时，范长江新闻奖获得者朱海燕表示，以国难与民众的疾苦做自己的教科书，写出当时的国事国情，民生民怨。特定的国情，决定了小方特定的世界观和思想感情，并以此作为认识、分析、鉴别事物的能力，从而对问题有深刻精辟的见解。

在卓资山的小店里，只有一铺大炕，屋子中间有两座取暖用的风灶，旁边堆积着马粪，那是炉灶的燃料。

炕上有十八个人，烟灯倒有四盏，除去几位不抽烟的外，都三两成群地围着这“星星之火”，在大过其瘾。小方问他们：“你们都是干么的？”

“咳！我们都是受苦的。”原来这地方把卖力气为生的都名为“受苦的”。确乎，世界上有两种人，一种是享福的，一种是受苦的。

“你们都受什么苦啊？”小方问。

"我是给烟地里挑水的。"为了面子关系，今年沿铁路前地方不准种烟，所以烟地都在铁路线三四里外。烟地需要丰足的水量，但天旱不雨，更因为它的收成宝贵，所以不惜重资来雇人从卓资山往地里挑水灌溉。他们这些"受苦者"之中，还有几位是从别处徒步往绥远城去的过路者，有几位是做泥水匠的，总之，都是离开了家乡的流浪农民。

"你们一天挣多少钱？"

"一毛多钱！"他们这一毛多钱，只是工资，由雇主管饭。

"一天抽多少大烟？"

"一毛来钱！"他们所有的收入，除去几个铜子的店钱之外，就全部消耗在鸦片上。

同店的一位客人，他是从乡里到卓资山来卖闺女的，据说快成交了，大约七十块钱。这孩子才十四岁，晋绥一带女人比男人值钱，也是一件特别的风俗。

他们问记者是干什么的，记者答以是照相的。又问多少钱照一张，记者答说不要钱。他们很高兴，于是就借着黑暗的油灯，替他们拍了两张"吸烟图"。过后，我们就越发亲热而畅谈起来了。

次日，一觉醒来，已经是"满屋烟火"了。风灶烧出的马粪浓烟与鸦片的云雾混合着，想想吧，"其味"真是"无穷"的。（小方《从大同到绥远》）

小方在平绥路上做了五个星期的旅行，沿途考察所得，尤以绥远的鸦片情形，使他既感到惊诧，同时也是非常痛心。"鸦片在绥远可以称得起大众化了，

触目惊心的鸦片种植（小方摄）

一卷四十一期　綏遠的鴉片問題

綏遠的鴉片問題

（旅行通信）

方大曾

記者最近在平綏路上作了五個星期的旅行，沿途考察所得，尤以綏遠的鴉片情形，使我感覺很大的興奮，同時也是非常痛心。這裏，且就該省鴉片之產、運、銷的概況及官方對禁煙的實情與人民受毒的苦狀等，與以簡略的記述，俾社會對這嚴重的問題，多一層了解。

綏遠省是允許人民種植鴉片的，每年七月間，往西北去的人，一入綏境，就可見到鐵路兩旁盛開着的罌粟花，其形狀，很像是春和月裏的芍藥，煙花開過之後，再過兩個星期的光景，就要實行收穫了。鴉片的收穫工作就是割禁，即以利刃把煙苞割開，將苞裏的煙漿取出，然後再晒乾，就爲成品的煙土了。

狀似芍藥的罌粟花

今年的情形稍有不同，因爲省當局的禁煙計劃，是先從鐵路沿線作起，所以第一步先令沿鐵路線附近五里內禁絕種煙，以後再年年的推廣下去，直到「綏遠無煙」的理想之實現。不過，實際上，在綏東一帶，走出鐵路一里多地，還是煙花遍地；而在綏西，則一如往昔，火車仍就穿行於罌粟花的花園裏！

綏遠全省每年能產多少鴉片，恕我未能調查其確數，然而由省府發表的公報中，知道上年度「煙畝罰款」項下的收入，即有七十三萬元。

「煙畝罰款」即是煙田的錢糧，普通，一畝煙地，須納「罰款」由十元至十六元之譜，這是按其土地的肥瘠程度爲根據的，此項「罰款」還有一條「特惠」辦法，即如遇收成不佳的年成，還可酌量遞減，這也多少帶有獎勵的性質。到了煙熟時期，官方就派丈量人員來查核，而丈量人員是否有受賄虛報的事情，自然也很難說了，所以在這七十三萬的「罰款」數下，多少還有一部分私吞的尚未計入。

以上係「產」稅而言，至於「銷」的方面，官方所得的稅款，自然更加可驚，至少也要四五倍於「產」稅收入之上，所以，綏遠的財政，全靠鴉片來支持。

到處皆是的小烟館

在民國十三年時，綏遠曾經實行過一次嚴厲的禁煙，然而一方面由於人民嗜煙者太多，一方面因爲綏遠的煙土本是該省主要的「出口特產」，所以結果弄得大家還要從甘寧一帶去購煙，以致人民手中的現款都落到別省的「煙畝罰款」項下了，而本省的財富外流，省庫的收入拮据，以致綏遠的「元氣」大損，從此，歷屆的執政者都不敢再去妄試禁煙了！

綏遠主要的農產物爲麻子與油麥，麻子一項還是出口之大宗，在綏東一帶——豐鎮平地泉等處有十幾家運輸糧棧，專門經營麻子往海外出口。然而這種麻田，每畝錢糧只不過六七分錢，而收成亦只值三元左右。反之，如種鴉片，每畝平均可收一百五十兩煙漿，晒乾後可得五十兩煙土，每兩地價——即在當地售與煙販之價，可合到一元左右，雖然種煙的工本及「罰款」都很大，這在農家亦是很合得來，況且煙地從種到收，只要一百天的短時間，資金流轉之速，也給與種植者以莫大的利益，所以良田都種了毒品，劣田才去種糧食。

鴉片在綏遠可以稱得起大衆化了，富人家之吸食，自不用說，就連苦力們也有很多的癮君子。我這次的旅途中，每在極窮陋的小店裏，也可遇到那些連鞋都穿不起的同胞們，也二三其聚的圍着煙燈而爲「煙畝罰款」盡着義務。綏遠的勞動本就很低賤，苦力勞動一日的工資只有兩三角錢，幸而他們吃的莜麵是很

旅行通信《绥远的鸦片问题》发表于《申报每周增刊》

富人家之吸食，自不用说，就连苦力们也有很多的瘾君子。我这次的旅途中，每在极穷陋的小店里，也可遇到那些连鞋都穿不起的同胞们，也二三其群的围着烟灯而为‘烟亩罚款’尽着义务。”绥远的劳动本就很低贱，苦力劳动一日的工资只有两三角钱，幸而他们吃的莜面是很便宜，每天一角多钱的饭食，即已对付，所剩下的微数，则都溃耗在鸦片上。

绥远主要的农产物为麻籽与油麦，麻籽一项还是出口之大宗，在绥东一带——丰镇平地泉等处，有十几家运输量栈，专门经营麻籽往海外出口。然而，这种麻田，每亩钱粮只不过六七分钱，而收成亦只值三元左右。反之，如种鸦片，每亩平均可收一百五十两烟浆晒干后，可得五十两烟土，每两地价——即在当地售与烟贩之价，可合到一元左右，虽然种烟的工本及“罚款”都很大，这在农家亦是很合得来，况且烟地从种到收，只要一百天的短时间，资金流转之速，也给与种植者以莫大的利益，所以良田都种了毒品，劣田才去种粮食。（小方《绥远的鸦片问题》）

在这次旅行途中，方大曾还留下了一组以黄河上的船夫为主人公的摄影作品，近十张景别不同、人物不同的照片中，这些船工全身赤裸，或摇橹，或起帆，或拉纤，透过他们各种不同的表情，使阅读者强烈地感受到他们劳作的艰辛、性格的坚韧、对待生活的达观。同时也能想见，方大曾是带着怎样的深厚情感，到黄河岸边去找寻他们的踪影，走进他们的生活，贴近他们的心灵，最后被他们所认可和接纳，如果不是这样，虽然船工们处于社会底层，但中国人的传统观念，赤身裸体的形象是不会让外人拍摄并公之于众的。

此时的中国，已处于外侮入侵的四伏危机之中。假期里，小方还参加赴

黄河上的船夫（小方摄）

乡村即景（小方摄）

东郊区的一个服务小队里，进行抗日宣讲。乡村里充满了荒凉破落的景象，小方和同伴在田里向着既定的方向走着，决不放过任何的机会，只要一遇到人，“我们一定要设法和他们接谈，并给予宣传的印刷品，如果对方是不识字的，就嘱付他再传达给识字者去看”。

当宣传员讲到一旦和敌人打起仗来，男人们都上前线去，女人们可以在后方做饭等，他们听了都非常高兴。

接过了传单，他们都答应把这东西传播到自己的邻舍亲友们。服务团的各小队，也时常在邻近的村庄前相遇，都彼此互道成绩与愉快的工作上的安慰。我们把民族解放斗争的种子散布在北平市四郊，这还是第一次。

服务团的人们，都各自带着午餐干粮，因为路程不同，所以比较离城近一点的，在下午三点左右即已返校，而远一点的，当工作完毕时，已是万家灯火时候了。（小方《北平学生的灾区服务》）

华新纱厂（小方摄）

小方从人们这些司空见惯、置若罔闻的事实中发现新闻，并较快地从这些似乎与战争不搭界的信息中判断出新闻的价值，掂出新闻的分量，能够让读者在以后所变动的事实中，比较出预见的准确，以及发现事物的来龙去脉及其内部的必然联系。

我的一位老同学，在省政府某厅里当科员，省府科员薪水本全是每月五十元，而他则为二十五元，问他究竟，才知他是“额外科员”。因为各厅科员名额均有一定人情面子，举荐来的又不能不安置位子，于是常以两人平分一个单位的薪水，为“额外科员”颇具有饭大家吃之意，人浮于事的情形可以想见！（小方《张垣一瞥》）

车站上的太阳旗和日本守备军的巡逻等，这在我们住在北宁路沿线的人们看来，已是司空见惯的事。

这次在冀东的旅行，共经五日，而大部分时间是在唐山，滦县及昌黎。本想也到山海关去一趟的，但是在中途遇着大风雪因未带寒衣，只得折回。

华新纱厂，在我写稿时，可算是华北仅存的一所中国大纱厂，但是它已没有能力继续维持着它原来面目。因为从本年十二月一日起，据说，它将被迫正式接收日资新股一倍，而改为中日合办了。从此日资独占华北纱业的企图，已完成其百分之九十九，纯中国的纱厂，就只剩下天津的一家恒源，因为它规模很小，所以还能勉强的维持着。（小方《冀东一瞥》）

俗语说："耳闻不如目见"，这真是很有道理的。当"友邦"的兵士在四郊演习的时候，当他们大队的游行全市的时候，民众们都亲眼瞻仰了"皇军"的威武。从前还以为"皇军"真是神兵天将一样的吧？然而今朝一见原来"不过尔尔"，这又有什么可怕呢？为什么我们还不同他们干一下子呢？在每个人的脑海里都发生了这样的疑问。

有的农民说："日本兵到我们村子只来了一百多个，若不是有中国警察来'维持'我们早就把这群东西都干掉了！"有的市民说："我当时手头要有一个手榴弹，早就把它丢到坦克车底下了！"

正是敌人的进攻越迫，我们民众的团结力也越强，联合战线之确立也越坚固。（小方《日军秋操之后》）

记者详察所贴出之标语，有些的措辞实在令人难解如"纪念政府成立是祝人民百福"，"共和再造民族复兴"，"政府为人民造福不浅，大家要热烈庆祝"，"爱国者就应爱家庭，政府是大家家庭"——（这逻辑倒是很妙！），"五色国旗飘扬是祝人民前途幸福无量"等，想来这些标语的提笔人大概非"友邦"人士莫属了。因为大体上说，这都不

通讯《日军秋操之后》发表于邹韬奋主编的《生活星期刊》

《冀东伪自治区写真》组图发表于《生活星期刊》

成为中国话的！

当提灯的队伍游行街头时，记者听到一个市民自言自语的说："真不要脸！"是的，虽然汉奸们把这块土地送给敌人了，但我们民众的心并未死亡，民众随时都在准备着恢复自己的土地和政权。笔者在冀东旅行时，遇到一个朋友对我痛恨的说："中国快快把这二十二县收回吧！"是的，我当然同意他的话，尤其是当我亲自到冀东视察了之后。（小方《冀东视察记》）

小方的报道总是和亲历的现场紧紧连在一起，无疑已成为历史的"第一遍底稿"。范长江新闻奖获得者朱海燕表示，流泪的山河，苦难的民生，是他报道的背景与深景，笔下涌出的东西，哪怕是苦难的，但有着排山倒海的力量，倒逼着中国人喊出："中国必须站起来！"对他的这些作品，我不是作为新闻作品来读的，而是在读中日开战之前一个承载战争的沙盘地形图。在一个鸦片泛滥、妓女猖獗、民不聊生、国难当头的时刻，即将爆发战争，会给中华民族带来怎样的艰难，便可想而知了。

1936 年的 6 到 8 月间，小方在《生活日报》及《生活星期刊》上连续发表了《张垣一瞥》《从张垣到大同》《晋北煤业状况》等通讯作品，将一路所见报告读者。在 7 月 17 日《生活日报》上，发表了方殷的新诗《自卫之歌》，两位当年一同创办发行《少年先锋》杂志的伙伴，分别数载后，此刻在同一份报章上不期而遇，一篇通讯和一首诗歌，虽然形式不同，但是敌忾同仇和舍身报国的殷殷之心是相通的。

是谁，蹂躏着我们锦绣的山河？
是谁，劫掠了我们万里的江山？
成千成万的同胞沦为奴隶，
成千成万的民众失所流离。
如今，我们没有了土地，拆散了家，也亡了国。
我们在冰天雪地里挣扎，抗战——
为了赶走我们的敌人，
不怕在炮火之中，洗炼着我们自己。
即管敌人的炮火是何等犀利，
即管奸细是多么无耻猖狂；
也灭不了我们战斗的烈焰，
灭不了我们反抗的怒火！
来吧！一切被压迫的大众，不愿做奴隶的人们，
不论是朝鲜人，中国人，或是日本的劳苦兄弟，
为着正义，为着真理，也为着我们民族的存亡，
我们大众之间并没有仇恨，
我们不能受敌人利用，离间，做他们的炮灰。
起来！我们要一致的毁灭我们共同的敌人！
听，到处充满着悲惨的呼号，

方殷印象中的小方（后排右二）总是意气风发

听，到处响应着我们友人的援助与同情！

我们要做自己国家的主人，

我们要自卫，自卫，自卫，

起来呀，一切要求生存的人们！

我们要自卫，自卫，自卫！

铿锵的诗句，炽烈的情感，在方殷的文字中，化作投枪和匕首，诗人将自己的愤怒融入其中，试图挑开黑暗世界帷幕的一角，使阳光照射进来，民众得解放。

“小方好像总是在走路，奔忙，不知疲倦。”在方殷印象里，他“人品纯正，热情，精力充沛”。两位志趣相投的战友，最后一次合作是在 1937 年 4 月前往门头沟煤矿采访，文章发表在上海杂志公司发行的《世界文化》半月刊第一卷第十一期上，题目是《门头沟——“黑”的世界》，文中所附的六幅照片都是小方拍摄的。

当年 5 月 26 日到 6 月 3 日，小方沿平绥路旅行采访，在察哈尔境内停留九日，旅途中除一部分搭乘火车外，多半为徒步。在6月6日、7日的《益世报》连续两天刊登了通讯《察哈尔视察记》，这是方殷了解小方行踪的最后消息，我也由此得知小方在这次察哈尔之行的点滴经历。

> 记者过南口时，曾遇见两个青年农人，身上背着与记者同样简单的行李，迎面走来向我打听门头沟的去向。问他们详情，则云来自怀来县，因本县无法为生，所以去门头沟煤矿谋一个“背煤”的活儿。从怀来到南口是一百华里，他们已走了一整天。被农村经济破产逼走了的这两位可爱的青年，不知这当夜将宿于何处，更不能预料他们将来的命运！记者在察境内几段徒步的旅程上，遇到这种情形很多，农民们都是异口同声地说不能聊生。又有一次，在新保安附近，和两个扒草根的小孩谈话，知道他们因为粮食不足，只得捡些草根充饥，这种草根，名为“苦菜”。恐怕城市的人从未听见过吧。此外，随时随地遇到的老年乞丐，亦不在少数。察哈尔的农村，也正是中国农村的一个代表，破产情形的缩影，年青的逃向都市去找工作，年幼的勉强在农村挣扎着，年老的则只有等着饿死。（小方《察哈尔视察记》）

“这之后，”方殷回忆，“他东跑西跑，日无定所，我也就不知他的‘去向了’。”此后，方殷一直与方澄敏及其家人保持着联系，也想为小方出书办展做些事情，但是这个心愿始终未能实现。

20 世纪 80 年代，方殷垂垂老矣，陈年旧事总是涌上心头，为人仗义的小方总是在他眼前晃动，还是那么的年轻。“我一直怀念着这个英俊干练的青年。我一直梦想着有一天小方会突然出现在我的眼前。我对于过早地失去了这样一个年轻轻的伙伴，一个新闻战线的尖兵，时刻悲痛着，时刻叨念着：他会归来吗？”在《破涕而笑》一文中，诗人方殷留下了关于方大曾的最后一段文字，不久以后他就去世了。再以后，登载他们文章和照片的报刊泛黄变脆，印迹模糊，如同声响，掠耳经过，渐渐归于平静，它们长时间在档案和书库里寂静沉默，但不可磨灭。今天读来，那些关于行走的记录，是他们良知的呼唤和生命的呐喊，细细品读，无论是从前还是当下，我们的民族精神并未缺失，它只是随着时光的轮回若隐若现，等待着一个唤醒的契机。

> 退休以后，我就开始整理哥哥留下的底片，之前一直忙，有时都顾不上吃饭，文革又下放，后来病了一年多，根本没时间弄。我首先是先看一遍，底片的顺序，大号小号说不出来是什么年月，总之是按照摄影的次序来的，尤其是绥远抗战的内容，很集中，都在五百多号到八百多号，一看就知道。后来我索性分了分类，哪一部分是人像，哪一部分是风光，哪一部分是佛像，哪一部分是战地的，我是想把这些整理起来给他出点儿什么，纪念纪念他，但是我没有力量，我也不会写我也不会照，也不知道怎么组织起来这些材料。后来方殷来了，他也想为小方做点什么，当时拿走了 80 张底片，之后不久他也去世了，后来我找到他爱人，又把底片要回来了。（1995 年 10 月 18 日方澄敏写给张在璇的信）

1936 年 11 月间绥远抗战爆发，四个月前刚刚从这一带采访归来的小方，敏锐地意识到，他在旅行时的隐忧，顷刻间被战火无情地验证。“在最近两天，各校学生正为了绥远问题忙着，记者写此通信时，学联会正决定预备从十八号起，发动一个大规模的市民募捐运动，来援助绥远的抗敌战士，并拟组织慰劳队，随军队到前线去参加抗战工作。”

又一次准备出发，再赴绥远，二十四岁的方大曾将第一次直面战场，用真相告知公众。在他看来，国家危难、民族危亡的时刻，任何一个中华儿女，都应该毫不犹豫地做出这样的选择。

七　绥远之远

他（小方）在次日的清晨，要匹马翻阴山去陶林了。这是一次大胆壮丽的旅行。青年人的脑海中，只有光明与胜利的追求。所谓危险和艰难，我们容不得多加考虑，惊人的事业，总成功于常人不敢为之中。当夜我们已转上南去大同的火车，我们才不见了他硕大美丽的踪影。

——范长江

《沉静了的绥边》

1936年在绥远集宁城里出了一件新鲜事，商人解汝秀引进两辆美国造的道济牌汽车，开办了捷利汽车行。这个举动迅速传开，现代化的气息霎时迎面而来，对于看惯了以牛马为运输工具的草原小镇人，不能不说带来了一个大大的惊讶。

“四顾茫茫远山如线，中间一片平坦浩荡的平原。牛马千百成群，远远的走来，如绿海上的沙鸥万点。倚仗当风，心旷神爽！这种无边高朗的天空、无限平阔的草原，无尽清净的空气，是只有西北高原才能具备的，我愿个个南方孩子，都能到此一游，一洗南天细腻娇柔之气。”

作家冰心曾经在《平绥沿线旅行记》中描述游览集宁的观感，当时，她与丈夫吴文藻及学者郑振铎等人正在平绥线上旅行，一路上他们对沿途的社会、风情、地理风貌等作了详细的记述。虽然集宁县已经建立了起来，但火车站仍沿用着“平地泉”站名。

在《从大同到绥远》一文中，小方介绍：“集宁县西南二十里路，有个地方叫平地泉。当年平绥路建筑的时候，本预备通过平地泉的，但那里是一个宗教区，恐怕铁路通后，对于这地方的圣洁与风水有了妨害，于是才不得已改道集宁县。但铁路建筑计划上平地泉车站的名称并未变更。相沿至今，路局才正式将站名改为集宁县，现在正由工匠重刻车站上的字匾，但在集宁县三字之下，仍注以平地泉三个小字。”

据说，当年的平地泉车站，南侧公园里有一副楹联，上联是“此地好山川，徒埋没荒烟蔓草，望汉室秦关英雄何在？魏都元省王气俱销，大漠辟奇观，任我来看千明月。”下联是“名园新结构，更掩映白石清泉，把呼鹰走马野俗潜移，晓角秋茄悲歌顿改，流风传韵事，与民同乐四时春。”这副长联不

平地泉的鸟瞰（小方摄）

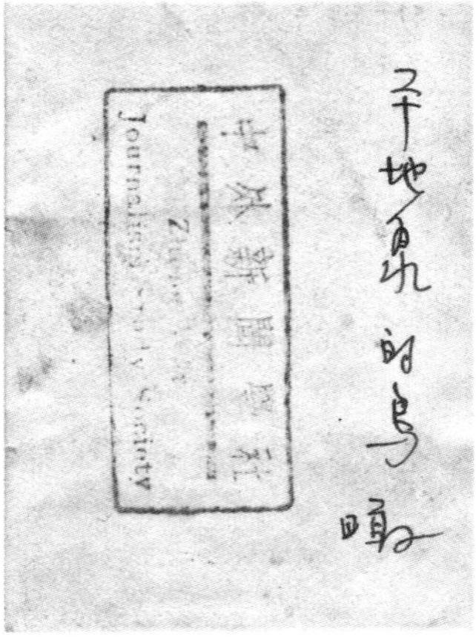

照片的背面有小方的字迹
和中外新闻学社的印记

集宁街头（小方摄）

知是出自何人之手笔，八十二个字，竟将集宁地区的历史山川、刀光剑影、壮士悲歌形象生动地描述了出来。

集宁县在以往并不怎样热闹，不过最近一二年来，市面已有迅速的发展。只就房子来说，这一年中，新建起的有一千多间，原因是这里的农产物，受到外国工业家的收买，于是农产物市场立刻飞快的发达起来，专营买卖农产物的大粮栈就有六十多家。这类商业，大都有一所广大的庭院，大门前悬着一块细长的匾额，标明“某某粟店”。外来的客商都先到这里的运输公司接洽，由运输公司再转代介绍粟店办货。这种运输公司从前只有三个，现在则增至八家之多。其中有一家“万国公司”，系日商所经营的，但是买卖很少，因为各粟店都不愿与他往来，商人也不是没有爱国心的。（小方《从大同到绥远》）

长途旅行中，与冰心夫妇同行的郑振铎在《西行书简》里写道：

夜里，车开到平地泉。……二时许，游老鸦嘴（一名老虎山）山势极平衍。青草如毡，履之柔软无声。有方广数丈的岩石，突出一隅，即所谓老鸦嘴也。岩上有一小庙，一乞丐住于中。

登峰顶四望，平野如砥，一目无垠，一阵风过，麦浪起伏不定，大似一舟漂泊大海中所见的景象。平地泉的名称，确是名符其实。塞外风光，至此可见一斑。……这是西行以来最愉快的一个黄昏。古人所谓“心旷神怡”之境，今已领略到了。

在这前不见古人，后不见来者的处女地上，此时心情，是欢喜，是惆怅，也分不清了，晚风飘飘的吹起衣袂，我们都相顾默然无语。抬头时却远远的看见白光万点，缓缓流来，原来是羊群罢牧。羊群过尽，有两三牧童游暇的拄着鞭竿，低头行走。落日的金光中，完成了这幅伟大静穆的黄昏图画。

大家心上的黄昏，也有几十百个，却谁亦忘不了这最深刻，最宜人的“平地泉的黄昏”。

然而，无论是汽车行带来的新鲜感，平地泉黄昏的美妙，还是“心旷神怡”的迷人景象，不久都被枪炮声打碎了。

在 1936 年 11 月份的严寒中，红格尔图战役胜利的消息传到了北平，绥远一下子成了国人热议的关键词，久违的畅快，随着人们口耳相传，似乎减弱了对于冷的恐惧。接着，百灵庙、锡林木勒又传捷报，日本支持下的王英“大汉义军”主力丧尽，惨遭重创，以“剿匪”为名指挥绥远抗战的傅作义将军大获全胜。

方大曾一直关注着绥远的局势，早在六七月间，他由河北、山西入绥远的旅行采访途中，就将一路观感及忧虑详细写进后来的通讯报道：“日本要伸展它的势力于陕甘宁青以至于中国的极西部——新疆，我们可以直觉的看到这是对中国进一步的侵略，以并吞整个华北和西北。此外，它的另一意义，就是要造成一条完全的进攻苏联的战线。这个势力的伸展一旦完成，则不只是代替了中国去‘开发西北’，而越往南可以很顺利的进逼四川等地了。”

旅途中，在集宁附近的卓资山，方大曾深入军营，与本地驻防军连长郭跻堂相识，他带领小方参观营盘。“园子布置得非常幽雅，有泉、有亭、有山石、有小溪，并且民众可以随便游览，军民相处颇为融洽。连长虽是位武官，

看似平静的绥远（小方摄）

将“抗日”改为“长城”二字的烈士墓（小方摄）

但他也长于文学，园中所有各处题字，均出其手笔”。“以一个生活极不稳定的军队，居然走到一个地方，还能想到建设营房，也实在难得了”。

郭连长请小方吃了晚餐，黑馒头、盐菜和一碗面汤，他们还谈了些政治问题。小方问他：“假使对外发生了战争，你取什么态度？”这位文雅而雄壮的军官毅然回答：“往南没有路，西去走不通，当军人的有什么？只有一条命！”小方感慨：“不错，当军人的只有一条命，不要小看这条命，它确是我们全民族的护卫！”

次日清晨，小方看见郭连长的队伍练习爬山和冲锋，这使他对绥远的军队有了一个实际的印象。

> 车站西北有一座抗日烈士墓，现在已将“抗日”二字挖去。九一八纪念堂亦已取消，所幸国旗还照常的飘扬，也许头脑简单的新闻记者会将这消息报告给内地大众：“国旗尚在，绥远还无恙！”呜呼，这可并不能埋藏了绥远在边境上的潜伏的危机呢！

绥远的确有许多的严重问题，值得国人特别注意的！（小方《从大同到绥远》）

仅过了五个月，国人似乎还没有“特别注意”，小方在绥远旅行采访途中预感的事情发生了，在他看来，这一冲突是迟早要来的。

绥远抗战的枪声激发了民众的爱国热情，北京大学成立了“绥远剿匪将士后援会”，并在校内募捐，共募得2000多元，其中教师们捐一日薪水共1300元，学生募捐600元，学校停止烧煤三日节省400元。用此款项，购买了救护伤员的药品和士兵们的御寒衣物。1936年11月30日，在北大二院西宴会厅将药品物品公开陈列，供师生们参观。学校还组织了“北京大学师生绥远慰问团”，由化学教授曾昭抡任团长率团前往绥远慰问抗敌将士。

慰问团共有十三位成员，他们买了北平开往包头的三等半价票，于1936年12月1日上午9时从前门火车站出发，前往绥远。下午4时到张家口，越往北走，天气越冷，晚12时半到平地泉，大家在车厢里冻得发抖，慰问团带的一支温度表也已失效，曾昭抡估计室外温度该在零下25度。

车厢里拥挤不堪，整个晚上大家只能挤坐着。为了了解绥远，在寒冷拥挤的环境中，曾昭抡抓紧时间读完了范长江专著《中国的西北角》，第二天清晨5时，慰问团抵达归绥火车站。

与他们先后到达绥远的慰问团体和人员很多，其中有燕京大学新闻系前线考察团、清华大学学生前线服务团、协和医学院关颂韬和袁贻瑾两位教授、北京大学医学院刘兆霖教授、清华大学工学院院长顾毓琇、卫生署长刘瑞恒等等，当时，大家都住宿在绥远条件较好的绥远饭店、绥新旅社、大北旅社三家旅馆。

绥远慰劳队（小方摄）

方大曾工作过的天津基督教青年会，也派出了由他从前的领导、少年部主任杨肖彭带领的慰劳队。他们在绥远前线停留了一个月的光景，为部队放映《秋瑾》等电影，还带去了一张唱片，是美国黑人歌星罗伯逊用中文演唱的《义勇军进行曲》。杨肖彭和慰劳队员在广场上用木头搭起了台子，邀请指挥家刘良模为士兵们教唱进步歌曲以鼓舞士气。后来，他们把这一场景拍摄了下来，投寄到了美国的《生活》杂志，为此，傅作义将军还专门邀请杨肖彭和刘良模吃饭表达谢意。

在准备赴绥远战地采访前，小方根据上一次实地踏查的观感，对绥远的局势进行了一番分析，写了《绥远的军事地理》一文。“绥远所以成为西北的门户，是由于一条阴山山脉的天险。从阴山山脉的北侧，虽然也能绕到宁夏及新疆，但那一地带都是荒凉的草原，不只是交通非常困难，而且物产也很有限，所以它必得以阴山南麓的平绥铁路为其进展的出发站。”他在文中表达了自己的看法，“那么，怎样来占取平绥路呢？更怎样才能控制绥远全省呢？这计划只要把平地泉（即集宁县）占领了，就可大部解决。因为集宁县是绥远的交通咽喉，假如敌人一旦占领了集宁，它就可以火速的修成一条多宁铁路，从集宁通到察哈尔的多伦，再达热河的赤峰、朝阳、北票而和‘伪满洲国’打成一条坚固的铁链。‘伪满洲国’和平绥路这样连接起来之后，再进一步，也就可以把中国的东北和西北打成一片了。”

绥远战事发生后，前线流传着敌人使用毒气的消息，令人不安和恐慌。详细了解情况后，曾昭抡在11月24日的《大公报》上撰文，介绍在当地目前的气候条件下，“毒气是不会产生多大效力的，应适时进行防毒教育知识普及，以消除军民的恐惧心理”。12月4日，曾昭抡一行分别到归绥主要学校和部队进行防毒演讲，上午、下午各去了四个地方，西北电影公司还把他们的活动拍成了电影。随后几天，由军人、学生、农民组成的常备队约3000多人还数次进行了防毒演习。

12月5日清晨，小方以中外新闻学社记者的身份到达集宁，随后开始了密集的采访。今天我们能够看到，他初抵前线，拍摄的有关绥远抗战的大量照片中，就有战士头戴面具，进行防毒演习的珍贵画面。

《大公报》著名记者范长江先于小方来到绥远，他带领着十几人的新闻界代表团赴前线慰问采访，在他记忆里，“被人称为‘小方’的方大曾先生，在我们朋友心里占据了很重要的地位。因为联想起许多在绥远以前关于‘方大曾’的印象”。“在天津《益世报》的地方版上，看到有他的一篇长篇通信《张垣至大同》，他把察晋间的社会黑暗情形暴露不少”。“在书刊上，我们常常看到‘小方’的作品，他对于题材的选择和对于时间性的谨严，都是引起朋友们注意的地方”。

同在绥远采访的中央社记者王华灼向范长江谈及，他因为那时采用小方

戴防毒面具射击的士兵（小方摄）

小方（左二）和同行们在绥远

的通信，报馆当局认为对于社会黑暗之指摘颇为不妥，因而还解除了他的职务。

能与众多同行在绥远相遇，尤其是见到范长江，小方自然是高兴的。从以往的“单兵作战”到当下的“集体行动”，方大曾感觉新鲜而有趣，他在战地通讯中写道，“新闻记者们的活跃，是最令人感觉兴趣的一件事，他们无处不到，无孔不入，天天是神出鬼没的到处奔跑，各自保守着自己的秘密，同业竞赛表现着非常的尖锐，但他们彼此的私人感情则都很好”。

方大曾受邀到《大公报》驻绥办事处做客，并与范长江等人一同采访，“借着骑兵七师师长门炳岳中将回隆盛庄防地之便，笔者乃随往，同行者尚有中央社王华灼君及大公报长江君。我们一齐上了大汽车，于十时左右离开集宁”。“当天的气候还不算坏，这一百一十里的征途，倒并未感觉什么特别的寒冷，门师长又是位健谈的先生，大家说笑着就到隆盛庄了”。在前往兴和的旅途中，小方还为范长江、孟秋江等人拍照留影。

范长江（左）与门炳岳（小方摄）

后来到兴和，骑兵七师师长，姓门，叫门炳岳，他带着范长江、中央社的一个记者，还有我哥哥视察阵地，都骑着马去的，门师长看他们马骑得不错，就说你们都是武装的新闻记者，哥哥说，是的，不只是新闻记者，中国的全民众都应该武装起来。从这点上来看，哥哥的思想还是很进步的。那是在卢沟桥事变之前，他的目光就看得很远了，当时虽然我也帮助他干一些活儿，但各方面思想认识跟他还是差得远，只是凭着一腔热血。（方澄敏的回忆）

绥远省主席、三十五军军长傅作义将军多次与范长江、小方等记者见面，谈论这次绥远抗战的意义、特点以及由此联想到淞沪抗战、长城抗战失败原因等很多问题。“伪匪经过了这次的损失，现在又不得不退回商都的近野，再加补充之后，当然还要有更大的进犯。同时，在我们这方面，也更加需要后防的准备，我们前方的防御工事虽有绝对的把握，但是不能不承认后方有

傅作义（左）与晋绥军骑兵司令赵承绶（小方摄）

着许多的弱点，”小方表达自己的看法，“比如这次日方的飞机把集宁南五十里的平绥路铁桥炸毁，以致车辆误时达五小时之久，这就是一个很可警觉的教训。我们最低的限度，也要有飞机停在后防。”

傅作义将军谈到，如果将来全面抗战爆发，全国军民要抱着抗战到底的决心，哪怕剩最后一兵一卒也决不投降。“以举国力量保卫绥远”，万不能把这次的绥远事情弄到第二个长城抗战的结果，因为这是“忍耐到最后关头”了！

方大曾和范长江等人从集宁起程赴前方采访时，已是黄昏时分，走到东门外八里路的霸王桥，天即漆黑。在路途上，遇到第四师与三十五军换防的夜行队伍，令他们“感触着一种战场上的伟大景象”。

到黄家村时，车停十几分钟，小方和大家下车活动一下几乎冻僵了的腿脚，然后续行。汽车在高低的山原上，在旷野的黑暗中，共走了两小时，始到大六号，

绥远的冬天（小方摄）

红格尔图的官兵（小方摄）

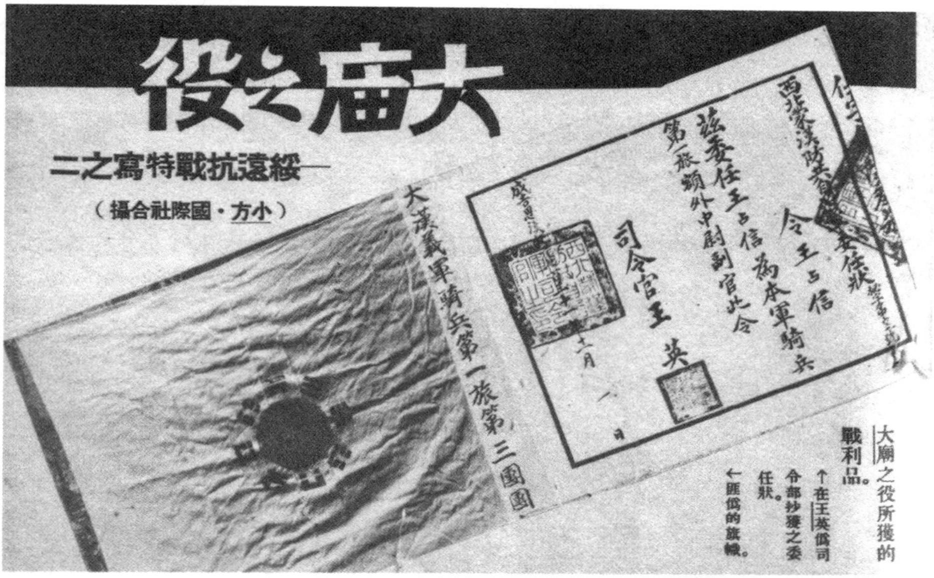

《大庙之役》发表于《东方杂志》1937 年 1 月 1 日新年特刊

骑兵一师的参谋处设在这里，一行人即以此地作为赴红格尔图的第一站驻地。

红格尔图是蒙古语音，也可以写作红根图或红格图，是绥东陶林县属极东的一个重镇，恰当察绥交界处。这一带地形，没有什么高山峻岭，只是些起伏的丘陵，小小的红镇，即在一块丘陵的洼处，南、北、东三面环山，只有西面是较平的，直通陶林县的大道，故此地是从商都通绥北的咽喉。

晚间，和王参谋长及各位参谋畅谈，军官们兴高采烈地叙述 11 月 15 至 18 日的红格尔图之役，又拿了许多胜利品来展示给记者，其中有一件最使小方感觉兴趣的，是那幅大张的“北支那”地图，这张日文的华北地图，还是最近才由南满洲铁道株式会社出版的，其详细为我们本国出版的任何地图所不及。“记者见此如同珍宝，把它详细的看，简略的抄下。”据段参谋介绍，这地图是在匪首王英的司令部中获得的。

当我军把围攻红镇的伪匪打退之后，又继续追至十五里路以外的大拉村地方，那儿是王英所在的伪司令部，我军追剿至此，正值深夜，王匪和伪军官长们有的连裤子都没有来得及穿，在仓促中乘汽车逃走，这是当地老百姓所亲睹的情形。这次王匪倾巢来犯，以七千人之众，详密的动员来围攻我只有二百名守军的红格尔图，他计划着三小时内可以打下，当然并没有想到会遭遇这样的惨败，所以闹了裸体而逃的大笑话，也是古今战场上的一段趣闻。（小方《绥东前线视察记》）

在红格尔图，至今还传颂着王五海打下敌机的故事。

据当地老辈人讲，王四海、王五海兄弟俩是神枪手，他们骑着马，说打房子的哪根椽子就打中哪根椽子，人们抽烟，他们举枪打烟，却伤不着人。

1936 年 11 月 16 日，敌机盘旋于红格尔图上空时，每到城壕阵地，就俯视低飞，机枪扫射，投弹轰炸，给我守军造成极大威胁。就在这危急之际，神枪手王五海用步枪瞄准，乘飞机低飞扫射之时扣动扳机，打中了敌机的要害部位。飞机一溜黑烟向商都方向逃窜，滑行到商都城北十多里处坠毁。

击落敌机，守城军民士气更加旺盛，大家奔走相告，并给王五海编了一个顺口溜："王五海，真有名，他在游击队当过兵。他的靶子很有准，一枪给它个倒栽葱，'啊呀'一声活不成。"

战后，王五海兄弟搬往商都居住，所住的村子被当地人以他的名字命名，叫作"五海村"。

八十年后的今天，在村子东北角的土台上，出现了一座圆形的"建筑"，这是当地政府前几年复原的红格尔图作战碉堡。旁边的一堵墙上，白粉在风雨的侵蚀下已经斑驳，但依稀可辨"红格尔图抗战遗址"的字样。

"碉堡有两米多高，是土坯垒砌而成，西有一门。进入碉堡，丈量直径有十余步，环绕墙体均匀的分布着七八个射击孔。通过射击孔向外张望，可清晰观察地形，是消灭来犯之敌的有利堡垒。"《北方新报》记者张泊寒实

红格尔图碉堡（小方摄）

地寻访后描述。

王五海打下飞机的那天下午，敌炮向红格尔图东北、西北两围角集中猛击，“围墙被毁，碉顶亦残，倒塌数处”。炮击过后，伪军分别向红格尔图东北、西北两角猛冲。

“我守军或在碉堡底，或在深壕边，等伪军进入百米以内，以各种火器齐行斜射侧射……”一战下来，我守军毙敌百余，伪军不支溃退。

那一天，敌人不停地轰炸，炸弹之目标，专对碉堡。敌炮击百十发炮弹，将东、北两面碉堡的顶层炸掉。

“我军民在红格尔图筑起的碉堡，皆系两层，下层石质，较上层坚固。当初设计，即用碉堡上层监视敌人，下层杀伤敌人。今敌将碉堡上层打去，正好诱敌投罗。”红格尔图乡原副乡长吴月旺说，“当伪军冲至面前，我守军的轻重机枪、冲锋枪子弹由各碉堡内一齐喷出，冲在前方之敌，无一幸免。”

察绥一带的天主教势力很大，在这小小的红格尔图里，也有一所教堂，建筑很大，在全镇中算是首屈一指的，俨然是一座封建诸侯的宫殿。这里的居民，百分之九十五都是教徒，教堂恰似全镇的统治者，所以这里的教徒都

弹痕累累的红格尔图教堂（小方摄）

易世芳（小方摄）

称为“教民”，做了“教民”就可以受到教堂的保护，得到相当的职业，能够安居乐业。

范长江在他的作品《沉静了的绥边》中写道：“我们在红村的教堂中休息，教堂的钟楼已被敌机投弹炸去一角。教堂后面，尚有未炸之二百磅炸弹一枚。墙上到处有炸痕。”

当年的教堂遗址还在，院子很大，铁门紧闭，两侧的门栏依存，底部是半米多高的石基，上为砖柱，依然彰显着当年的气派。透过门缝向里观望，主建筑已经荡然无存，只剩下房基和几间后房。院内已是杂草丛生。

“一百多年了，教堂的地窖还在，一个格子一个格子放东西。”村民陈考说。

在红格尔图，方大曾走进教堂拜访总司铎易世芳先生，“易君是位和蔼可亲的老者，当我们走进时”，发现“他正在整理着由街头上拾得来的枪弹，足足集了一个汽油箱之多，因为枪弹里有锡质，所以他用一个铁勺在火炉上，作提纯锡的工作。见我们进来，笑眯眯地说：‘可拾得多啦！’后来，他又打开一间套房，叫我们看那些未炸的炮弹，也摆着有二三十个，大小全有，他已把这些炮弹都打开了，将炸药和铁珠取出，他说：小号炮弹中总装着三十粒铁珠。……随后，易君又领导我们到后院去参观那颗重一百二十斤的飞机炸弹，也是落在教堂里的，幸而还没有炸。”

我们谈了一会儿战役当时的情况，原来这里的“教民”在战役时，都由教堂护送到邻近的一处教堂去避难，只留下八十余名壮丁在镇里帮助军队抗战，这些壮丁都是很有经验的战斗员，把教堂里的二十几尊土炮都搬到火线上去，由他们担任开放。最有趣味的是他们用晋军的手榴弹（晋军的手榴弹是太原兵工厂的特产品，是晋军所用的最有名的武器，形如一个铁锤，在木头柄的尖端有一根丝绳，把绳一拉就立刻投出去，五秒钟之后，即可爆炸，分大中小三号，小号的可以爆到五十米直径的周圆，制造成本很便宜，每个只要一两毛钱）。去掉弹柄，装在土炮里，当作炮弹打出去，敌方受到这样‘改良炮弹’的损失很大，他们还不知道究竟是什么东西。全世界上就根本没有这种军火的名词，简直弄得敌方莫明其妙。（小方《绥东前线视察记》）

战后多年，在红格尔图还能捡到子弹壳，甚至挖出未爆炸的炮弹。

如今，当年的土炮已荡然无存。村民说，新中国成立后土炮还在，后来都被当作破烂卖掉了，三毛钱一斤。

前线采访期间，小方曾与骑一师第二团团长张培勋见面晤谈，吃着四两重的大馒头和盐水煮土豆。张团长告诉他，大敌当前，“为了坚定军民誓死保卫红格尔图的决心，我下令所有战马立即卸鞍。谁要是不卸鞍，或以后私自给马备鞍，不论官兵都要就地正法。同时向部队讲说东四省沦陷后，东北人民处在水深火热的亡国奴境地，我们必须誓死保卫红格尔图，剩下一兵一

红格尔图前线指挥者（小方摄）

卒也要坚持。为国牺牲了也是光荣的”。

在狭小的土房子里，张培勋接着说，“当时士气很高，一致表示愿为国尽忠。我们预料敌人会很快再次进攻，所以部队饱餐之后，立即进入阵地，准备迎战。不出所料，当我们进入阵地不久，敌人就开始了更残酷的进攻。他们上用七架飞机带一百五十磅的炸弹沿着阵地轮番轰炸，并用机关炮连续扫射；下用约十门大炮不停地向我阵地猛烈轰击，其步兵又以波浪式的密集方式向我进攻。但是我团在群众全力支援下，储有足够的军粮和其他军用物资，同时群众还组织百余人随带土炮数门，积极参加了战斗，这就进一步鼓舞了军心。因而敌人的进攻，一次又一次被我击退，并用轻机枪击伤敌机一架。就是这样地在敌众我寡和武器悬殊的情况下，军民团结一致，激烈战斗了三昼夜，杀伤敌人无数。红格尔图仍在我手，敌人未越雷池一步。”

“兵士们有的在大外壕里清除积雪，有的在野外放马，有的执行其哨兵勤务。”小方登上东山坡拍摄红格尔图的全景。不远处，被野狗啃食的匪尸，

前沿观察（小方摄）

仅剩下头连着脊梁骨，而身上的衣服早已被附近穷困的百姓剥去了。战壕里，将士们的说话声断断续续传到耳边，尽管天气干冷，谈论战事的声音格外激昂，凝视着寒冬之中四外寂静的小镇，他记起张团长曾经说过的一句话，“作战全凭的是将士们的一股气，做团长的如果不着慌，连长自然不敢慌，下至排长兵士们也就绝不动摇了，所以，即或牺牲到最后一个人也不会退却。”

有一位美籍华人金安婷女士，是研究历史的（近代史），丈夫在耶鲁大学教书，她在台湾见到“方大曾特辑”，便托她母亲来找我，指定要那张被打死的匪军（尸首照片）旁边有老百姓在剥死者衣服。这张照片是中国土匪被编入伪军（日军利用的）来打中国人，又被中国人打死，死后又被中国人剥了棉衣，实在丑陋，有伤中国人的脸面，我的意思不给。金的母亲首先谈价钱，我表示不卖底片，（若出版或展览）只是为了纪念哥哥。（1995 年 10 月 18 日方澄敏写给张在璇的信）

方澄敏在信中谈到的这张照片，即来自小方的红格尔图之行，整理遗作时，

剥尸衣（小方摄）

我根据他文中的描述，将其命名为《剥尸衣》（又名《战后惨象》），共有角度不同的两张。“有些完整的尸体，穷困的老百姓们，还正在剥他们身上的军衣，等衣服剥光了之后，就立刻跑来几只狗，它们又发现了新的美餐。”在《绥东前线视察记中》，他表达出悲悯之情，“战争是这样的残酷，然而疯狂的侵略者，则拼命的在制造战争”。

“这幅作品太震撼人心了。”首届范长江新闻奖得主俞新宝在接受采访时表示，“一图胜千言，方大曾是人道主义摄影家，他对那些转瞬即逝情感的捕捉能力太强了，巧用侧光，让死者的肤色更有质感，加强了视觉冲击力，增加了作品的震撼力和隽永性，引发人们对政治、社会的思考。”令人不由得慨叹，“只有在和平的环境下，每个人才能活出个尊严”。

这张底片始终存放在方大曾留下的小木盒里，据家人回忆，方澄敏没把它提供给美籍教授有两个理由，第一是不想出售哥哥的任何作品，第二是不想出卖自己的灵魂。

范长江等人在兴和登高远望（小方摄）

1937年新年刚过，范长江又回到了平地泉，“黄昏时候，车到平地泉站。站上是冷清清的，冷风在每个人厚厚的皮衣上吹过，连站上服务人员在内，人们的脑袋似乎都向肩架里缩了几分。上下的旅客是寥寥几个，车站附近的大广场上更是空空如也。只有被朔风偶尔卷起的黄沙，在空场上刹那的飞舞，是打破寂寞的唯一的景物”。

小方和范长江一行去了隆盛庄、丰镇、兴和等地，用他的话说，“收获不小！”《集宁见闻记》《绥东前线视察记》《兴和之行》将一路见闻诉诸笔端。在隆盛庄，五十多岁的李在溪团长，用稳重而迟缓的口吻给他讲述战斗中的经历和对于抗敌的决心，“若不是这次打日本，我早就想告老回家了”！在临近火线的商都附近，他看见各村落里，都贴了不少标语，如“中国人不替外国人卖命”“中国人应该替中国流血不要替敌人牺牲”等，这些都是使匪伪军良心觉醒的有力的警句。在兴和县城的山坡上，小方远眺白雪皑皑挺拔高峻的远山，感慨“大好河山之格外的壮丽”，“生而为中国人，谁又不

冬季的后草地路途艰险（小方摄）

愿意为祖国效劳呢？中国的出路，只有打上前去，打到多伦，打到承德，直进到东三省去！我们对于这个伟大的民族解放战争，抱着绝对胜利的把握，因为在失去了的国土上，还住着我们的同胞，他们将举起了枪，在热烈的迎接我们，要收复失地，并不是难事”。

“年末年初的这些日子，绥东平静，大家闲得要命”，小方本来早预备着回北平去了，“但又忽然想到为什么不借着这机会到绥北去一趟呢”。检查一下箱子里的照相材料，看看还剩着二三百张未照的片子，于是决定把它消耗在内蒙古去。

小方计划着越过集宁与陶林间的大青山，经乌兰花大庙、百灵庙等处，横穿一段所谓“后草地”地带。这路程所经过的地方，大部分是蒙汉杂处，同时又是王英伪匪曾经攻陷过的地方，自战争平定后，还没有新闻记者到那里去视察过被伪匪蹂躏后的惨状，“这是很值得去冒一次辛苦的旅行”。

“明天我要到百灵庙去，如果走得早，我就不来看你了！”在平地泉的冬夜，方大曾向范长江告别。

“到百灵庙？”

“是的。”

“你怎样去法？”

“骑马去。”小方坦然地回答。

“几个人一路？”

“还有个马夫。”

“你带什么东西？”

“就是身上带的这一点。”

在《沉静了的绥边》中范长江提到了这次告别，“他（小方）在次日的清晨，要匹马翻阴山去陶林了。这是一次大胆壮丽的旅行。青年人的脑海中，只有光明与胜利的追求。所谓危险和艰难，我们容不得多加考虑，惊人的事业，总成功于常人不敢为之中。当夜我们已转上南去大同的火车，我们才不见了他硕大美丽的踪影。”

第二天，《大公报》青年记者邱溪映帮助小方安置了一切，远远地目送他走上征途，这一别，不知何时重逢，“再见吧，我一定给你们带回来丰富的新闻！”骑在马上的小方，看着溪映默默地想。

赶往陶林的路上，小方经过了集宁城边上今天被称作煤窑村的地方，在《从集宁到陶林》一文中他记录下了自己的见闻，“此行二十里，至马莲滩，从老远就已望见两旁边的山坡上现出一块块的黑点，这一带地方出产煤炭，因为炭质里含有多量的硫磺，所以烧起来常发出一种强烈的气味，本地人因此名之为臭炭。”

本刊特約通訊

從集寧到陶林

小方

集甯的朋友，再見

年末年初的這些日子，綏東平靜，大家閑得要命。我本來早預備着回北平去了，但又忽然想到：為什麼不借着這機會到綏北去一趟呢？檢察一下箱子裏的照相材料，看看還剩着二三百張未照的片子，我决定把它消耗在蒙古去。

我計畫着越過集寧與陶林間的大青山，經烏藍花大廟，百靈廟等處，橫穿一段所謂「後草地」地帶。這路程所經過的地方，大部分是蒙漢雜處，同時又是王英僞匪曾經陷落過的地方，自戰爭平定後，還沒有新聞記者到那裏去視察過被匪蹂躪後的慘狀，其次，為着多了解一點目前最值得我們注意的所謂蒙古民衆與綏遠大局的關係。以上面兩種意義而言，這也是很值得去冒一次辛苦的旅行。

湯恩伯軍長聽到我這個計畫，他要派汽車送我，但是他不知道這段原始狀態下的路程，是不適宜於現代化的交通工具的，我早已向王萬齡師長借好了兩匹駿馬，並蒙他派一個衛兵同行。

一月六日的中午，一位熱誠的青年朋友邱溪映君，幫助我安置了一切，目送我遠遠的走上征途，『再見吧，我一定給你們帶回來豐富的新聞！』我這樣望着邱君作默默的思想。

路過一個煤礦區

此行二十里，至馬蓮灘，從老遠就已望見兩旁邊的山坡上現出一塊塊的黑點，這一帶地方出產煤炭，因為炭質裏含有多量的硫磺，所以燒起來常發出一種强烈的氣味，本地人因此名之為臭炭。開採臭炭全用土法，苦力們總是每三人湊成一個集團，到礦山主——亦即是地主那裏，交納三塊錢的稅金，就可以由他的礦面上得到一塊小小的地盤。他們三人開始工作是先從事掘井，繼之以採炭。礦井是垂直的，並且也有一二百尺深，但是並沒有機器絞車的設備。下井的苦工，只是憑着在井壁上鑿好了的梯槽，一蹬一蹬的往下走。井口的直徑很小，只能容一個人的身體爬上爬下，所以用這方法作為「地獄」與「光明」間的交通媒介，還勉强可以辦得通，不過，在這梯槽上經過的人，萬一失足，亦是不堪設想的。

他們三人中，有兩個人帶着暗淡的油燈下到炭層上去工作，井口上面有一架「櫓櫓」，正和北方田莊裏的水井一樣。另一個留在上面的人，就掌管這架「櫓櫓」，把底下那兩個人採下的炭照着汲水一樣地從井底用繩索絞上來，他們的工作决無時間的限制，他們有一輛「塞北式」的牛車，幾時把這一車裝載滿了，也就算今天的工作完畢，接着再把這用性命換來的臭炭，運到集寧陶林或其他的村鎮去求售。每車臭炭，地主還得以神聖的所有權資格抽收二角錢稅金。以集寧的市價而言，每車臭炭只能賣到一元有奇，那麼這三個礦工的純收入是可以估計得出了。他們的純收入，除了自己的用度之外，還得供養一個牛的生活；又，這車炭運到市上去賣，是否能立卽遇到買主，也完全沒有把握，因之吃過了早飯，是不敢想到晚飯在哪裏的。

井底下的情形，因為時間關係，未能親自下去看看，但是我在從前的旅行中，下過好多次煤礦，那些礦還都是存機器化的設備，工人的工作情形已是我們所想像不到的那樣苦了。自然，這種土窰裏的環境當是更加困難與危險。

作這種「採礦事業」的人，有一部分是亡命者，有一部分是除此以外，再也找不到另外的生路之人。這個世界簡直不允許他們生存在光明中；我想，他們總會得到解放的吧。我這樣企望着，我確信這不是幻

刊登在《世界知识》第五卷第二十号的通讯《从集宁到陶林》

这是集宁地区的第一座煤矿，当时叫永宁煤矿。

开采臭炭全用土法，苦力们总是每三人凑成一个集团，到矿山主亦即是地主那里交纳三块钱的税金，就可以由他的矿面上得到一块小小的地盘。他们三人开始工作先从事掘井，继之采炭。矿井是垂直的，并且也有一二百尺深，但是并没有机器绞车的设备。下井的苦工，只是凭着在井壁上凿好了的梯槽，一蹬一蹬的往下走。井口的直径很小，只能容一个人的身体爬上爬下，所以用这方法作为“地狱”与“光明”间的交通媒介，还勉强可以办得通，不过，在这梯槽上经过的人，万一失足，亦是不堪设想的。

……

以集宁的市价而言，每车臭炭只能卖到一元有奇，那么这三个矿工的纯收入是可以估计得出了。他们的纯收入除了自己的用度之外，还得供养一个牛的生活；又，这车炭运到市上去卖，是否能立即遇到买主，也完全没有把握；因之吃过了早饭，是不敢想到晚饭在哪里的。

井底下的情形，因为时间关系，未能亲自下去看看，但是我在从前的旅行中，下过好多次煤矿，那些矿还都是有机器化的设备，工人的工作情形已是我们所想像不到的那样苦了。自然，这种土窑里的环境当是更加困难与危险。（小方《从集宁到陶林》）

“这个世界简直不允许他们生存在光明中”，小方与几个苦力们简短交流后想，“他们总会得到解放的吧”，“我这样企望着，我确信这不是幻想：因为有千百万的人，正为着人类的光明在工作，在努力，在斗争！奴隶们也

小方（右一）在永宁煤矿

要享受‘人类的生活’了！”

经过茫茫的荒原，零下30多度的严寒中，冰刀子一样的疾风，考验着前进者的意志。陪同小方翻越大青山的士兵，几次有了退却的念头，实在是太冷了，山峰是一个接连一个的，满想走过眼前的峰头那边一定就是平原了，但每次都只有失望！“我们慢慢的走，我还常用镇静的态度安慰我的同伴，事到如今也只有镇静才能应付了。”

忽然，那遥遥的西北方果然露出一座“敖包”，这简直是“救星”，我急急的策马赶出一二里路，在这方向上寻到了一条路，又返回来报告我那走不动了的同伴。我们再慢慢的前进，风势好像也小了许多，走过了敖包的那面，一片宽广的山谷摆在面前，在一带十几尺宽的冰川北面，隐约的发现了一间土房子，再前进一点，又看到房顶上居然还冒着烟。

塞北保障（小方摄）

随着狗的吠声，主人从房里跑出来，我们被让到他那不能辨认什么东西的幽暗的屋里。小主人在房外面忙着遛我们的马，我的卫兵上到炕上去恢复他的体温。过了几十秒钟，瞳孔渐渐放大了，可以看到屋里的柴灶及坐在炕角上的女主人，还有，大约是三四个孩子。喝了水，吃了干粮，同伴的脸上显出微微的笑容，他得救了！（小方《从集宁到陶林》）

主人说小方走的路很对，这是一条到陶林去的小路，比走正路还要近得多。“他又告诉我们，从这里往北走，经过三岔口走中间那条路，再越过一道梁，就是下山路了。下了山再经过察汗不老及黑杀图，即到陶林县城”。老主人说只有二十里路，但是他的大儿子则说约需三十里。

后山的老百姓对于路程的远近观念，向来是很模糊的，比如明明那是三十里的路程，他往往非要说是二十里不可，但是有经验的旅行者必然再追问他一下：“这二十里大不大？”他然后才再回答你说：“这

二十里可真大，足够三十里远！”（小方《从集宁到陶林》）

到陶林的这天晚上，小方借宿在骑兵第二师副官处。第二天早晨，副官长王仲芳先生拿着他的名片去报告孙长胜师长，回来他说“师长出去了”。

“我以为师长的架子一定很大，难道是不愿意见新闻记者吗？”小方疑惑，随着副官又说：“今天是数‘三九’的第二天，这里还是头一次这样冷，我们师长，天还未亮就骑马上城外溜圈子去了。他每遇着特别冷的天气，就出去锻炼。”

“过了差不多半个钟头的样子，孙师长回来了，我们得晤面畅谈。他今年五十七岁，是个老英雄，自古山东出好汉，他就是秦琼的同乡。”打百灵庙的时候，孙师长是勇将之一，随后又调至武川县及乌蓝花剿灭王英匪军之后，即驻防陶林。绥北战役，大家都知道只是克复了百灵庙和大庙，“然而实际上我们军队在那广漠的草原上，还经过了一场很长时间的艰苦战斗，才把绥北的伪匪肃清，担任这肃清工作的就是以孙长胜为师长的骑兵第二师。”在绥东绥北的两度大战中，骑兵二师的伤亡最大，全师有六连三团，其中就有一位连长阵亡，一位连长和一位团长挂彩。

“当晚战斗打响，日伪军凭借山梁居高临下，以猛烈炮火封锁山口，我部以装甲车冲锋被敌击毁。”孙长胜告诉小方，“我将炮兵一营摆在东面向敌轰击，掩护步、骑兵向山口冲锋，至翌日凌晨二时许，未能冲进，双方均有伤亡，至三时许，我派赴百灵庙西的骑兵二团，占领了日寇的飞机场，将敌汽油库点着，一时烈焰腾空，喊杀声四起。我正义之师越战越勇，日伪军则阵脚大乱，无心战斗，纷纷向百灵庙以东、以北逃窜。我军于清晨五时许冲进山口，全部收复了百灵庙，日伪军弃尸数百具。我俘敌百余人，其中有

孙长胜（小方摄）

日寇二十余名，并获粮秣军械甚多。”

在我们没有亲身打过仗的人，听到那些战争的情形，总觉得真是如何了不起的，但是和他们驰驱疆场的人谈起话来，对这些事都觉得很平常，毫没有什么觉得了不起或怎样自豪。他们对于作战，态度都很坦然，“因为这是本分！”孙老将军这样笑着说。（小方《从集宁到陶林》）

“这地方民生很苦，因为本县只出产少量的胡麻和莜麦，其他一切日用品均须仰给于外方，土质的碱性很大，所以都变成了灰色，本地人所食用的硝盐，味苦而有毒质，对于不习惯的旅行者，实在难以入口”。了解了当地的市井和民生状况，小方又陆续访问了骑二师第六团张甲第团长、陶林县县长赵帛铭及守备司令王赞臣，“承他们领我到街市上及城垣上拍照，并且说了许多军事上的故事”。王赞臣向他谈到守备的工作，“日本飞机在前一个月之前曾来陶林上空，作盘旋飞行达数十分钟之久，他们早已把这里的地形和防御工事用航空摄影拍去了。”听了王司令的话，小方觉得“这实在是一个严重的问题，我们没有飞机，没有高射炮，更没有任何的防空设备，在不久的将来，敌人如果再来一次比较‘现代化’的军事进攻，那么我们究竟如何抵抗呢”？

气候是越发冷了，赵县长忠告小方再多住两天，说把这几天最冷的日子度过，等到大风稍微停一停，就可以暖和一点。“然而我认为无论什么难事，只要有勇气闯过去，也都很容易解决。”“在大土城子时，听说灰腾梁是如何的难行，但是也平常的越过来了，凡事不到当头不知难，然而不到当头也不会发现他的容易，这是双关的问题。”

1937 年 1 月 17 日，已经回到北平的方大曾，在协和胡同 10 号的家中，为绥远之行的通讯画上了最后一个句号，冲洗放大出来的照片，经他仔细审视和挑选，写好说明，投寄中外新闻学社和《世界知识》等杂志。采访战事之外，照片上，燕京大学毕业生、大土城子牧畜场主任王著常的工作场景、四子王府的婚礼上的草原风情、牧羊人赶着羊群出发前的愉快表情，给小方带来了温暖的路途回忆。转而，这些画面又给他带来了一丝隐忧，“假若日本帝国主义果真侵占了绥远——这西北的门户，那么他就可以独占这里的羊毛，也就是占有了全中国羊毛产量的百分之八十。说一句没有出息的孩子话：到了那时，别人如果不把羊皮、羊毛卖给我们，那可真有点不好办了”。

为了使更多的青少年了解绥远的形势和战况，同年 2 月 2 日下午两点，方大曾应天津基督教青年会之约，做了“绥远近状”的专题演讲。他的绥远见闻和自己的分析判断，在那个微寒的午后，感动着全场的听众，时而平静

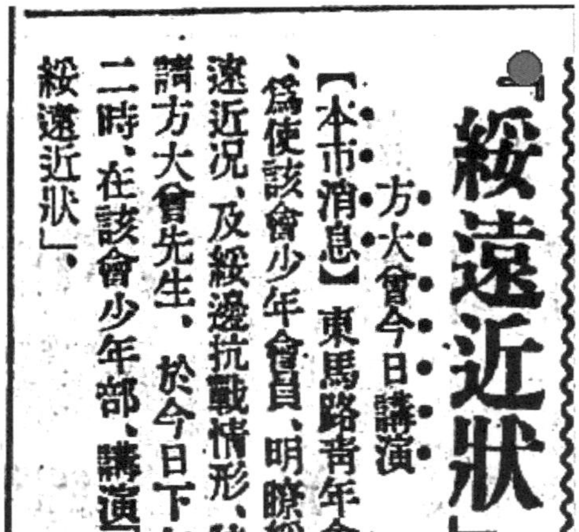
「綏遠近狀」
方大曾今日講演
【本市消息】東馬路青年會、爲使該會少年會員、明瞭綏遠近況、及綏邊抗戰情形、特請方大曾先生、於今日下午二時、在該會少年部、講演「綏遠近狀」、

天津《益世报》刊登的小方讲演的消息（1937 年 2 月 2 日）

县城街道（小方摄）

大土城子牧畜场王著常主任（小方摄）

《国防前线的绥远》封面照片来自小方的绥远之行

时而激昂的语气，引领着大家似乎看到了冰封的荒原、可亲的将士、敌人的贪婪和危险的处境。在座的每个人都在想，山雨欲来，我们又该如何作为？

不久前，在旧书摊上，我淘到了一本20世纪30年代，由丁君匋主编的《今日的绥远》，在略显陈旧的纸张和隐隐袭来的霉味中，《绥东前线视察记》《兴和之行》《从集宁到陶林》，小方三篇绥远之行的通讯入选其中，曾昭抡教授的《绥行日记》也赫然在列。我不知道，远在平地泉、集宁，或是在红格尔图，方大曾和曾教授会否谋面？但是在这样一本书里，他们相遇了！

为纪念方大曾绥远之行八十周年，2017年10月30日到11月2日，我与陈申、孙进柱沿着当年小方的采访路线前往内蒙古实地考察。过集宁、访红格尔图、翻越灰腾梁，前往四子王旗乌兰花镇、王爷府、锡拉木愣庙（大庙）

2017 年 11 月初冯雪松在红格尔图敬原堂旧址寻访小方的足迹（孙进柱摄）

等地，后抵呼和浩特。一路感叹，阴山绵绵，草原茫茫，当年在极度严寒的环境下，单人独骑，行程数百里，边拍照边写稿，小方是如何做到的呢？四天时间里，我们驱车一千五百公里，当年的碉堡、战壕、掩体犹在，红格尔图镇，方大曾、范长江等人落脚的敬原堂旧基残存，八十年前的景物在目，只是不见了那一群意气风发的青年。与镇上的书记、镇长采访交流，才知道，红格尔图地貌特殊，周边有火山，土质肥沃，这里的土豆闻名遐迩，颇受欢迎。回到北京，我仔细端详着从红格尔图带回来的土豆，红皮、均圆、煮食甘绵，竟不由地想，张培勋在前沿团部请小方吃的炖土豆，应该就是这种吧！

八　保定南北

一百个以上的炮弹落在这只有一方里的小县城中，守城的营长(金振中)坚决反对退出县城，他对于正在进行中的交涉感觉前途暗淡，同时日军已将平汉路铁桥占领，企图渡永定河以袭我后方。营长见战局危在千钧一发，乃命一连人用绳梯爬出城外，出了城的人，一部经卢沟桥绕至河西，一部则偷行至铁桥东端，这样两头夹攻，把敌人打退。士气之壮，真是闻所未闻。

——小方

《卢沟桥抗战记》

1937年的春天，正在中国旅行的美国学者拉铁摩尔渐渐感受到危机的到来，一向争吵不断的中日两国好像突然失去了争执的兴趣，一切归于沉寂。以他对局势的了解和判断，可怕的战争很快就要到来。与国共两党高层的深入接触，与社会各界的频密交往，使其更加确信自己的看法。他忧心忡忡地对朋友说："这太像1931年了，太平静了，平静得不能让我们放心，我们怕是又要见到一个'九一八'了。"

据此几个月前，即1936年10月20日，为观察沿途军事情形，方大曾自永定门出发，步行二十华里到达丰台。"北宁路全部各站牌已仿照关外的方法，均加注日文，这在本年八月间已经完全注好了，故丰台站牌，亦有日文。""日本军营位于站东，所以从北平来，第一个印象，即是首先见到一片红色的崭新的营房，军营的正门，面向西开遥对着车站，太阳旗飘荡在高矗云表的白杆上，守卫兵的附近，放着几个铁刺架子，这是障碍设备。""日军若干次的开赴卢沟桥演习，都只以平汉铁路北边一带为限，未能越过卢沟桥。"

一路观察到卢沟桥，"记者在桥上摄影，亦须先得守军的同意方可，他详细审问记者的来历姓名，并嘱告照相不要紧，照完了赶快回去就是"。方大曾趁此机会，同他们作了简单的交谈。

"卢沟桥这名胜有很多人来照相，不过现在的时局有点不平常，所以来游历的人，我们不得不特别注意一下。"一位守卫的排长首先对小方说。

"是是，现在咱们'友邦'天天找机会要造是非，不是在二十五号又要大演习了吗！"

"啊！怎么？最近听着什么消息吗？"他听到小方的话，忽然兴奋起来了，

民国早期的卢沟桥全貌（私人收藏）

于是这样反问。

“没有什么特别的，反正现在全国人民都监督着政府对日的外交，所以不至于向他们太让步了，不过听说这次的‘秋操’大概长辛店也算在‘操场’之内。”

“好！来吧，反正是不能让他们过去（指卢沟桥）。”

由这一句坚强的话语，小方推想到，这次日军以“秋操”为名的演习，如果真要延展过永定河而到长辛店，“则恐怕又会发生第二个‘九一八’丰台事件吧？这且看事实的演变了”。（《宛平之行》）

小方的断言和拉铁摩尔不尽相同，只是更早一些。看来“九一八”的阴霾并未消散，由东北飘荡到华北来了，而且愈加浓重。

日本驻华武官今井武夫在战后的回忆录中承认，日本政界消息灵通人士中，都在议论一个神秘的传言，“七夕之夜，华北将重演柳条沟一样的事件”。

1937 年 5 月底，北平的天气炎热，26 日这一天，为纪念滦州起义死难烈士，

滦州起义纪念塔（小方摄）

参加滦州起义纪念塔落成典礼的鹿钟麟（前中）
和各界名流（小方摄）

由冯玉祥等人发起并赞助兴建衣冠冢和纪念塔，在海淀区温泉乡附近举行落成典礼，并以国葬致祭。纪念园坐北朝南，园内各建筑顺山势排列，向北依次为园内、石碑、碑亭、石幢、衣冠冢和纪念塔。北山顶立有纪念塔，塔身正面雕刻冯玉祥署名的“辛亥滦州革命先烈纪念塔”塔铭，塔台前面雕刻他手书“精神不死”四个大字。

现场拍照的小方不断选择角度按动快门，仪式隆重，冠盖云集，在他留下的照片中，那一时刻已定格为历史。逝者极尽哀荣，生者端庄肃穆，“精神不死”的塔基之下，鹿钟麟、石敬亭、秦德纯等主礼嘉宾纵列排开，人们凝重的表情，不知是对于先烈缅怀之情的流露，还是对于华北局势日益危机的担忧？我想，答案不在风中，而在他们心里。

写此段落，正是纪念园落成八十周年的日子，旧地寻踪，园内空寂寥落，不曾见瞻仰凭吊者。拾级而上，纪念塔兀立高耸，周遭题刻虽字迹斑驳，仍

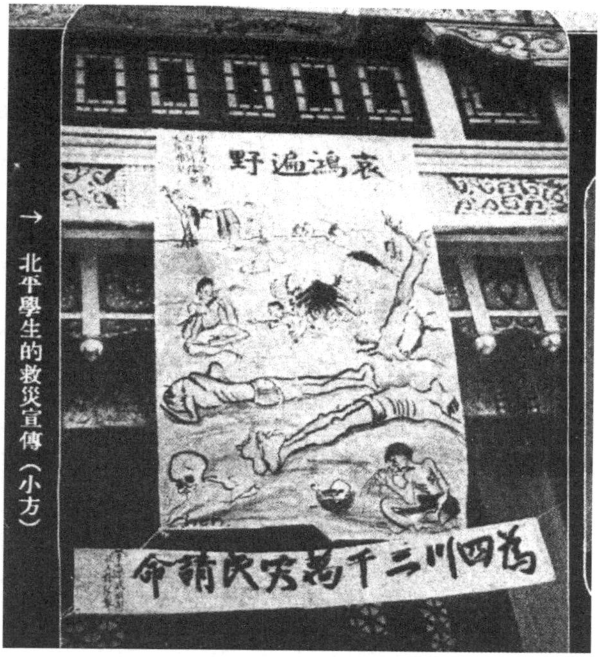

《申报每周增刊》1937 年第 20 期刊发了小方拍摄的宣传画

清晰可辨。“尺水尺山永留血迹，一花一木想见英风”，虽然是人创造了文字，但是文字比人生流传更远，鸟鸣在树木葱绿中回荡，一切都成为过去了，唯有石刻上的楹联残存着记忆。

小暑过后，四川省因连年天旱无雨，粮食歉收，导致爆发严重饥荒，灾情蔓延川南十八个县，饿殍遍地，易子而食，怵目惊心，饥民靠野草、树叶、树根、白泥（俗称观音土）苟延残喘。北平街头，小方拍摄下学生赈灾宣传的海报和“哀鸿遍野”“为四川二千万灾民请命”的标语，发表在《申报每周增刊》国内时事部分。据方澄敏回忆，当时，哥哥购买了四十多个胶卷，准备好了路费和行李，计划着处理完手头的稿件和照片，寄送给各报刊之后，就去四川拍大饥荒。

而恰此时，华北日军调动频密，北平的四周已处于围城之势，沉闷的空气，不祥的氛围，古城中观望的人也开始不知所措。

“由七月初以至七七事变，这段时间里，阴雨连绵，未曾间断，”时任第二十九军三十七师一一〇旅二一九团三营营长金振中回忆，“在六号下午二时，我为搜集在这阴雨连绵这几天里日寇一切动态，一个人换着便服，扛着大锹向日寇常在车站（卢沟桥车站）以东地区作演习地点查看”，“遥远就看见日寇队伍在面前七八百公尺处，不顾雨淋和泥泞，对我方城和桥为目标进行攻击式的演习，其后面的炮兵，如临大敌地忙迫作业，急急忙忙地构筑阵地”，“我未便久留，就转回来，立即召集排、连长开会，把我刚才亲自目睹日寇演习情况，详细说明，并谆谆告诫，不管他们来犯不来犯，而我们要时时刻刻准备日寇来犯地准备”。

“七七”夜晚十时，绥署许处长，来电话问我说：据日方说，他方的演习兵被宛平华军捉进一名，他方要进城搜查。我说在此雨夜，顶面均辨不出人的面貌，日方为何能来我城桥警戒线内演习，这明明是，想偷袭我城和桥，因我守备森严，无隙可乘，乃又捏造我方捉他演习兵一名，他这种讹诈，我方是不能接受的。这电话刚落音，震天动地的枪炮声，穿落我城和桥以及周围，同时高，陈，王三个连长均纷纷向我报告，均说寇兵如潮水般向我们阵地扑来，如何应付，我回答说：只要进入我阵地前100公尺内，以猛烈火力而消灭之，决不放他生还。（金振中《七七事变点滴的回忆》）

随即，二十九军一一〇旅旅长何基沣下达三条命令：一、不同意日军进城；二、日军武力侵犯则坚决回击；三、我军守土有责，绝不退让，放弃阵地，军法从事。

“这天晚上，完全无风，天空晴朗没有月亮，星空下面，仅仅可以看到

守卫卢沟桥的二十九军战士（小方摄）

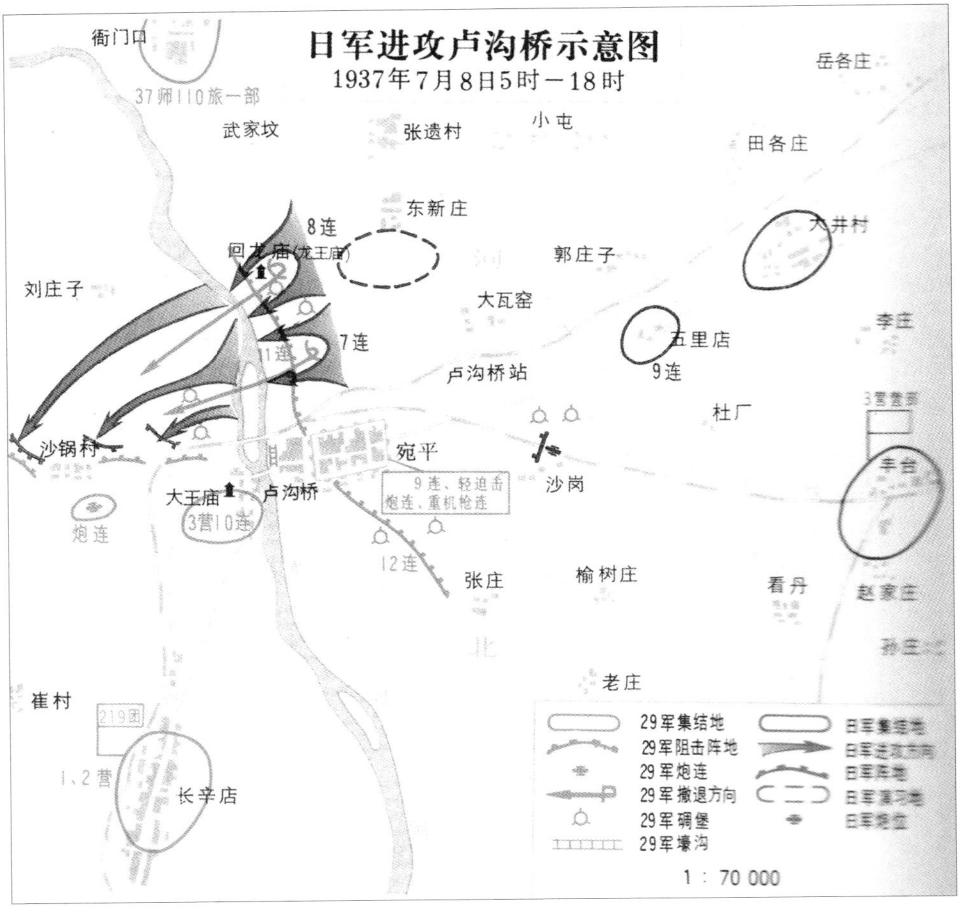

日军进攻路线图（选自《中国现代史地图集》）

远处若隐若现的宛平城墙和旁边移动着的士兵的身影，这是一个静悄悄的黑夜。”卢沟桥事变的直接发动者——日军华北驻屯军混成旅团第一联队第三大队第八中队队长清水节郎大尉，在手记里这样记录了当晚的情景。

“那天晚上炮一响，我父亲就感觉要出事。”多年之后，何基沣之子何瑗，还记得父亲的讲述。

他说的那天，是指1937年7月8日凌晨4点30分，日军开始炮击宛平城，卢沟铁路桥失守。

第二十九军军部得到事变消息后，副军长秦德纯下达命令：“保卫领土是军人天职，对外战争是我军的荣誉，务即晓谕全体官兵，牺牲奋斗，坚守阵地，即以宛平城与卢沟桥为吾军坟墓，一尺一寸国土，不可轻易让人。”

为激励官兵守土抗敌之志，1903年出生于河南省固始县的金振中，要求全营官兵吃饭前、睡觉前都要高喊“宁为战死鬼，不作亡国奴”的二十九军口号。

也是这天晚上，何基沣从两个团里选了二百人，何瑗回忆，父亲给金振中下了死命令：“你金振中今天要是不把铁路桥拿下，提头来见我！”就这样，同仇敌忾，将士用命，铁路桥重新被夺回。

意大利人马可·波罗在其著名的《马可·波罗游记》中称卢沟桥是世界上无与伦比的桥，不论是高超的“铁柱穿石”的建桥工艺，还是桥上“数不清”的石狮子，都令人惊叹，而日本人所看重的并非于此。

日军看中了卢沟桥这地方，原非自今日始。从去年的“秋季大演习”以来，驻在丰台的日军，即以把卢沟桥造成“丰台第二”为中心的任务；无奈强硬的二十九军，永远是毫不让步。日军演习部队为了要到永定河西岸去，曾和二十九军发生过无数次的争执，但终于还是没有允许他们

《日本跃进画报》报道卢沟桥激战

越过卢沟桥。……卢沟桥之所以比丰台重要，是由于它不只为交通要道，而且还是一个从历史上就早为兵家必争之地的好战场。假设一个全面的抗战发动起来，我们的战略一定相当复杂。但仅就保卫北平这一点说，卢沟桥将成为我们进军的要路，永定河把这里划好了一条防线，它的东岸包括着宽广的平原，正是日本认为最理想的地方，他们若是得了这块地带，真是进可攻，退可守；正惟其如此，所以我们必需固守卢沟桥，为我北平的生存留着这条唯一的气管。（小方《卢沟桥抗战记》）

卢沟桥事变爆发后，美国《华盛顿邮报》（The Washington Post）、《洛杉矶时报》（Los Angeles Times）等媒体在第一时间刊发了美联社从东京发回的消息：远东战场在一夜之间从满洲转移到丰台（北平附近），中国和日本军队在此发生冲突，引发冲突的原因是日军策划的“午夜的秘密演习”，而双方在激战中的伤亡人数都很多。

在《卢沟桥抗战记》中，小方判断“卢沟桥事件并非突发，而处于对方之有计划的预谋，已极明显”。“自从六月下旬起，北平市内即已陆续发现许多‘怪事’，于是驻在城外的二十九军就一点一点的往城里开。这种军事的调动，都在夜间，一般市民很少理会。”

“10号上午8时，日寇联队长‘牟田口廉’（日军的联队比中国军队的团大）亲临指挥，先以强大炮火，把我城和桥以及周围，炸得尘土狂飞，浓烟滚滚，弥漫天空。周围数里内，造成咫尺难辨。”金振中回忆，“继而以加倍兵力集中极强大炮火，伴以战车掩护其步兵，围攻我城桥。而铁桥东端阵地日寇重重包围，战斗最为激烈”。“经反复肉搏战，仍未催垮顽固之日寇，而我铁桥东端阵地，卒被日寇占领，这时已至下午一时，双方队伍均疲惫不堪，

刊载于《良友杂志》重要位置的《守卫卢沟桥》（小方摄）

八十年后，在《守卫卢沟桥》的同一位置（孙楠摄）

双方相距仅四百多公尺，形成对峙状态。”

> 一百个以上的炮弹落在这只有一方里的小县城中，守城的营长（金振中）坚决反对退出县城，他对于正在进行中的交涉感觉前途暗淡，同时日军已将平汉路铁桥占领，企图渡永定河以袭我后方。营长见战局危在千钧一发，乃命一连人用绳梯爬出城外，出了城的人，一部经卢沟桥绕至河西，一部则偷行至铁桥东端，这样两头夹攻，把敌人打退。士气之壮，真是闻所未闻。（小方《卢沟桥抗战记》）

“师长冯治安电话问我现时卢沟桥的战况如何？”金振中回答战况虽紧张，而士气还不馁，“师长又说，现时卢沟桥的战斗举世关注，关系到本军的荣辱，你应当如何？我就回答说，我与所属官兵誓与城桥共存亡，宁可死于战场，决不死于法场”。

方大曾是卢沟桥事变后最早抵临现场的记者，时间是7月10日上午，“战争空气由于这次的炮火变得突然紧张，大概全国的民众都确信一个全面抗战将要开始了吧”，从卢沟桥西头到东头266.5米，从宛平城西门到东门长640米，看到弹痕累累的城墙和城内残垣断壁，小方觉得形势比想象严峻得多，他随着一位姓于的巡官各处拍摄战迹照片，卢沟桥石狮边，二十九军身背大刀巡逻的战士，透过镜头瞬间定格，成为永恒的历史。

方汉奇先生在与我谈话中讲过，卢沟桥事变时，他上小学五年级，印象中枪炮声很响，他对和家人躲避战火，逃难去天津印象极深刻。他说，小方绝对是现场报道第一人，即便文字记者到达，也是不具备摄影条件的。

> 一个重机枪排，向日寇左侧背猛攻，才把占我失地的日寇击溃，我

《东方画报》采用小方的作品当封面

日本随军记者拍摄的双方激战地（私人收藏）

的失地才恢复，各连队伍均兴高采烈的只顾追击击溃之敌，忽略未逃脱零星之敌，我也只顾随追击队伍前进，不意未曾逃脱零星之敌，在黑暗隐蔽之处，以手雷炸我，把我左腿下肢炸断，紧接又来以手枪弹，从我左耳旁钻进，透过右耳下出，当时得到随从兵抢救，抬出战场，被送到了长辛店车站，引起中外记者关注，他们把我团团围绕起来，纷纷问我战斗情况和拍照我伤势。（金振中《七七事变点滴的回忆》）

金振中指挥三营全体官兵前后击退日军五次进攻，在收复铁路桥的战斗中，他亲率敢死队冲过东端阵地，以寡敌众，与日军殊死肉搏，身负重伤，何基沣将军称赞他为“真正抗日民族英雄”。

南下、北上的列车全止于此，所以长辛店反而更加热闹。一列伤兵专车正要开往保定，列车的最后一辆车，躺着守卫宛平县城的营长金振中，他的腿部被炮弹炸伤了。长辛店的“员工慰劳团”带来大批慰劳品，挨车分送给各伤兵，金营长得的东西最多，但随后又命令他的传令兵把这许多东西转送给各车里的许多同难者。（小方《卢沟桥抗战记》）

在长辛店火车站，方大曾偶遇金振中，受伤的营长忍着疼痛，半躺在担架上，微笑着面对记者，眉宇间透射出英气与自豪。避开纷纷攘攘的人群，小方在货车车厢里，为即赴保定治疗的金营长留下了受伤以来的第一张照片，

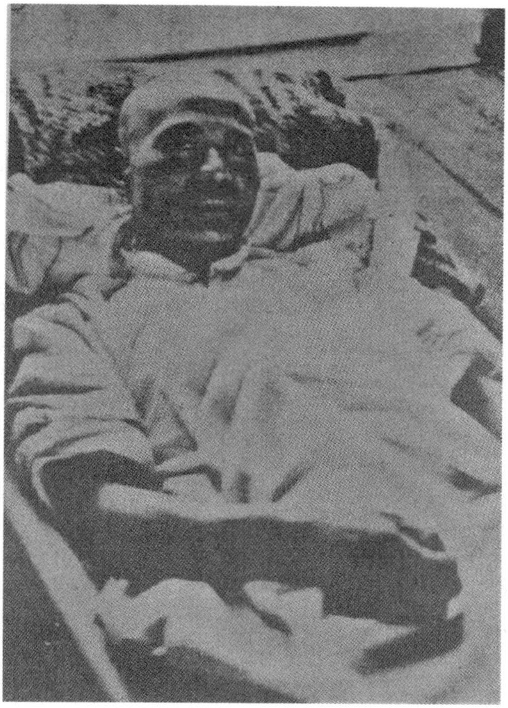
负伤后的金振中（小方摄）

暂短交流后，就此分别，之后他们再也没有见过面，命运的交集一闪而过，两种人生各不相同。

“我站在卢沟桥上，浏览过一幅开朗的美景，令人眷恋。”回到北平家中，小方在通讯《卢沟桥抗战记》里写道，“北面正浮起一片辽阔的白云，衬托着永定河岸的原野，伟大的卢沟桥也许将成为伟大的民族解放战争的发祥地了！”

7 月 13 日，上海《新闻报》派陆诒赴平、津采访，在北站登车之前，他从站长室获知日军占领天津东站的消息，铁路方面对这趟列车能否到达平、津也没有把握。列车经济南时，始知到天津时将停靠总站。

在天津稍作停留，翌日即到北平。这里除白天常见日机作编队飞行掠空而过，晚上遥闻日军在郊外进攻的枪炮声之外，商店照常营业，市面仍保持镇定。但交通要道堆满沙袋，警察严密布岗，晚上实行戒严，商店都在晚上八时提早收市。戏院及娱乐场所营业不佳，中山公园、北海、中南海和故宫游人大减。我曾约三五友人，到中山公园绿荫深处品茗，虽茶座遍贴“莫谈国事”的警告，但邻座茶客仍纵谈时局危机，语极激昂。（陆诒《卢沟桥前线采访追忆》）

方澄敏记得清楚，好友黄淑清的姐夫是著名物理学家萨本栋，7月6日他刚被任命为国立厦门大学第一任校长，第二天，卢沟桥事变爆发了。事变发生后，小方去前线采访完回来过一次，忙忙碌碌的，在院子里的暗房冲洗放大了一些照片，寄发报刊，还到街上拍了些守城布防、慰劳声援之类的片子。印象中，哥哥写完了《卢沟桥抗战记》后就走了，留下了不少个胶卷和部分器材，还有旅行箱和几件衣裳，当时都乱了，人心惶惶的，他走了以后没再给家里来过信。

在作家邓云乡印象中，北平城的市面上最初几天还比较正常，城门也未关，去天津、去保定、去张家口的火车还照常通行。粮食、蔬菜、煤炭等物价，一时也未波动，古城在卢沟桥事变之后有一段时间依然运转正常。

“美国几家著名电影公司的新闻摄影员，中央电影厂的技师以及国内的几位著名记者都纷纷赶到北方来，然而局势反趋沉寂下去。”再次来到卢沟桥畔，小方见到了《大公报》的范长江等人，绥远一别半载，本不知何年何月再聚，无奈战火逼人，这样的会面，还是令人喜忧参半。不久，当二十九军将要撤退的消息隐约传来的时候，小方开始疑惑：“假若忠勇抗战的二十九军从北平撤退了，而这样大量的日军被容许长驻在华北，那么华北不是就等于伪满和冀东一样了吗？”

抗战初期的方澄敏（右）与友人（小方摄）

卢沟桥寻踪（孙楠摄）

“他的工作情绪愈来愈高涨，身体也愈来愈结实。北方的夏季，他穿着短裤衬衣，自己带着他的小箱子行李，在平汉路前线不断地突击。他那诚挚、天真、勇敢、温和的性格，博得各方面的好感。”范长江在《忆小方》里有这样一段珍贵的文字，让我们看见了战火中的小方。

去年冬季的冷风里，我和摄影师孙楠赴卢沟桥寻踪，午后的阳光微有暖意，从东到西，我们一个一个狮子数过去，比对着小方拍摄的照片，仿佛枪炮声中“不断地突击”的他近在眼前。

> 在长辛店旅馆中，巧遇《大公报》记者范长江与中外新闻社记者小方，相互交流情况。长江认为时局重大消息此刻在平、津和保定三地，而不在卢沟桥前线。他建议我速返平津采访谈判消息，他自己则将赴保定，了解后方的军事部署，相约不久在保定重晤。（陆诒《卢沟桥前线采访追忆》）

“二十七日晚，我和范长江、小方，还有北平《实报》的记者宋致泉得到我军全线应战的消息，即于二十八日上午一同出发赴长辛店。到车站时，获悉孙连仲所部二十六路军将开到保定增援，长江遂留驻保定采访，我和小方等仍照原定计划登平汉路客车北上。”陆诒回忆，“车抵良乡，距长辛店还有二十五里，前线炮声已清晰可闻，到达长辛店时，月台上都是军人，其中有十几个刚从前线救护下来的伤兵。”“这时，小方即和我匆匆告别，跳上铁路线上的铁甲车，要驰赴前线，摄取我军反攻的镜头。”

> 二十八日早晨，我军虽已将大井村一带之日军击退，但是这座孤立的沙岗子里，还留有百余人及重炮军火，简直对他没有办法，步队是没有方法冲锋，铁甲炮车的轰击，亦无济于事。
>
> 勇敢的一连人在夜色朦胧中出发了，我们明知道此去必有相当损失，但是自己并没有什么救护的设备，只在临时，向警察局要三十名民夫，为的去抬伤兵，抬伤兵的工具亦很缺乏，不知道这三十名毫无军事训练的民夫，在战场上将怎样执行他的职务。
>
> 偷营去的出发不久，一声震耳的大炮忽然响了，炮弹系由沙岗子日军阵地发出，落在长辛店车站，接连着第二第三声……以后，每隔十分钟发两响，一直响到次日的天明。（小方《保定以北》）

据跟方大曾一起在前线采访过的陆诒回忆，小方给一个十六岁小战士拍照片时，一颗炸弹在附近爆炸，别人招呼他赶紧躲避，他拍拍胸前的照相机，笑着说“今天收获不小”。

当晚 8 时，日军用激烈的炮火轰击长辛店大街，声音震耳欲聋，县府办事处的玻璃窗全部被震碎，炮弹落于近处炸开，威力极大，陆诒等人即随办

小方使用的福伦达同款相机（冯雪松摄）

事处工作人员，到附近一家商铺的地窑中躲避。第二天早晨传来消息，日军已对平、津两地同时发动全面进攻，二十九军副军长佟麟阁和一百三十二师师长赵登禹都被日机炸死，部队仓猝应战，损失惨重，冯治安已回部队，指挥作战，宋哲元则直接赴保定。

“到长辛店车站时，又遇刚从前线归来的小方，谈了部队指挥混乱、各自为战的情况。”陆诒回忆，小方本拟回北平，“上午九时，我们三人向门头沟方向前进，走了五里，遇见不少难民从门头沟退回，都说门头沟到北平的交通，已被日军切断。不得已仍折返长辛店，适遇日机十五架前来轰炸、扫射，其中有七架沿铁路线南飞，紧追不舍。幸当时沿线的青纱帐，这是最好的天然掩护，我们在高粱田中继续步行南进，安然脱险。过良乡、窦店，走了七十里到琉璃河车站，才搭上平汉路客车返保定。”

> 时已下午三时，站长告记者已有客车一列自长辛店开来，等了好久，从老远的铁路线的尽头处，一座雄壮的机车直奔而来，带来了长辛店的全体路员，不只是全车厢里都装满了人，连车顶上，机车头上也都立了许多逃亡者。他们述说长辛店被炸的惨状，令人听着不忍入耳，问他们二十九军都退到什么地方去了？他们说没有见到。（小方《保定以北》）

保定下车，时已午夜。城门紧闭，路上戒严，只好在车站附近的小旅馆中坐以待旦。30日早上进城，小方和陆诒先到保阳旅馆找到了范长江，“他见到我们平安归来，高兴得跳起来”。

不久，又有七八个南开大学和东北大学的学生跑来，其中有一个是小方的朋友，大家谈论前线见闻。他们说：“东北沦陷已六年，骨肉离散，音讯不通，

2000年9月24日，《寻找方大曾》摄制组在保定车站寻访（孙进柱摄）

现在已无书可读、无家可归，只剩下一条命，就要跟敌人拼到底，打回老家去！”

这天上午，日机曾来保定侦察，下午一点，派来五架飞机低飞轰炸，保定车站的设施全被炸毁，造成铁路交通瘫痪。2000年拍摄纪录片《寻找方大曾》时，我曾采访过亲历保定大轰炸的王益民老人，他清楚记得，经常一起玩耍的小伙伴被炸死，残肢挂在了树杈上，惨极了。那时，小方、范长江和陆诒都在城内，当地除发出空袭警报之外，别无其他防空措施，他们立刻到车站察看，见一辆原定开往石家庄的客车车顶上，弹痕累累，车上有五十多具血肉模糊的尸体，附近房屋都炸成一片瓦砾。

车站上停着一列军用火车，这列车从前方节节后退，自然是为了避开飞机的眼线，但是第二天，当它避到保定来的时候，结果还是被炸毁了。日本飞机怎么这样清楚地知道这是军用火车呢？这自然是汉奸活动的力量了。

记者避在一个房沿［檐］下面，飞机在头上打旋，忽然，引擎的响声停了一下飞机好像落了下来；但落下来的确是一个炸弹，距离我二十米远的一座民房破坏了，我沿着墙根走……（小方《由保定向北去》）

戰地通信

由保定向北去

小方

入夜九時，戴旅長親往前方指揮，並派一連人偷襲沙崗子。沙崗子在盧溝橋東北，平漢鐵橋之東南，距鐵路綫有一百餘米達，只是一個小土山，但地勢非常重要。以前中央軍第二師駐防北平時，工兵營把這裡修建成很堅固的工事，費了兩萬元經費，第二師調走之後，接防的部隊未重視這個地方，然而確早已被日軍所注目。平常，他們就常到這裡來演習。盧溝橋事變一發生，日軍首先即佔據此處。在戰略上，這地方無異一個宛平城第二；二十八日早晨，我軍雖已將大井村一帶之日軍擊退，但是這座孤立的沙崗子裡，還留有百餘人及重砲軍火，簡直對他沒有辦法，步隊是沒有方法衝鋒，鐵甲砲車的轟擊，亦無濟於事。

勇敢的一連人在夜色朦朧中出發了。我們明知道此去必有相當損失，但是自己並沒有什麼救護的設備，只在臨時向警察局要去三十名民伕，為的去抬傷兵，抬傷兵的工具亦很缺乏，不知道這三十名毫無軍事訓練的民伕，在戰場上將怎樣執行他的職務。

偷營去的出發不久，一聲震耳的大砲忽然響了，砲彈係由沙崗子日軍陣地發出，落在長辛店車站；接連着第二聲第三聲……以後，每隔十分鐘發兩響，一直響到次日的天明。

廿九日晨，記者離長辛店赴門頭溝，在街頭正遇着吉星文團長自盧溝橋撤退回來，覺得很奇怪，問有他們盧溝橋上有人接防否？他一點不答應。同時，在去門頭溝的大道上，卅七師的隊伍亦由西苑方面退下來，據他們說昨夜在北平附近還打了一夜仗，日軍藉坦克車攻擊，戰爭非常激烈。

行出長辛店十餘里，遇到從門頭溝返回的旅舍據說北平與門頭溝之交通亦斷，好像一切情形均與昨日在長辛店所聞者大為相異，返平企圖既不能達，記者乃折回長辛店。

回到長辛店，恰為早晨七時，站上員工都避在一個洞口上，知日軍飛機將臨轟炸，過了兩分鐘，沉重的飛機聲從東面響過來，數目不多，只有兩架，記者避在一個房沿下面，飛機在頭上打旋，忽然，引擎的響聲停一下，飛機好像落了下來；但落下來的確是一個炸彈，距離約二十米達遠的一座民房破壞了，我沿着牆根走，離開這一個危險地帶，不多時候，兩架飛機就飛走了，長辛店車站上，冷清清的，一輛火車也沒有，記者只得沿鐵路徒步南下，吉星文團退下來的隊伍，絡繹不斷的陪伴着我，他們到了長辛店二里路的南崗窪集合，樣子很疲倦，團長也隨着隊伍一同走，大家在這裡休息，到南崗窪約十分鐘，一隊飛機又來了，先是九架，見他們盤旋在長辛店的上空，一升一降的抛着炸彈，轟轟的聲響，這裏還聽得很真。接着，六架重轟炸機往南崗窪飛來了，無疑的，目標是向着吉團來了的。機關槍連正在集合訓話，一時散開不及，幾個炸彈落了下來，隨着又是機關槍的掃射。我們受到相當損失。飛機盤旋了很久，投彈五十餘枚，並且飛得很低，我們沒有高射的武器，只得被敵人任情的屠殺。高粱地也是避飛機的去處，無奈因為人數過多，並且二十九軍完全穿的是灰色服裝，對於綠色的高粱地也不很合適，更何況敵人能夠飛得這樣低呢？當時的情形實

战地通信《由保定向北去》发表于《广西日报》

外媒记者拍摄的日军占领卢沟桥（私人收藏）

平津沦陷后，保定成为河北唯一政治军事中心，冯治安转到保定指挥战局。急转直下的形势，使所有人措手不及，甚至失望，气势如虹的二十九军怎么一下子就退却下来了呢？当二十九军在 7 月 29 日晚上，以一个夜间的工夫突然自北平撤退后，许多人都在议论：“大刀片怎么能和人家的飞机大炮比呢？”

小方在战地通讯《保定以南》一文中，通过仔细观察发现部队暴露出的一些问题。首先，二十九军士兵每人都背着一把大刀却没有铁铲，因而指出部队“只有冲锋的能力而缺乏守阵地的训练，掩护自己的身体与杀敌同是战争中的要着，铁铲与枪应同视为军人的第二生命”。“其次，二十九军的第二个缺点是救护工作不够，担任抬伤兵的大半都是临时雇去的民夫，救护工作的常识丝毫也没有。”“第三个缺点是交通设备不够，他们的无线电太缺乏，以致各部队间的联络不灵敏，于是行动也就受到很大的不利，这很容易发生

北平城内的防御掩体（小方摄）

连自己也找不着自己的危险。”他坦言，“我们希望二十九军在其进行抗战中，不断的努力自我教育，在血的斗争中，克服往日的一切弱点，把自己的队伍锻炼成钢铁般的坚固，以不负我们民众的厚望。”

北平是一个宏壮伟丽的文化城，的确我们假如要把他毁在战争中实在是可惜，也许我们之不愿作守城的战争，这也是原因之一个。但是这所以号称文化城的地域，不只在乎有那些“物质文化”，而更重要的是在这里头生活着一百五十万有教养的市民，其中三十万学生份子都是由历次的爱国运动中锻炼出来的精华，是全国青年运动的领导者，在我们的民族复兴运动中造出过多少次光荣的历史。尤可贵者是这些光荣的事迹没有一次不是以青年的生命和血换了来的。（小方《前线忆北平》）

1937 年 8 月 7 日，《伦敦新闻画报》（The Illustrated London News）

北平市长秦德纯与冯治安师长郊外视察部队（小方摄）

刊登了小方拍摄卢沟桥事变的相关照片，来自现场的真相报道，撕下了日本在西方世界里伪善的面具。同时，《泰晤士报》（The Times）报道称："中国通常是不希望战争的，当前形势发展的结果取决于日方是否执意要挑起事端。"在一篇总结性文章中，记者将此次事变定位为自 1931 年九一八事变以来最为严重的危机，军事形势已经超出常规，日本在中国一个省（指河北）就驻扎了装备精良的七千部队，这已经清楚地表明日本怀有经济和领土野心。

中国北方最大的两个城市北平、天津失陷了，原有的和平生活方式谢幕了，日军在北平举行了入城仪式，耀武扬威地从永定门经前门开进城区。

邓云乡在他的《文化古城旧事》中写道："转眼八月过去，九月来临，天气秋凉了，而日本侵略者越打越远，中国军队很快打回来的希望越来越渺茫了。同院的几个大学生也都经过天津，坐船南下了。不能走的，孩子们的家长也还得送他们上学。在凉风萧飒的深秋，我也背着书包上学了。原来我上学每天都有一毛钱车钱，一毛钱饭钱，第一步一毛钱车钱取消了。每天一早走路由皇城根到小口袋胡同去上学，大约有三华里路。学校情况也大变样了，原来初一年级五个班，现在只剩下一个班了。原来学校门口一放学，接学生的包月车铃叮叮当当敲个不停，现在都没有了。学生们背着书包默默而来默默而去，连最爱打闹的同学也老实了……童稚心里中随时想着都德‘最后一课’的内容。”

据吴群先生考证，一段时间里，小方频繁往复平津之间，拍摄了《敌故意摧毁我文化机关——南开大学已成灰烬》《已沦敌手之天津市》等组照，以中外新闻社的名义刊于第七期《良友战事画刊》。

焦土抗战，是我们不可免的同时也是必要的一部分牺牲，也可以说只有抱了焦土抗战的决心，才能获得最后胜利的把握。

以天津那地方来说，三个火车站早已被日军占据了，东马路又是接邻着日本租界，在北平已被日军不劳而获之后，仅仅剩下一部分当地的警察保安队，还能在敌人的飞机大炮下支持五六天的巷战，所以我们又不能不奇怪北平的失陷是非常离奇的，离奇得和沈阳失陷一样。我们没有能力保卫北平吗？不能作围城一战吗？大概是“非不能也，是不为也”吧。（小方《前线忆北平》）

按照《剑桥中华民国史》的说法，1927 年到 1937 年是民国经济发展所谓的“黄金十年”，然而，这金子般的岁月，在卢沟桥事变后戛然而止。

不久，小方在中法大学的老师王慎明，被选为北平第二战区动员委员会委员。“我父亲积极参加革命活动的行为渐渐暴露了，”王瑞平回忆，“根

已淪敵手之天津市

THE FALLEN TIENTSIN

已成廢圩之天津東馬路，昔爲華界最熱鬧之地帶。

The once prosperous and crowded Tung Ma Lu (East Road) now quiet and desolate.

天津河北大經路口商店，被敵軍炸毀之慘狀。

Empty shells that once housed many a business firm along the Taiching Road.

The big Union Jack on the ground of a garden in the British Settlement, for an apparently known reason.

爲避免飛機之轟炸，天津英租界當局，特於民園地上繪一大國旗，以爲標幟。

小方的报道《已沦敌手之天津市》（《良友战事画刊》）

敵故意摧殘我文化機關

南開大學已成灰燼（中外社）

RELICS OF NANKAI UNIVERSITY

What Japan has done to one of our highest seats of learnings.

Japanese bombs wiped off most of the buildings of Nankai University, Tientsin. Among them, the library as shown in this picture.

天津南開大學，爲我國著名學府，敵人進攻天津時，故意派機前往轟炸，圖爲被炸毀之該校圖書館。

南大科學館，亦爲敵機炸毀。

The Science Hall went the way of all crumbled buildings.

轟殘殆盡之南大宿舍。

What was spared of a dormitory.

被炸後之南開圖書館，內部已全爲炸毀。

The only things in the library that survived the fierce bombing were these pillars.

小方的报道《敌故意摧残我文化机关》（《良友战事画刊》）

据地下党的指示，要他赶快撤离，于是当日寇占领北平后，他当即离开去山西，我送他到火车站，这个情景至今仍历历在目。”王慎明躲过日本宪兵追捕，几经辗转，只身秘密到达延安，正式改名王思华，一年后，他陆续把家人也接了过来。

平津陷落之后，范长江回到了上海，后来接到小方从北方来信说，“我的家在北平陷落了！我还有许多摄影材料工具不能带出来，我现在成为无家可归的人了！我想找一家报馆做战地记者，请你为我代找一岗位。”那时，上海《大公报》正需要人，主要负责战地记者派遣和联络工作的范长江，就请小方负责平汉线工作，于是，他开始为《大公报》写通讯。

此后，保定成了小方东奔西突采访的落脚点和中转站。“记者为明了我们抗战后方之情形，特自保定沿铁路南下，赴冀南一带视察。”小方写道，“到 × 县，这地方可算是一个‘大站头’。我雇了一辆洋车，这车夫是个多血质的青年，他跑得特别快，并且沿街见了他的熟人都兴奋地打着招呼，后来他忍不住地对我说了，他说，‘我们今天可尽了国民的责任了，我可算是没有白当中国人，早上起来就拉了三趟伤兵！’”

伤兵从火车下来因为没有架床，所以都是用洋车拉入医院，但是遇到夜里到达或者是没有洋车的地方，则仍由人力扶持着徒步走，有一个夜里，我正在 × 县，就看到一大批伤兵结队缓缓的走着。他们经过军队哨岗时，哨兵们严肃的举枪敬礼，记者被感动得落泪了。尤其是夜色朦胧中，给这一幅画面增加了百倍的伟大。

这是一个全民的抗战，是一个生死关头的民族解放斗争，每一个国

察哈爾視察記

方大曾

記者此次沿平綏路旅行，計程自五月二十六日至六月三日，共在察哈爾境內勾留九日，旅途中除一部分搭乘火車外，多半爲徒步，故得知察省民間狀況頗詳，茲簡述之，以供關懷察哈爾現況者之參考。

土地

減少五分二

察哈爾原有十六個縣治，自長城以外的沽源，多倫，康保，商都，寶昌及張北等六縣「劃歸」別人之後，只餘下了長城內外的這十個小縣，這十縣原屬直隸省口北道，眞幸而是民國十七年的劃省，把它劃歸察哈爾地界，否則，恐怕不再能有現在的察爾省政府了。

察省受到洋河及桑乾河的灌溉，所以沿河各地，還相當的富饒。新保安涿鹿縣及下花園一帶，佈滿了江南風味的水田。在省境南部的蔚縣，也是一塊產稻區域。在塞北能見到這種情形，自然是我們沒有料想到的。洋河桑乾二河在懷來縣境會合，由一個半里寬的山峽流入河北省，就是永定河。中國第一水工實驗所，曾經實驗過要在這個山峽地方，造一座蓄水閘，以防止永定河汛濫。此事華北水利委員會本已預備動工，唯以要在懷來境內佔用一大片地方的蓄水區域，受到農民的反對。而同時水利會方面又沒有一筆巨欵，來供給這一地帶農民的遷移費，所以這件工程就陷於無限期的淺擱了。

在地圖上看，察哈爾眞是個堂堂的省份了；然而實際上，它是中國一個最小的省。別人拿去了六個大縣，這我們雖然可以不承認，但是自己的政治勢力是達不到了。從前十六縣負担一個省政府；如今僅剩十縣，也要負担一個省政府；而且省政府的組織，與別的省份一樣，一點也不能因爲土地縮小而減小規模，因此，人民的負担只有日益加重。除了普通的國課之外，動不動就是臨時的攤派。此外，每月還要對於冀察政委會有十萬元的協欵，這筆欵聽說正在呈請停解中，但還沒有得到下文。

八德

標語隨處見

察省以『八德』治民，所謂八德即「孝弟忠信禮義廉恥」，這是前宋主席時代的省訓，今仍沿用。旅行察哈爾者，到處都可見到這八德的標語，正如同××眼藥的廣告一樣地多。

在察哈爾的外縣做官，實在是困難。寄名信控訴現任官，已成了一種平常的風氣，尤以各縣公安局長被控的，更是屢見不鮮。因爲察省的政治系統，是各縣公安局直接隸於省府警務處，只要警務處接着人民控信，經過相當的調查，即將被控者行令「提解來省」，再就是「鐐押査辦」。這種辦法自然也是軍人政治的美德，能給人民平寃，解除一點痛苦，但有一部份的小官是曾花了本錢才將差事運動到手，又焉能絕對地阻止官吏的貪污呢。不過是有幸與不幸而已！作小官已是這樣艱難，然而謀事者仍是絡繹不絕，記者在懷來時，同一個客店裏就住了七位從遠道來謀差使的人。聽說這裏是新換的縣長，人浮於事的情形，由此可見一般了。

農村

陷破產狀態

儘管是這省裏有許多特產，及一部分肥沃的土地，然而由於苛捐雜稅的繁重與洋貨之深入民間，也必然地使察哈爾的農村陷於破產狀態，農民們因而也度着悲慘的命運！

記者過南口時，曾遇見兩個青年農人，身上背着與記者同樣簡單的行李，迎面走來向我打聽門頭溝的去向。問他們詳情，則云來自懷來縣，因本鄉無法爲生，所以去門頭溝謀一個「背煤」的活兒。從懷來到南口是一百華里，他們已走了一整天。被農村經濟破產逼走了的這兩位親愛的青年，不知道當夜將宿於何處，更不能預料他們將來的命運！記者在察境內幾段徒步的旅程上，遇到這種情形很多，農民們都是異口同聲地說不能聊生。又有一次，在新保安附近，和兩

1937年五六月间，小方曾前往察哈尔采访，并于《益世报》发表通讯《察哈尔视察记》

民都应该并且必须组织在抗战行动之下，只有这样，我们才能够把握着最后的胜利。（小方《保定以南》）

南口战役爆发之后，上海《大公报》委派范长江赴察哈尔助孟秋江工作，以加强中央战场采访力量，与左翼的邱溪映、右翼的小方配合，总辖平绥平汉的战争消息。

察哈尔失守，长江与秋江从察南退晋北，再转到大同，在大同偶遇军邮友人陈虚舟先生，告知小方已去绥东。范长江大为惊异，“不知其何故放弃右翼任务也，乃急电绥东请其返大同商工作。”

1937年8月底，范长江在大同召开了一次战地记者会，参加会的有方大曾、孟秋江和邱溪映。“小方至大同，同溪映同来，据云，系在保定闻八路军挺进热河，故赶去参加，到绥始知不确，并自承认单独行动之欠考虑。”

邱溪映小方大曾一岁，曾在天津南开中学参加抗日救亡活动，1932年参加反帝大同盟，同年加入中国共产党。与方大曾一样，他也是职业摄影师，与小方相识于绥远，感情深厚，一同在冰天雪地里报道绥远抗战，他们以镜头为武器，“人在底片在，一人倒下，另一人背起，保证不损坏，不遗失”，是他们作为战地记者相互的承诺。

“一个摄影者最能够让自己的生命和灵魂契合的是，他的照片能够通过画面去反映他所处的时代突出点，做到这一点看似简单，其实是所有摄影者所追求的终极目标。”范长江新闻奖获得者栾俊学在接受采访时说，“为了追求这个目标，许多人不惜舍弃一切，甚至明知道可能会去用生命换取，他们用真实的不可磨灭的摄影镜头，为那个炮火连天的岁月作证。”

在大同，长江与小方等人交流了情况，主要研究了今后的工作布置，“溪

2000 年 9 月，纪录片《寻找方大曾》摄制组在大同近郊寻访

映坚持绥远宁夏线，秋江支持同蒲线，而小方则仍挺进平汉线”。他们还做了一件事，就是写文章。“在战局紧急时，我们所住大同招待所在白日已无食物供给，我们经常在城墙边防空洞旁写文章。”短短一星期，他们写成七篇战地通讯：《察哈尔的陷落》（长江写于 9 月 1 日）、《怀来回想》（长江写于 9 月 4 日）、《南口迂回线上》（秋江写于 9 月 5 日）、《今日的绥东》（溪映写于 9 月 3 日）、《未死了的英雄》（溪映写于 9 月 4 日）、《从娘子关到雁门关》（小方写于 9 月 4 日）、《血战居庸关》（小方写于 9 月 7 日），这些通讯都陆续发表在上海《大公报》上。

如果我们不能用“我们的血肉筑成我们新的长城”，我们就实难确保晋北，晋北要发生问题，绥远防线也就孤立起来了。这个大时代的到临，每一个民众当认清了自己的任务，自己的力量，要自己起来救自己。在长远的抗日军事中，所能把握着最后的胜利的，还得依靠民众自己的力量。

（小方《从娘子关到雁门关》）

那时保定已万分吃紧，卫立煌将军所部三师增援南口落空，正与日军激战于永定河上游青白口一带。小方当时异常兴奋，他不只要到保定，而且更要到保定以北南口山脉中去。

他带上充足的蓝墨水、稿纸和照相器材，急急由石家庄登上北去的列车，临别时，范长江说：“希望你能写一篇‘永定河上游的战争’！”他平和坚定地回答：“我一定有很好的成绩答复你！”

“八一三淞沪会战”后，尽管上海《大公报》馆在法租界爱多亚路181号，离编辑主任王芸生在吕班路的家很近，但他已很少回家。每天除了写社评、看大样，重要新闻他都亲自安排，战地记者范长江、孟秋江、平汉线特派员小方，每晚从战场打来战报电话，王芸生都要守候到最后一条消息才截稿。

平汉线的情况，是处于非常危急的局面之下，但是危急尽管危急，也不是说就必定会步平绥、津浦两线之后尘。在这里我们也有乐观的条件，也有反面的条件。所乐观的是：第一，平汉线均为我军主力，使我们放心，绝不会那样糊里糊涂的就随便往后退。第二，是第八路军已经开上来增援，内长城线或可保住，而不至于腹背受敌了。（小方《平汉线北段的变化》）

谁也没有想到，小方自保定附近的蠡县发出《平汉线北段的变化》后，《大公报》就再也没有接收到他的任何报道，一个月，两个月，如同无线电静默，平汉线似乎一下子沉寂了。

2016年7月，我带领河北大学新闻学院的同学们赴蠡县实地寻访，面对当年的老邮局旧址，大家唏嘘感慨，禁不住发问，从这里发出报道以后，小方究竟去了哪里？

2016 年 7 月冯雪松带领河北大学师生前往蠡县实地寻访（孙楠摄）

为写作这本书查阅资料的时候，在 1937 年第 4 期《抗战画报》第 6 页，偶然查到了题为《晋绥我军准备大战》的一组照片，署名小方，几张片子均拍自绥远和山西，其中有一张是朱德的照片，图片说明写着，“新任第八路军军长朱德已率部抵晋”，这是一个重要的新发现，难道赴绥东采访八路军挺进热河的消息不确后，小方又抢出时间在山西寻访到了八路军？十多年的寻访旅程中，还没有听到谁提过有关方面的信息。方汉奇先生说这是极有可能的，“从照片上，朱德的装束打扮和他背后的窑洞特征判断，季节和地点都符合，而且小方当时就是在这一带采访，又有署名为证，这张照片应该是他拍的”。小方是否拍摄过八路军？尚需进一步确证，但可以肯定的是，此后不久，他的好友邱溪映以《大公报》记者的名义赴山西参加了八路军，任总部随军记者。

保定失守之后，范长江失去了与方大曾的联络，汇款也不知寄往何处。联系小方的亲戚，得到的答复是，他退至蠡县后曾发一信说：“我仍将由蠡

《晋绥我军准备大战》组照（小方摄）

县继续北上，达到长江原来给我的任务。”

“之后，石家庄陷落、太原失守，方大曾的消息便一点也打听不到了。”若干年后，范长江的脑海里一直保留着小方这样的身影：“年少，英俊，头上戴一顶白色的帆布帽，身穿白衬衫和黄短裤，足蹬跑鞋，挎一架照相机，显得精力充沛，朝气蓬勃。”

据周勉之、方仲伯等人在《周恩来同志亲切关怀和培育全民通讯社》一文中回忆：“原中外社的社员方大曾，当时在同蒲路沿线活动，就担任了全民社的战地摄影记者。拍摄了不少战地照片，所以全民社在武汉时，除发文字稿外，还发了照片稿。不幸的是，不久即和方失去联系，以后再也听不到关于他的情况，最有可能是在抗战前线牺牲了。”

“方大曾一定知道，选择战地记者的职业，首先就是选择了死亡。”范长江新闻奖获得者郑鸣说，“一个只有二十五岁的年轻人坦然选择血肉横飞的战场，选择在最近的距离见证野蛮与正义的较量，选择新闻记者中最危险的那个角色，他或许早就想明白了一个道理，个体生命虽可消亡，民族觉醒才能永生。”

范长江在《西线风云》增订版自序里，重点叙述他担任《大公报》战时采访课主任的工作成果，其中就提到并选用了方大曾的几篇通讯。他写道：“本书中没有一篇不是在死生线上换来的作品，我虽然尽了系统编列的工夫，而每一篇的精华，仍属之于各篇的作者。”

一年以后，徐盈从西战场绕道西兰公路回武汉，与刚从江西赣北战场归来的范长江见面，在他记忆中，谈话间，长江仍“关心着华北战地记者小方的下落”。

九　故事里的故事

直到最近，外甥范苏苏告诉我，原来方大曾还是我们的一个亲戚。二伯父沈钧儒青年时期考中秀才，被苏州名士张廷骧聘为西席，后又将爱女张象徵许配他为妻。二伯母有个大哥名张象奎，字宝书，其子张孝通是二伯夫妇的外甥，也就是姐姐沈谱的表兄。而张孝通夫人方淑敏的二弟就是方大曾。也就是说，方大曾是堂姐沈谱夫妇的表兄弟。

——沈宁

《抗战中，活跃着年轻的战地记者》

《良友画报》1937 年 7 月号（总第 130 期）

1937 年 7 月中下旬，《良友》画报第 130 期出版，这一期署名“郑女士”的封面女郎，格外引人注意。健康和活力写在她的脸上，唇红齿白，目光炯炯。作为邻居的著名作家郑振铎，曾这样描述记忆中的她，“身材适中，面型丰满，穿着华贵而不刺眼，一眼看去，就知道是一个有教养的纯情女孩，难得的中华女儿”。

若干年后，李安导演的《色戒》上演，使这位“郑女士”再次引发关注，有人说电影女主角的原型就是她。当年《良友》画报的编辑马国亮在晚年出版的回忆录中说：“直到好几年以后，我们才知道她是一个轰轰烈烈、献身抗日的爱国烈士，她的全名是郑苹如。”

就在这页美丽的封面背后，本期画报以罕见的方式，从第 3 页到第 9 页，

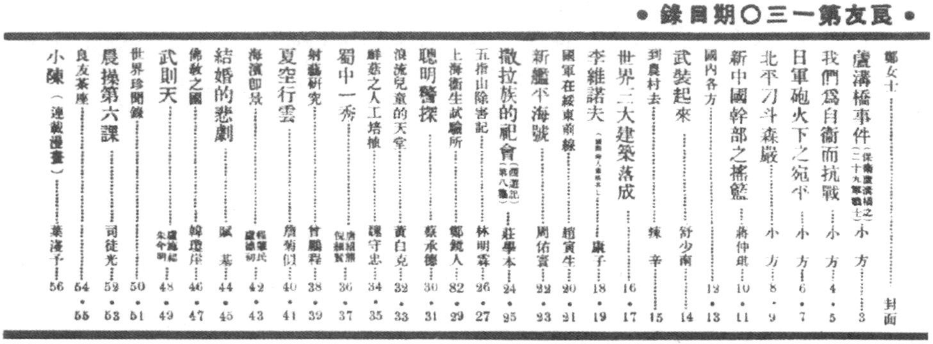
•良友第一三〇期目錄•

鄭女士		封面
盧溝橋事件（保衛盧溝橋之二十九軍戰士）	小方	3
我們為自衛而抗戰	小方	4•5
日軍砲火下之宛平	小方	6•7
北平刁斗森嚴	小方	8•9
新中國幹部之搖籃	蔣仲琪	10•11
國內各方		12•13
武裝起來	舒少南	14
到農村去	辣辛	15
世界三大建築落成		16•17
李維諾夫	康子	18•19
國軍在綏東前線	趙賓生	20•21
新艦平海號	周佑賓	22•23
撒拉族的祀會（西遊記第八集）	莊學本	24•25
五指山除害記	林明森	26•27
上海衛生試驗所	鄭鏡人	28•29
聰明醫探	蔡承德	30•31
浪流兒童的天堂	黃白克	32•33
鮮菇之人工培植	魏守忠	34•35
蜀中一秀	唐紹雍 倪振賢	36•37
射藝研究	曾顯程	38•39
夏空行雲	詹菊似	40•41
海濱即景	楊肇民 盧濤初	42•43
結婚的悲劇	賦基	44•45
佛教之國	韓瓊岸	46•47
武則天	盧施紀 朱今明	48•49
世界珍聞錄		50•51
晨操第六課	司徒光	52•53
良友茶座		54•55
小陳（連載漫畫）	葉淺予	56

《良友画报》第 130 期连续刊登了四组小方的战地摄影

小方与《良友画报》有着良好的合作关系（冯雪松摄）

大篇幅连续刊登了小方的四组摄影报道，共计四十张照片，分别是《卢沟桥事件》《我们为自卫而抗战》《日军炮火下之宛平》《北平刁斗森严》。谁也没有想到，这些来自卢沟桥前线第一现场的照片，在影像记载历史的进程中，会成为一个民族一个国家不可磨灭的珍贵记忆。尽管，从九一八开始，中日之间就摩擦不断，原以为卢沟桥的枪炮声只是打打停停中的又一次冲突，在绝大多数人还在选择观望的时候，《良友》显然意识到了事件的重要，所以，他们在接到有着良好合作关系的方大曾寄来的作品时，就已经感觉出来问题的严峻程度绝非一般。

“《良友》初刊时已注意到刊登新闻照片问题。”马国亮回忆，“但由于当时条件的限制，刊出的只是一些新闻人物，即一些为世界所瞩目的人物半身照片，却缺乏事件发生的现场背景与人物活动的情况。盖缘当时从事拍摄新闻照片的人不多。”

无疑，方大曾的新闻摄影填补了《良友》的缺憾，他们立刻从照片的内容认识到，卢沟桥所发生的是一个大事件，就义无反顾地抢夺了先声。《良友》

以重磅力度刊发小方的现场报道，为日后出版《战事画刊》奠定基础。同时，他们还出版了《卢沟桥事件画刊》，这一次，直接使用小方拍摄的《坚守卢沟桥的士兵》大幅照片做封面，在当时社会影响很大，前后再版了四次。

我们当年发稿的时候，并没有想到，这一时间竟是日本妄图并吞并奴役我全国的开始。日本军国主义也没想到，这一次的野心行动，却把它从一八九四年甲午中日战争以来，将积近整个世纪的阴谋计划，妄图把我国并入日本版图的美梦，全部破灭。（马国亮《良友忆旧》）

在《良友》第130期里，除了舒少南的报道《武装起来》，还有庄学本的摄影游记、魏守忠的《鲜菇之人工培植》，以及《夏空行云》《海滨即景》等休闲内容。多年以后，时任画报编辑感慨："卢沟桥的狮子和抗战勇士的照片出现在封面女郎后面的扉页上，对照鲜明！"

同期，还刊登了上海剧艺社演员英茵饰演武则天的剧照，抗战全面爆发后，她成为一名情报员，1941年3月，因汉奸所骗，暴露了身份，英茵在国际大饭店服药自尽。

不曾想到，此后，《良友》也被战事中断了三个月，我无法知晓，看到过这期杂志的郑苹如，在翻开封面看到小方作品时的刹那心情，而随着她此后命运的顺逆，或许就会找出一个答案。

当年，在上海滩时尚圈中，郑苹如是一颗"明日之星"，家住上海法租界吕班路万宜坊88号，今重庆南路205弄，邹韬奋、傅雷、丁玲、郑振铎都是她们家的邻居。在秋季的一次聚会上，老牌特工人员陈宝骅见到她，立刻认出她就是前不久《良友》封面上的女郎。交谈后才发现她竟是江苏高院第

方淑敏、张孝通夫妇与女儿张在娥（前中）、张在琪

二分院的首席检察官郑钺的女儿，是上海法政学院的学生。望着这个怀有强烈爱国激情的女大学生，想着她既有高官父亲，又有日本母亲，自身还拥有精通日语的条件，陈宝骅马上向郑提出，为了“更好地抗日，更好地报效国家”，邀请她“加入团体”，郑苹如欣然应允，就这样被发展成为中统特工组织成员。

郑苹如赤诚的爱国心来源于家教，她父亲郑钺，字英伯，留学日本时就加入了同盟会。他郑重地告诫成为特工的女儿：“为了国家，什么都可以牺牲。”她母亲虽是日本人，却支持中国的抗日事业。很快，郑苹如就凭借着流利的日语和半个日本人的身份，融入了侵华日军驻沪各机关中上层交际圈，并得以自由出入诸多日军部门，获取了大量高端机密。

良友公司位于上海虹口北四川路，这个区域一向被日军视为自己的势力范围，《良友画报》是一贯抗日的，在这样的环境中经营更是举步维艰。“八一三”的枪炮，打乱了公司的正常运转，内部的存书两日之内被盗窃一空，迫于无奈，

沈钧儒在家中（张在娥供图）

迁址到英租界的江西路 264 号。印刷工厂所在的杨树浦，正是日军战区范围，原已编好付梓的第 131 期杂志，连同原稿全部毁于战火。停刊近三个月后，11 月 1 日《良友》画报在香港复刊，仍列为第 131 期，因条件所限，这一期只能用铜版印刷，在《编辑者话》中及马国亮的回忆中均提到，“方大曾所摄的华北抗战情况的照片等，当时都未经他处发表，全都毁于上海战区，未能让读者看到，甚为可惜。”

那个时候，方大曾的姐姐方淑敏和姐夫张孝通一家生活在上海爱文怡路的爱文坊，就是今天的北京西路的 1312 弄。张孝通原名张贤达，小名卯官，

张象徵怀抱张在娥（张在娥供图）

与小方感情甚笃，其父早亡，从小在北京的姑姑张象徵家里长大，姑父就是著名的民主人士沈钧儒。

直到最近，外甥范苏苏告诉我，原来方大曾还是我们的一个亲戚。二伯父沈钧儒青年时期考中秀才，被苏州名士张廷骧聘为西席，后又将爱女张象徵许配他为妻。二伯母有个大哥名张象奎，字宝书，其子张孝通是二伯夫妇的外甥，也就是姐姐沈谱的表兄。而张孝通夫人方淑敏的二弟就是方大曾。也就是说，方大曾是堂姐沈谱夫妇的表兄弟。（沈宁《抗战中，活跃着年轻的战地记者》）

1894 年，张象徵与沈钧儒结为夫妇，婚后，沈先生在外奔走，她在家料理家务，抚养子女，有时遇到经济上的困难时，她常变卖陪送的嫁妆，资助家用，有时遇到烦恼的事情，她尽量不让沈钧儒知道，免得他牵挂担忧，对丈夫襄助实多，是个得力的贤内助。1929 年二三月间，张象徵患了丹毒病，住医院治疗，沈钧儒先生亲自陪护，病情严重时，他有近半个月未解鞋带。上海的一家报纸刊载了此事，盛赞“伉俪之笃”。沈钧儒夫妇感情深厚，也为时人所敬慕，时任《大公报》总编辑张季鸾曾说，沈钧儒的“家庭妻贤子慧，乐道安贫，一门之内，其乐融融”。

沈钧儒先生待内侄张孝通如同己出，供其入北平基督教青年会商科学校读书，在 1927 年 5 月 21 日他写给夫人的信中说：“卯官我很对不起他，但目前实无法兼顾，他的学费零用，我绝不勿管，他既有本领，我决然推荐。今年暑假，是否可以毕业，即告我知之。妹家惟卯为可爱，我必助之，望他要明白，并体谅我现在一时的苦处也。”

沈谱送给张孝通、方淑敏的照片，背面有她手书的赠言（张在娥供图）

《良友画报》第 129 期刊登《狱中七君子》组照
(中外新闻学社)

全民通讯社珍存的沈钧儒（前排右二）等人狱中照

张孝通毕业后，沈钧儒先是推荐他到政法界，后转到上海铁路局工作，仍一同居住，而且时刻关心着他的成长。

或许张孝通在青年会商科学校读书期间，就与少年小方相识，后来，姐姐方淑敏与张孝通结婚是否与他有关，已无从可考，但是在他中法大学毕业成为记者后，据张孝通的长女张在娥回忆，父亲在上海则一直购买舅舅经常发表作品的《世界知识》《良友》《生活星期刊》，以及后来供职的《大公报》，通过报道来了解小方的行踪。

1934 年是沈钧儒和夫人六十双寿，1 月 1 日，上海律师公会、上海法学院、全浙公会等亲朋好友为他们夫妇举办祝贺活动，并发起“醵资捐助教育基金”，为二老增寿。不久，张象徵因受风寒，患急性肺炎，继发胃炎，救治无效，于 3 月 22 日在上海去世。沈钧儒悲痛异常，入殓时，他将自己的照片放在亡妻胸前。张象徵灵柩安葬于嘉兴沈家浜祖坟时，按照沈钧儒的吩咐，同时还筑有一生圹，准备来日与夫人合葬。

沈钧儒自夫人去世后，便将夫人的遗像放于贴身衣袋，睡觉时则置于枕上。他终生未再娶，每当有人和他说起续弦的事，他总是示以夫人的遗像说，不要说了，我夫人在这里，她听了会不高兴的。在他的诗集《寥寥集》里，收录有抒发天人相隔情愫、悼念夫人的诗《影》。

君影我怀在，君身我影随。

重泉虽暂隔，片夕未相离。

俯仰同襟抱，形骸任弃遗。

百年真哭笑，只许两心知。

自此之后，沈钧儒更加疼爱张孝通，见到他就仿佛见到了夫人张象徵，他的女儿沈谱与孝通、淑敏夫妇情同手足，昵称他们卯哥、卯嫂。沈家和方家也多有往来，沈钧儒在写给家人的信中提及“孝通亦通讯暂无问题，卯弟妇之妹妹方澄敏在此”。

1936年11月22日深夜，国民党政府以“危害民国”罪在上海逮捕了沈钧儒、章乃器、邹韬奋、李公朴、沙千里、史良、王造时七位救国会领袖（史称“七君子事件”），随后将他们关押于江苏高等法院看守所。

此时，沈谱正就读于南京金陵女大化学系三年级，父亲沈钧儒因抗日救国而身陷囹圄，她无心继续读书，遂冲破重重阻碍前去探监，眼望着父亲书写的、悬挂在狱室墙上“还我河山”四个刚健的大字，受到极大的鼓舞，她在狱室门前与父亲合影留念，显示了对于父辈爱国精神的敬仰和对当局“爱国有罪”的无声抗议。

《良友》画报第129期的显著位置上，刊登了一组“七君子”狱中生活照，署名中外社摄，四幅照片分别是狱中合影、唱救亡歌曲、潜心学习和沈钧儒

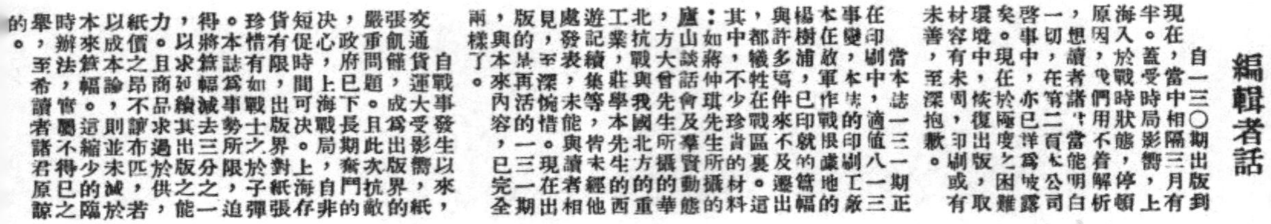

編輯者話

自一三〇期出版到現在，當中相隔三月有半。蓋受時局影響，上海入於戰時狀態，停頓原因，我們用不着解析，想讀者諸君當能明白一切，在第二頁本公司啓事中，亦已詳爲披露矣。現在於極度之困難環境中，恢復出版，取材容有未周，印刷或有未善，至深抱歉。

當本誌一三一期正在印刷中，適值八一三事變，本[illegible]的印刷工廠本在敵軍作戰限處地的楊樹浦，已印就的篇幅與許多稿件來不及遷出，都犧牲在戰區裏。這其中，不少珍貴的材料：如蔣仲琪先生所攝的廬山談話會及攀寶動態，方大曾先生所攝的華北抗戰與我國北方的重工業，莊學本先生的西遊記續集等，皆未經他處發表，未能與讀者相見，至深惋惜。現在出版的暴再活的一三一期，與本來內容，已完全兩樣了。

自戰事發生以來，交通貨運大受影響，紙張飢儲，成爲出版界的嚴重問題。且此次抗敵，政府已下長期奮鬥的決心，上海戰局，自非短促時間可決。上海存貨有限，出版界對紙張珍惜有如戰士之於子彈。本誌爲事勢所限，迫得將篇幅減去三分之一，以求到繪其出版之能力。且商品求過於供，紙價之昂不諒布匹，若以成本論，則並未減於本來篇幅。這縮少的臨時辦法，嘗屬不得已之舉，至希讀者諸君原諒的。

《良友》复刊《编辑者话》中提及小方的底片毁于战火

先生在“还我河山”的大字下囚室独坐。

张在璇听母亲说过，七君子入狱后，他的父母曾经两次去苏州狱中看望沈钧儒，当时，若不是亲属是不能探监的，而担任中外新闻学社摄影记者的舅舅小方，极有可能随行拍照。“今天我们看到的，署名中外社的照片，有沈钧儒在狱中的内容，应该就是他拍的。”这一说法，在我近日访问范长江长子范苏苏先生时，也得到了肯定，他认为，“小方一定会随着姐姐、姐夫去探监，对于这样一个轰动中外的大事件，加之亲属关系，以他的进步思想和正义良知，是绝对不可能袖手旁观的”。

七君子组照先是在中外新闻学社保管，抗战全面爆发以后，从天津转入山西，学社更名为全民通讯社。为躲避战火，社长李公朴将这些珍贵的照片随身携带，后来李先生遇刺，家人在遗物中发现这些宝贵的影像，又经多年悉心保管，1959 年交由国家博物馆收藏。

自《大公报》9 月 30 日刊登了小方的战地通讯《平汉线北段的变化》以后，张孝通每天下班后都去买一份报纸，这样连续了三个月，没有见到小方再发任何的消息。从喧嚣到静默，一开始家人并没有特别在意，因为他经常是许久没有消息，然后，某一天会突然意气风发地出现在你的面前。小方的母亲方朱理所担心的是，儿子“从小爱冒险，胆子太大”，但是他们之间有过约定，无论遇到什么情况，协和胡同 10 号的家，都是固定的不见不散的地点。随着时间的推移，小方音信皆无，家人和朋友才开始有了不祥的预感，范长江在 1937 年底筹备中国青年记者协会时还说“如果小方在，他一定会来的”，而且他相信小方不会有问题，“因为他的机智，足以应付非常事变”。

时间过了许久，仍然没有小方的任何讯息，有人说在山西太原见过他，

儿子失踪后的方朱理（张在娥供图）

方淑敏带着两个女儿回北平，张孝通去了重庆（张在娥供图）

范长江与沈谱结婚照（范苏苏供图）

也有人说被日本兵逮捕入狱，这些传言始终无法确证。1938 年后，张孝通离开上海，随机关走陆路去了重庆，方淑敏则带着女儿张在娥姐妹回到了北平家中。

一年后，沈谱大学毕业回到重庆，在邹韬奋先生的介绍下认识了范长江，两人很快从相识到相恋。1940 年 12 月 10 日，由父亲沈钧儒主持，他们在重庆良庄举行了简朴的婚礼。李公朴、周恩来都参加祝贺，邓颖超因病未出席，但也送来了情真意切的贺词。

“未做一件新衣裳，未添置一样所谓新房铺设之家具。小妹与长江均穿蓝布大褂，于襟上系一花为志。”沈钧儒在向家人介绍婚礼的信中写道，“任何仪式皆删除，没有鞠躬，没有婚书，没有交换戒指，没有主婚证婚介绍等人名称，亦没有发帖请酒。”“仅备一条八尺长的宣纸，请来客签名证明结婚，

张孝通和孩子们在上海（张在娥供图）

到二百五六十人。”

“范长江与堂姐沈谱结婚，便成了我的堂姐夫，换句话说，方大曾成了他们的表兄弟。”沈宁回忆说，“不过当年他们一起在前线采访报道，以及小方失踪后写文章纪念他的时候，姐夫却没有想到他会因为结婚而与小方成为亲戚。”

后来，张孝通一家在重庆再聚时与沈钧儒住在一起，沈先生在楼上，他们在楼下。至今，张在璇还记得，周恩来曾多次前来看望沈钧儒，小轿车停在门口，他们兄弟姐妹几个孩子就钻到车里，摆弄收音机的旋钮，觉得好玩儿极了。在那里，他也多次见过范长江，据母亲方淑敏说，在小方失踪的这件事情上，长江觉得有些不好意思，总说是自己没有照顾好他。

方大曾的成功，还有一个重要因素，那就是他和范长江相识之后。

范长江究竟向方大曾传教了怎样的新闻采写的独门秘笈，没有任何资料可以证明，但他和范长江的认识，却使他的水平与文风大为改观提升了。此前，方大曾的文字报道不能说不好，但还没有好到一种极致。他的一些报道，就像有枝无叶的树木，虽有事实，但缺少一种灵气与生机，材料堆积过多，字里行间，涌动不起激情的波涛。

与范长江相识之后，他的文风大变，叙事风格颇像范长江，如《卢沟桥抗战记》《前线忆北平》《保定以南》《保定以北》《从娘子关到雁门关》《血战居庸关》等报道，如果不署名“小方”，大多数人会误认为出自范长江那种恰如其分的表达能力，他以精湛的技法，把战地新闻写得惟妙惟肖，活灵活现，淋漓尽致。他的通讯，写得诚如刘勰所言，真正达到了“流连万象之际，沉吟视听之区，写气图貌，既随物以宛转；属采附声，亦与心而徘徊”的境界。（朱海燕《穿越炮火的祭礼》）

范长江在《未完成的杰作》《祖国十年》等文章中多次提到这位“头发带黄，斯拉夫型”，从战友变成了亲属的可爱青年小方。他在青记的一份报告中提及，“保定战役时，战地记者方大曾为了写《永定河上游的战争》一文，后保定失守，退至蠡县，仍向后方来信说：仍当继续北上，以达成最初的决定。这位可爱的新闻战士最后失踪。”还在他主编的《卢沟桥到漳河》《西线风云》等书中选用小方的通讯作品，除去欣赏和敬佩，或许就是对于他们之间不期而遇亲情的一种告慰吧。

比起方大曾的不知所终，与他在同一本《良友》画报中“相遇”的封面人物郑苹如，虽没有沿着她的名媛道路，在时尚和社交圈中大放异彩，却也在命运的抉择面前轰然壮烈。

成为中统特工后，她接受了一项重要任务，即刺杀丁默邨。丁早年参加共产党，后叛变革命，以军统局处长的身份投靠汪精卫，成为汪伪特务组织的“一把手”，双手沾满抗日军民的鲜血。郑苹如装成涉世未深的少女，以“师生关系”在一次社交活动中与这位过去的中学校长邂逅，就此挂上了钩，适时地恃宠撒娇，逗得丁默邨神魂颠倒。

中统见时机成熟，便布置下手。1939 年 12 月 21 日，丁默邨邀郑苹如去沪西一朋友家吃饭，饭后两人同车，当汽车驶至戈登路（今江宁路）西伯利亚皮货店时，郑苹如突然提出要去买件皮大衣，并拉着丁默邨同她一起下车。正当挑选皮衣时，丁默邨突然发现玻璃橱窗外有人在向他打量，顿时心中起疑，然后转身向外跑去。正在店外伺机行动的中统特务没料到他会突然冲出来，因此措手不及，竟让他冲过了马路。等枪声响时，子弹只打在防弹车门上，丁默邨毫发无伤地逃脱而去。

眼见行动失败，郑苹如不甘心，她在身上暗藏了一支手枪，准备伺机亲自下手，当她驱车到 76 号要见丁默邨时，立刻被逮捕，关进了黑暗的囚室。

面对严刑逼供，在短暂生命的最后时刻，郑苹如只承认这次暗杀“是因为丁欺骗了她的感情而想找人报复他”。

时隔不久，她被秘密处决于沪西中山路旁的一片荒地上，身中三枪，时年二十二岁。

有资料显示，郑苹如原本是可以不死的，只要她的父亲答应出任汪伪政府的司法部长。可是老人不肯，在他看来，任何东西都可以牺牲，只有民族气节不能舍弃。一年后，老人死于对女儿的思念之中。

抗战胜利后，郑振铎以《一个女间谍》为题撰文哀悼郑苹如：“为了祖国，

小方（二排左一）失踪后，很多朋友来家里打听他的下落

她壮烈的死去！比死在沙场上还要壮烈！”

我第一次听说家里还有个舅舅，是1950年五岁时随父母从香港经上海回到北京协和胡同7号外婆的方家老宅。老宅很大，占地有一亩多，分前、后两个院落，布局呈“日”字形。前院东南角坐落着一个碉堡样的灰色木质小屋，二米多高，四尺见方大。木屋做工十分精细，严丝合缝，拉开门的右手边一米多高的地方开了一个三十二开书本大的“窗”，上下安有木槽，可以插换定做的红、绿玻璃及木板，插上木板关上门，黑得就什么都看不到了。这真是我和哥哥玩耍的绝好去处。一天，我们在“碉堡”里玩“打仗”游戏，动静很大，正玩在兴头上，遭到外婆的一声厉喝：“你们别在那儿祸害，都给我滚出来，这是你大舅的东西，谁也不准进去！”我从此知道了母亲有个弟弟，我有个舅舅，外婆有个儿子，知道了舅舅在外婆心中的重要位置。（冯雪松访问张在璇）

小方留在家里的底片盒（冯雪松摄）

家人始终想不起来小方离开时留下过什么话，只记得再次去卢沟桥前的几天他特别忙，写稿、出去拍照、回来在院子里的暗房冲洗，然后将稿件给各报馆杂志社寄出去。1937 年 7 月 22 日，临走的前一天，他把自己的屋子整理了一遍，剩下的几件衣裳叠好，大皮箱留下，换上了轻便的小行李箱，又去街上买了墨水和稿纸。晚上回来和母亲讲了很长时间的话，告诉他明天走得早，就不过来道别了。

直到年底，报纸上再也看不到方大曾的任何报道，一家人开始慌乱起来，通过多方打听，辗转找到已由太原搬至武汉的全民通讯社询问，据称，社里早已与小方失联多时，就连在前线与他关系最紧密的朋友都不知其下落。方澄敏又联系上了哥哥最后供职的《大公报》，报社里也没有他的消息，于是连着刊登了三天寻人启事，毫无结果，像是在人间蒸发了一样，方大曾就这么消失了。

家人开始整理方大曾留下的东西，企图从蛛丝马迹中发现亲人失踪的线索。除了协和胡同里的暗房，据方澄敏回忆，方大曾留下了一个背包，一只旅行箱，四十个未使用的胶卷和两个放底片的小木盒。家中的千余张底片，几乎全是卢沟桥抗战之前拍摄的，而离家之后的大量战地照片，随着他的失踪，也无从查询，有些散见当时的报刊，而大多则毁于战火。

“方大曾的摄影，在构图上，我们看到它有一种扩张的力，能够鼓舞我们中华民族的一种豪迈的志气。”曾经整理过这些底片的摄影史学者陈申说，“他注重时间的拍摄，注重题材的内容，能够抓住好的题材和时间的节点，这就是作为一个战地摄影家最重要的素质。”

舅舅从此再也没有回来，只留下了两小木箱底片。外婆说，小木箱是舅舅在院子里盖灰色小木屋时请木匠一并做的，有一尺多长，半尺多宽，半尺来高，外面漆上土漆，专门用来装底片。卢沟桥事变爆发不久平津沦陷，日伪统治下的京城一片恐怖，到处抓人，胆小的外公怕舅舅留下的那些记录抗日运动的底片惹事，先抱了一个木箱到厨房烧，因家对门的三层小楼上住着日本人，晚上烧怕有火光被发现引起怀疑，白天生火做饭时就烧一些。后来被外婆发现，就把另一箱底片藏在了她的大书箱里，这才使舅舅的一箱底片幸免于难。

日本投降后，外婆就把小木箱放在了她卧室的平柜上。这箱底片是家人对舅舅的一个念想，看见它就好像舅舅还在，觉得总有一天他会回家来拿这箱底片。（冯雪松访问张在璇）

1947年，在银行里工作的方澄敏从重庆回到北京协和胡同的老宅，这时距离方大曾失踪已过去了十年。院子里又盖了几间房，显得拥挤了许多，但暗房还在，里面摆放了一些杂物，装底片的两个盒子也只剩一个了。“姨妈为了保存这些照片，付出很多，尤其在动乱年代。”张在璇说，“姨妈总是抱着盒子念叨，‘这是全家人的念想，必须保存好’。”

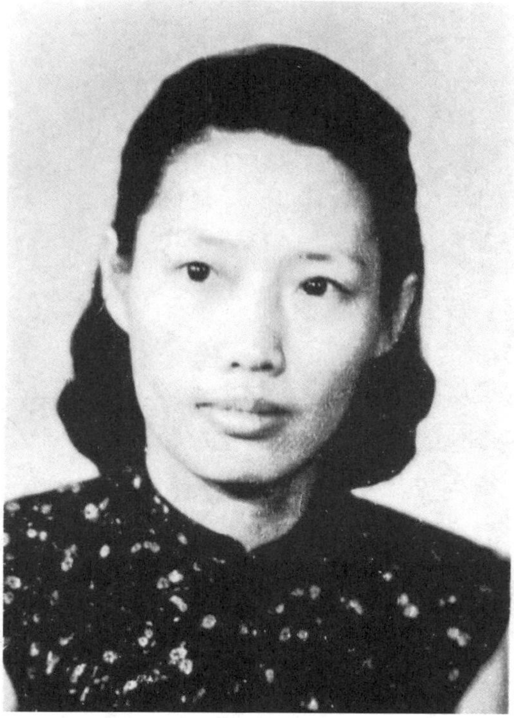

1947 年从重庆归来的方澄敏（张在娥供图）

小方归来无望，母亲心里无助，方澄敏和方淑敏做了一个决定，让自己的孩子们改口，管外婆叫奶奶，以了却兄弟没有子嗣的遗憾，开始母亲不肯，担心不吉利，日子久了，慢慢就习以为常了。

1966 年夏，“红卫兵运动”迅猛发展，最初是在社会上破除“四旧”（即所谓旧思想、旧文化、旧风俗、旧习惯），随后发展为抄家、打人、砸物。小方的那木箱底片让家里人很紧张，因为他拍摄的绥远抗战的照片都是傅作义部队，官兵们服装、帽徽以及旗帜都有国民党青天白日的标识，在那个年代收藏这些是犯忌的，他在通讯《冀东一瞥》中，揭露冀东伪政府统治区十分猖獗的娼、赌、烟、毒、走私等社会丑恶现象的照片，那时也都是有口难辩的“四旧”。万一这些底片让红卫兵看到，不用说底片，家里的人都将会遭受到灭顶之灾。

危机当前，方澄敏和姐姐方淑敏商量该怎么办，她说打算瞒着母亲把哥哥的那箱底片交到单位的“红卫兵办公室”，告诉他们这是家里亲人留下的纪念物，看他们如何处置。方淑敏也没有更好的办法，无奈地说，也只能这样了。

姨妈在工作单位的人缘很好，说明情况后，“红卫兵办公室”负责人看她态度诚恳就没有为难她，只淡淡地说了一句“那你就放这儿吧”。失落的姨妈回到家里，母亲告诉她外婆已经知道了上交底片的事。母亲说，那天外婆问她小木箱怎么不见了？没想到知道真相后，外婆的表现异常平静，沉默了一会儿，像自言自语似的说了五个字：“听天由命吧。”

一周后的一天我正在家休息，上午 10 点左右，突然听到擂鼓般的砸门声并夹杂着喊开门的吼声，我刚打开院门，一群带着“红卫兵”袖标的男女们冲进来直奔后院姨妈家，进屋就乱翻乱砸。他们说是姨父工作单位的红卫兵，莫名其妙地说姨父私藏有手枪。因为是亲戚，我们家也没能幸免，连地板都撬了。抄家一直持续到午后，结果什么有价值的东西都没找到，只好扫兴而去。下午，姨父下班回家，见到疮痍满目的劫后院落，满腹冤屈的他气得以头撞门，姨妈含泪安慰他说：“人能平安回来就已经是万幸了。”家人都很庆幸舅舅的底片没有在家里，否则后果是可想而知的。（冯雪松访问张在璇）

1968 年初，张在璇离开北京到四川工作，临行前去看外婆，八十三岁的她精神已经不是很好了，在卧室里正斜靠在床上闭着眼睛养神，床边平柜上原放置小木箱的地方已改放了一张小方在中学读书时的自拍照。那时的在璇也已经开始喜爱摄影，自然就和外婆聊起舅舅，老人家可能已经意识到儿子回不来了，很伤感地说："你照相时可别像你大舅，他太爱冒险了。"或许，她也知道自己身体已大不如前，遂对在璇交代，"你们记着，等我死了用小木屋给我做个棺材。"

"我非常难受，心中在流泪，明知道这是一个不可能实现的愿望，但当时还是点头应下了这个不能兑现的承诺。我知道，外婆至死都想和儿子在一起。一年后外婆去世，她到底没能等到舅舅的归来。外婆去世后，母亲和姨妈接过了寻找舅舅的重担，几十年来一直在搜集他的资料。后来她们年纪大了，眼睛花了，耳朵聋了，这个重担就落在我们的肩上了。"张在璇说，对于舅舅的生死，家人仍保存着一线希望。盼望能打听出他的下落，知道他过得好不好。"梦想着有一天他能回到这小院，回到协和胡同 10 号，那散发着枣花香的家。"

1979 年的一天，退休后的方澄敏到原工作单位去玩，在工会办公室的角落里，几张废报纸包着一叠叠粉红色的袋子散落在地上，她一眼就认出是哥哥的底片。

底片每一张都是装入一个半透明纸做的内袋，然后再放入一个粉红外袋里，外袋上印有"德记商行""王府井大街北口路西"的字样。她兴奋异常地找到工会负责人，被告知"'红卫兵办公室'早就不在了，这些东西没人管，是你的你就拿回去吧"。

舅舅底片回来了，姨妈开始悉心整理，她希望能出版点什么来纪念她的哥哥，一个退休的老人凭着妹妹对哥哥的崇敬和思念，苦苦地不断

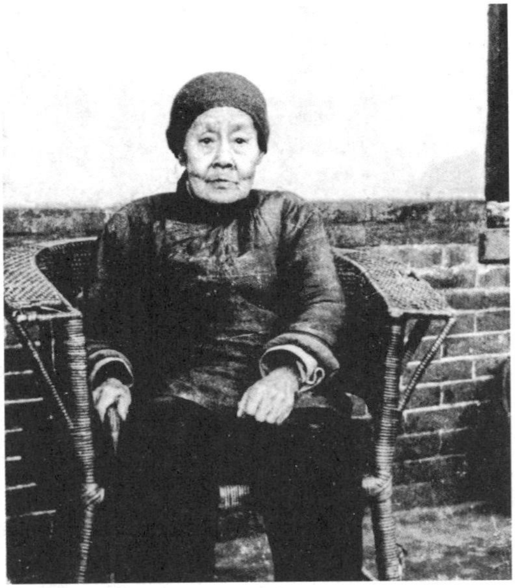

晚年在协和胡同家中的方朱理（张在娥供图）

寻找着各种机会。1989 年，姨妈通过上海一个熟人的关系终于结识了在中国摄影出版社工作的摄影史学家陈申先生，之后就把舅舅的底片交给他进行系统的整理和研究。1993 年在陈申先生的推介下，有幸让台湾摄影家阮义忠先生看到了这些底片。阮先生对舅舅的摄影才华，对中国上世纪 30 年代有如此杰出的摄影师感到惊叹，决定在他办的《摄影家》杂志上出一期专辑，为了保证质量要把选出的底片带到台湾，因为只有他亲自放大，才能把作品做最好理解和呈现。姨妈非常乐意舅舅的作品出版，但得知阮先生要把选好的五十张底片漂洋过海带去台湾就十分犹豫，最后姨妈被阮先生的诚意所打动，同意了他的要求。我记得后来姨妈还曾写信到四川，嘱咐我写信给阮义忠先生询问，生怕底片邮寄回来时丢失，我很理解她的担心。（冯雪松访问张在璇）

中国人民抗日战争暨世界反法西斯战争胜利七十周年纪念日前夕，在香港《大公报》隆重举行的“一张报纸的抗战”论坛上，张在璇把舅舅 464 张底片的电子文件捐赠给了《大公报》，小方的作品回到了他最后供职的报社。

张在璇（左）、陈申（右）与冯雪松在澳门参加
《方大曾：消失与重现》繁体字版首发式

之后不久，澳门新闻工作者协会也隆重举办了《为了正义与良知——七七卢沟桥事变战地记者方大曾遗作展》，这是小方的作品在境外首次展出，影展同时《方大曾：消失与重现》一书的繁体字版出版发行。

“记得 2012 年夏，我在北京遇见陈申先生，他交给了我一张舅舅拍摄的外婆照片的底片，是他以前写书时从姨妈手中借用的，现在转交给我留作纪念。”张在璇说着，他的眼睛有些湿润，但表情里还是透出些许欣慰，“这是现在我手中仅有的一张舅舅拍摄外婆的底片，最近我又把它找了出来，看着外婆慈祥的面容，感慨万千。外婆、姨妈和母亲若在天有知，看见消失了几十年的舅舅，重又回到公众的视野，定会感到欣慰的。”

七十三岁的张在璇小心翼翼地把外婆的底片拿起来，夹在了《方大曾：消失与重现》一书中舅舅的照片旁，以了却他曾答应过外婆的承诺——让她和她的儿子在一起。

十　岁月拾遗

我到年底就满八十二岁了，风烛残年，儿子们的行业各类，大舅是未婚青年，他的遗作就由你继承吧，我的意愿是：保存摄影资料，纪念这位无名英雄小方，无需报酬。

——方澄敏写给张在璇的信

新华日报社欢迎战地记者归来，范长江（前排右一）与陆诒（前排右三）等人合影

1938 年 5 月 27 日中午，汉口普海春西菜社，新华日报社设宴招待从前线归来的各报战地记者，“籍表欢迎慰劳之意”。《大公报》范长江，《新华日报》特派记者陆诒，新加坡《星中日报》胡守愚，《扫荡报》张剑心、黄薇女士，暹罗《华侨日报》蔡学余，《时事新报》宗祺仁及中共领导人陈绍禹（王明）、秦博古、凯丰、吴玉章等二十九人参加宴会。

“在我国战地做新闻记者工作，是一种很特殊困难的任务。因为战区的辽阔，交通的不便，敌我阵地的交错，民众组织的不健全，单身奔走战地工作的记者，不仅时时有被敌人危害的危险，而且有时可以有被土匪流氓危害的危险。所以这种工作，也需要一种特殊的勇气和决心。”陈绍禹致辞时说，“我想有两种人的工作或可以与战地记者们的工作相比，一种是航空队员，他们单独飞行或凌空战斗，都需要特殊个性的决心和勇气，另一种是秘密条件下工作的革命党员，他们处在敌人的重重监视和压迫下为着自己的理想而各自奋斗着，也要有特殊的个性的决心和勇气。所以我们今天要把各位战地记者当作具有英勇的航空队员，和秘密条件下工作的革命党员的勇气和决心一样的战士来欢迎。”

大家围坐在长条桌旁，互道问候，自由发言，午后的阳光照射进来，每个人的周边似乎都镶润上了淡淡的金黄色，餐厅里气氛和谐而温暖。“今天《新华日报》不仅慰劳本报记者陆诒先生，而且慰劳战地归来的大家，使我们非常兴奋和感谢。”范长江说，“还有几位战地记者迄今仍无音信，恐有些人有牺牲的可能”，其中就提到了大半年杳无音信的小方。

短短的几句话引来片刻宁静，大家沉默地举起杯，轻轻地碰在一起，那一声声的清脆，表达着对未归同伴的系念，人们不约而同地说：“热诚地切盼他们安全归来！”

然而，如同无线电静默，平汉线变成了看不见的休止符，各方都没有方大曾的半点消息，报端“小方”的名字自 1937 年 9 月 30 日之后再未出现过，追随着他的读者也开始不知所措。

最初的时候以为他常出去常回来，家里就习以为常了，也不知道他到哪儿去了，战时也没地方去打听，人心惶惶的，我是 1937 年 9 月份走的，去天津，去我父亲那儿，后来又到了西安，考上了西安临时大学，那时候他还没有消息呢，报纸上也看不到他的报道了，人也不知道去向了。（方澄敏的回忆）

“八路军挺进华北，国民党军大批北调，我曾到山西太原一带布置《大

夏农苔（右一）出席世界学联大会与曹承宪（左二）等中国代表合影（1937 年 8 月）

公报》在华北战区的采访。”范长江在《我的自述》中讲述，“那时曾打算把孟秋江、方大曾、邱溪映、张镜航和我分布在华北战场。后来方大曾牺牲（失踪）了，上海又爆发了战事，只有邱溪映到八路军去。”

与方大曾交谊深厚的邱溪映，也没能够参加《新华日报》组织的欢迎会，抗战全面爆发不久，他和方大曾还时不时地见面，很快就失去了联系。后来，溪映以《大公报》记者的名义赴山西参加八路军，任随军记者，改名邱岗，1939 年起，任晋察冀军区政治部宣传部编辑科科长、主任编辑、军区《抗敌三日刊》主编。

汤恩伯部队守南口，与进犯的日寇进行了激烈战斗，小方不知何时到的南口前线，采访战地新闻，我曾看到当时报纸上发表了他的几篇战地通讯，但此后再也没有听到他的消息，不知道他的下落了。（高云晖回忆方大曾）

中法大学毕业后，方大曾的同学王志民、曹承宪、夏农苔和校友高云晖一直保持着密切的通信联系，随时通报本校、北平和国内的情况，当他们得知北平已经组织了“民先”（中华民族解放先锋队）的消息，也很快在法国里昂建立“民先”分队，成为“民先”的第一个海外支部，还派代表参加在巴黎召开的“世界学联国际代表大会和世界学生与青年和平大会”。

北平陷落后，高云晖和一些同学化装逃到武汉，夏农苔回信说，他们都要回国参加抗战。“我在武汉急切地盼望和等待他们，却好久没有音讯。”高云晖回忆，“到11月间，忽接他们从长沙来信，说是乘粤汉路火车北上，行至粤北公平墟车站，突遭敌机轰炸，不幸曹承宪同学当场牺牲，农苔臂部也被炸伤，不得已去了长沙段薇杰家中暂住就医。”

小方的好友夏农苔为人沉静，肯动脑筋，思考周密，显得成熟沉稳，又很幽默，大家都把他当个老大哥看待。“一二·九”学生运动时，他在法国加入共产主义青年团，抗战爆发后，转为中国共产党正式党员。“对于周围的人，他经常考虑帮助，该吸收入党的，就吸收入党，该参加‘民先’的，就让他参加‘民先’，该安排工作的，就安排工作。”后来，大批青年干部，“经他一一妥善安排，或去延安，或去敌后，或赴河南各地，各得其所，都很恰当。”

中法大学在日军占据北平后苦苦支撑，校长李麟玉坚持爱国立场，不屈从，不“接纳辅导官”，不开日语课，不挂太阳旗。到1938年夏，学校终被勒令停办，附属温泉中学也未能幸免。

经济学系教师王思华辗转来到延安，1938年6月，经刘芝明，宫释夫介绍，他加入了中国共产党。几乎同时，毛泽东倡议在延安成立“新哲学会”，王思华为发起人之一，他还写作出版《大众资本论》，通俗介绍了马克思《资本论》的主要内容。又与柯伯年合作，翻译了恩格斯的《德国的革命与反革命》一书，1939年在重庆出版发行。

在当时，还有一本书引人注目，是华之国编《西线的血战》（一、二辑），内容是战地记者报道文选，其中有小方《血战居庸关》《从娘子关到雁门关》两篇，后记中编者写道："在这一次的西战场上，《大公报》是尽了敏捷的报道的责任，他们派遣了很多位英勇的记者——长江、秋江、小方诸先生随着大军，出入火线之中，运用他们富有文学修养的艺腕，写成了可歌可泣的通讯，不断地在报章上发表出来，使几千里外的读者，得如身入其境一般，明瞭西线战局变化的一斑，卫国勇士抗战的壮烈！这样珍奇宝贵的活史料，我们是应该永远地保存起来，给后之来者馨香拜读。"

老报人于友在受访时提到，抗战初期，"自从《大公报》增聘方大曾以来，他和范长江、孟秋江的战地报道相映成辉，立刻成为《大公报》在当时的一大特色。""小方的通讯写得很精彩，遗憾的是不久就失踪了，不然会留下更多脍炙人口的篇章。"

"从方大曾所存留的文字报道来看，他并不在范长江之下。只是因为闪电般的短暂生命划过天空之际，未等待人们去认识，他便消失了，他短暂而传奇的一生和大师水准的作品基本完全沉入历史深处。"阅读过小方这些文字作品的，范长江新闻奖获得者朱海燕，在接受采访时表示，"客观而论，在中国近当代新闻史上，还没有方大曾这样的摄影报道与文字报道不分伯仲的全能记者。文字是他的利刃，图片是他的火炮，都是中华民族图存救亡的利器。"

卢沟桥事变一个月后，《伦敦新闻画报》在《华北的中日军事冲突以及北京所做的准备》专题报道中，选用了小方摄影的五张照片，这些照片均在《良友》杂志和《战事画刊》中出现过，应该是由中外新闻学社代为发出的。

小方（后）失踪前数月与友人合影

此刻，天津的情况也万分危急，炮火之下，许多建筑化为焦土，海河两岸哀鸣一片。沙兆豫（吴寄寒）已经接到了周恩来指示，命其以中外新闻学社为基础，正式成立由中共领导的通讯社。不久，在太原，由中共中央和上海救国会合办“全民通讯社”宣告成立，社长由救国会负责人李公朴担任，实际负责人仍是沙兆豫，受八路军太原办事处参谋长彭雪枫领导。迫于局势，同年 10 月全民通讯社迁到武汉，12 月又迁到重庆。据方殷回忆，尽管小方连续数月踪迹皆无，他的名字仍然列在通讯社的花名册上。

随着时光的推移和战事频密，如同大浪淘洗一样，岁月的礁石上，小方的名字也渐渐由深变浅，隐约消失。然而，他笔端和镜头里多难的家国，还有不屈的民众，在之后相当长的日子里饱受煎熬。

穿行在北京档案馆的书架间，一本《北京档案史料》几乎被翻烂，据工作人员介绍，研究卢沟桥的史实的人不断增多，这本书一直被密集翻阅，差不多成了档案馆里最破的一本。这场战役几乎人人都“抱定一切牺牲之决心”，书中清晰记载着一首卢沟桥歌，第一句是：“卢沟桥！卢沟桥！男儿坟墓在此桥！”

“不怕牺牲，卢沟桥就是尔等之坟墓，与桥共存亡，不得后退！”多年之后，曾经的二一九团三营营长金振中仍然记得这句长官的训令。在长辛店火车站上，小方为他拍下的负伤后躺在担架上的照片，至今还经常被纪念馆和报刊杂志所援引，其英勇的形象，被视为民族刚烈血性的象征。当年，与方大曾匆匆一别后，金振中即被送往保定的医院救治，毛泽东派专人到病房探望，并赠予食物、银盾及款项，使他大为感动。1938 年，伤愈后他又回到二十九军，参加了一系列的恶仗。几年后，因遭亲共疑忌调为军部上校副员，作为编余

北平沦陷后蒋汉澄失业（选自《蒋汉澄医学摄影集》）

人员，驻在柳泉车站。

在北平，曾经教授过小方摄影知识的蒋汉澄处境更为艰难，他和朋友们一起创立的“北平银光社”，抗战初期两次义卖摄影作品，支援前线将士，救济受难同胞。日军侵占北平后，他所在的协和医学院被迫解散，蒋汉澄面临失业，加之妻子患肺结核不得不停止工作，生活一度陷入困境。日军派代表邀其为日伪工作时，蒋先生毫不犹豫地回绝了，为了维持一家人的生计，他向友人借款，在王府井开设了“蒋汉澄照相室”，地点就在今天中国照相馆的斜对面，许多知名人士慕名前来解囊相助，齐白石、周璇、言慧珠、童芷苓等都曾在那里拍过照。1943 年，蒋汉澄的好友蒋兆和创作了高六尺、长八丈的巨幅画卷《流民图》，刻画了哀鸿遍野、民众流离失所的惨象，蒋汉澄将这幅巨作进行翻拍，在北平等地展览，以此控诉侵略者带来的灾难。

40 年代，方大曾的父亲方振东病亡，家道中落，日渐冷清，靠“吃老底儿”度日。偶尔有人来，也都是小方从前的朋友，多半是来打听他的消息的，时间久了，来人就渐渐稀少了。唯有母亲方朱理守着儿子的底片盒，经常在院子里的国槐树下呆坐，每有院门的响动，她都会投去一缕希望的目光，一

夏农苔（中排左一）与陈少敏（前排左一）、李先念（后排右二）等人合影

年又一年，人老了，眼睛花了，儿子回来的奇迹也没能出现。

反帝大同盟的战友、中法大学的校友和爱好摄影的朋友，在兵荒马乱中各奔东西，欢声笑语离方家协和胡同的院落越来越远了。

法国归来参加抗战的夏农苔，先后到《新华日报》担任编辑和第一战区做统战工作，1939 年转入敌后，历任新四军豫鄂挺进纵队宣传部长、新四军第五师十四旅政治部主任、鄂豫边区党委统战部副部长、中原新华分社社长兼《七七日报》社社长、豫鄂陕军区政治部副主任等职，和李先念、陈少敏等人共事。1946 年豫鄂陕部队北渡黄河时，农苔一病不起，在好友方大曾失踪十年后的 1947 年 3 月 12 日，逝世于山西阳城太岳军区医院，年仅三十六岁。

“农苔同志善辞令，能文章，富热情，工作积极果敢，埋头苦干，虽然患有肺病，仍十年如一日地艰苦奋斗，服务于人民及忠诚为党的精神始终不渝，直至献出自己的生命。”新四军第五师政治部评价他，“不愧为无产阶级卓越的战士和模范党员，其精神永存不冥。”

夏农苔逝世四十年纪念日，时任国家主席李先念发文追忆当年的战友，称赞他“最突出的优点和特点是坚持知识分子的正确道路，善于和工农兵紧

王思华著《资本论解说》

密地结合在一起，并在斗争中，不断改造自己”，“取得了干部、战士和群众的信任，尊敬和爱戴”。

对于学生方大曾的失踪，王思华有何感慨不得而知，就在夏农苔离世不久，他升任黑龙江省政府秘书长，兼任陈云为主任的东北财政经济委员会常务委员。第二年，他在哈尔滨写作出版《资本论解说》，不久又在沈阳写作出版《政治经济学》，这两本书在中国北方海量印发，成为学习马克思主义的入门读物，被高等学校和高级中学列为政治经济课教材，后译为日文，在日本发行。

新中国成立后，在沈钧儒先生的催促下，已经在香港安家的张孝通，携家带口回到了阔别数年的北京，重又住进协和胡同 10 号院。此时，方澄敏和丈夫查士铭早已由重庆归来，分别已久的一大家人遂又欢聚，只是仍然没有小方的消息。1950 年 5 月，张孝通重新参加工作，先后任交通部计划司专员、干部学院教员和参事室研究员。在其子张在璇的印象中，每当沈钧儒过生日，父亲总是带着他前去拜寿，在那里和表弟范苏苏一起玩，也见到过范长江，只是年纪相差悬殊，没有过去说过话。

张孝通夫妇和家人
在协和胡同 10 号院

孝通开始新工作的同一年，协和医院开始重建，蒋汉澄将照相室转让出去，再次回到梦想启程的地方。在当时，他不仅是一位有声望的摄影师，更是国内医学摄影和绘图的开山鼻祖，多次组织培训班发现和培养摄影人才，还参加了中国摄影学会的组建。

全民通讯社解体后，沙兆豫（吴寄寒）到重庆《新华日报》工作，任编辑主任，次年 2 月底，国民党政府查封了《新华日报》，他随报社工作人员撤回延安。全国解放后，任《光明日报》编辑主任、上海市新闻处新闻发布室主任。1950 年 10 月，任中共中央宣传部办公室副主任、教育处副处长、处长。“文化大革命”期间，沙兆豫遭受残酷迫害，被长期关押，1977 年 7 月逝世。

一年后，历任东北人民政府统计局局长，国家统计局局长、党组书记，国家计委长期规划委员会顾问的王思华在北京逝世，享年七十四岁。邓小平、李先念为他敬献花圈，陈云、谷牧、王震等领导人参加追悼会，悼词中称，王思华是我国著名的经济学家、统计学家，是中国共产党的好党员、好干部。

抗战胜利后我回到北平，接过底片箱继续保管，工作忙得连看看的

1978 年 7 月王思华病逝

工夫都没有。“文革”时，红卫兵扫四旧，各处抄家，我首先想到的就是这箱底片怎么办？这些是小方的血的结晶，绥远抗战的第一手材料，如果抄走就无处可寻了，我干脆交到我单位红卫兵办公室，以后还能问出个下落，我就这样做了。

1979 年我退休了，一日，我到工会办公室（前红卫兵办公室），也就是为了探探消息，看到屋子的角落里有一堆报纸包，包破露出了粉红色的小口袋，当即我就认出是我以前交的底片，经说明后就取回来了，小箱子在（食堂）装着饭票，后来也还给我了，这些底片是逃过难的！（方澄敏写给张在璇的信）

“文革”期间，方家因“社会关系复杂”而遭到抄家，好在方澄敏将哥哥的底片提前交给了单位的红卫兵，才幸免于难。但是，一家人悬着的心始终没能落地，这个心结从 1937 年开始缠绕着整个家族，三十年来，一刻也没有舒展过。而今又雪上加霜，一种灾祸随时临头的预感令全家人心惶惶，如若小方这个时候出现，真不知道是该高兴还是难过。在这种复杂心境持续了好多年，张孝通渐渐老了，身体也大不如前，1981 年 2 月 20 日上午 10 点，他患冠心病抢救无效逝世，享年七十八岁。

劫后余生的小方底片（冯雪松摄）

张孝通最终没有等到小方的下落
（张在娥供图）

晚年的金振中

而 1949 年春回原籍参加生产劳动的金振中，“文革”中受到不公正待遇，最艰难的时候“为了生存，无奈，曾沿街乞讨”。十一届三中全会后，组织上给他落实了政策，1980 年 11 月，威震敌胆的金营长被安置在固始县文化馆任普通行政干部。1985 年 3 月 1 日，因病逝世，终年八十三岁。

金振中遗嘱

一、我一生光明磊落，没做过害人民之事，“七七”抗战滴水微绩已受人民的爱戴，我惭愧不已，望死后由党和人民给予公正合理之结论。

二、遗体火化，丧事从简，愿骨灰撒在卢沟桥畔，与老领导何基沣在一起。

三、请求领导给小子安排工作，以实现他多年夙愿。

四、老妻晚年生活请党和政府关照，以度晚年。

五、愿台湾早日回归祖国，实现祖国统一大业。

经北京市领导批准，遵遗嘱，1985 年 8 月 14 日（即抗战胜利四十周年纪念日），在卢沟桥举行了金振中先生骨灰安葬仪式，在干涸的永定河床上，一方石碑，两行字迹，记载了过往的人生，就这样，与方大曾有过生命交集的民族英雄悄然落幕，二者之间，只留下一张珍存在家国记忆中的黑白相片。

1985 年在卢沟桥下安葬金振中营长时媒体实况转播的情景

移灵后的金振中墓（孙楠摄）

2008年，为迎接奥运会，干涸多年的卢沟桥筑堤放水，重塑“卢沟晓月”的胜景，卢沟桥管理委员会通知金振中家属在放水之前移灵。6月10日，金振中之子金天宇再次登临卢沟桥，在主管部门的指引下，把父亲的灵柩安放在距离“卢沟晓月”碑刻咫尺之遥的一处清静所在。

“抗战前后活跃在华北的进步艺术摄影家小方（方大曾），曾在平津多次参加摄影艺术展览和举办个展，创作了《有武器的人》《吃黑面的人扛白面》《黄河上的船夫》等富有时代特征的摄影作品。”中国摄影家协会主席石少华在1985年9月9日召开的第三届全国摄影理论年会讲话中说，“后来他加入党组织领导的天津中外新闻学社任摄影记者，全力反映抗日救亡运动，首先拍摄《卢沟桥事件》《抗战图存》等佳作，在全国各大报刊上发表。”

这是目前查阅到的，有关方大曾评价的最早官方提法。两年后，《中国摄影史》（1840—1937部分）出版，有关小方的介绍也大体如此，看来，这个青年并没有被摄影圈里的专业人士遗忘，只不过是人们对于他知之甚少，而在当时社会公众的认知里，方大曾这个名字还是相当陌生的。

与方大曾自战场分别多年，曾任晋察冀野战军政治部宣传部部长和新华社野战分社社长的邱岗（邱溪映），新中国成立后，先后任中国人民解放军总政治部宣传部教育处处长、新闻处处长、解放军报社副总编辑等职。1955年他荣获二级独立自由勋章、一级解放勋章，1964年被授予少将军衔。1988年8月14日在北京逝世，享年七十五岁。

隔年，蒋汉澄先生在北京协和医院去世，享年八十九岁，遵其遗嘱，亲属们将他葬在了故乡苏州。

小方当年的战友邱溪映（邱岗）

岁月如歌，曲终人散。随着熟悉小方的师友先后离世，与他接触过的人越发稀少了。兵荒马乱，加之失踪时只有二十五岁，整个生命之旅仅仅开启一角，还没有人及时梳理他短暂的人生，收集他散佚的作品，恢弘之后，突然平静，如同一部磅礴的交响乐，只进行了序曲部分，听者还没有来得及回味，就戛然而止了，而乐手们，并没有留下半点解释，便纷纷退场。

再寻方大曾的过程中，我曾遍翻能够找到的北平一中校友录、中法大学校友录和回忆文章，走进北京市档案馆阅卷，希望从人物关联中发现线索，也曾多次前往中法大学旧址、温泉中学（现北京市第四十七中学）、卢沟桥等地进行田野调查，力图在记忆重建里寻求答案。应该感谢方大曾的校友高云晖先生，在几篇回忆文章中提到小方，留下了极珍贵的历史记载，为我的

晚年的蒋汉澄在八达岭

寻找与发现提供了新的旁证。

1993 年 12 月 18 日，将要走到生命尽头的高云晖，在武汉市中医院附属医院 41 病房床上，给中法大学的同学王绍曾、李强写了一封信，讲到自己“几濒危弱，与闫老五只隔一层薄纸”，感慨“岁月匆匆，环顾四周，四五个班的同学大致已凋零殆尽，只剩下你，我和李长山硕果仅存”！

> 中法大学原来在校致力于革命抗日颇为活跃有为的同学，如方德曾，如易叔成，现在知道他们名字的人已很少了，便在当时了解他们情况的也不多。曹承宪虽未及大活动，但也是一个忠诚的共产党员（在法入党）。这些同志在我这些回忆信件中都记叙了一些片段，总免致全部湮没无闻吧！（高云晖写给王绍曾、李强的信）

“际此国运日隆，新岁又临之机，让我们欢快的恭贺新春，互祝健康长寿吧！”这是高云晖走过一生，在信中留给同学们最后的话。而他与多次提及的方大曾之间还有怎样的交谊，也就随着时光的消逝，渐渐尘封，成了永

《中法大学校友录》记载了方大曾和同学们的学籍信息

无答案的历史。

因为他不在了我没看见，所以这件事老是浮在我的心里（不愿意相信他死了），其实他应该早就不在了。他要在的话，绝对不会不出头露面。

他和范长江、孟秋江在平绥线分手后，他就一个人继续北上了，肯定是没有什么希望了，因为我没有看到他遇难，所以觉着他始终活在我的心里头。（方澄敏的回忆）

年深日久，方澄敏对亲人的思念愈加浓烈，父母不在了，姐姐去世了，哥哥不知所终，陆诒和李续刚们也都离开了。在晚年，为小方出本画册办个展览是她唯一的念想，她找过很多人，想过很多办法，除了发表一篇回忆哥哥的文章之外，收效甚微。如若小方被彻底埋没，对于她和方家是无法弥补的创痛，前程渺茫，来日不多，方澄敏决定把保存了半个多世纪的底片，交给在《四川日报》从事摄影工作的外甥张在璇。

我到年底就满八十二岁了，风烛残年，儿子们的行业各类，大舅是

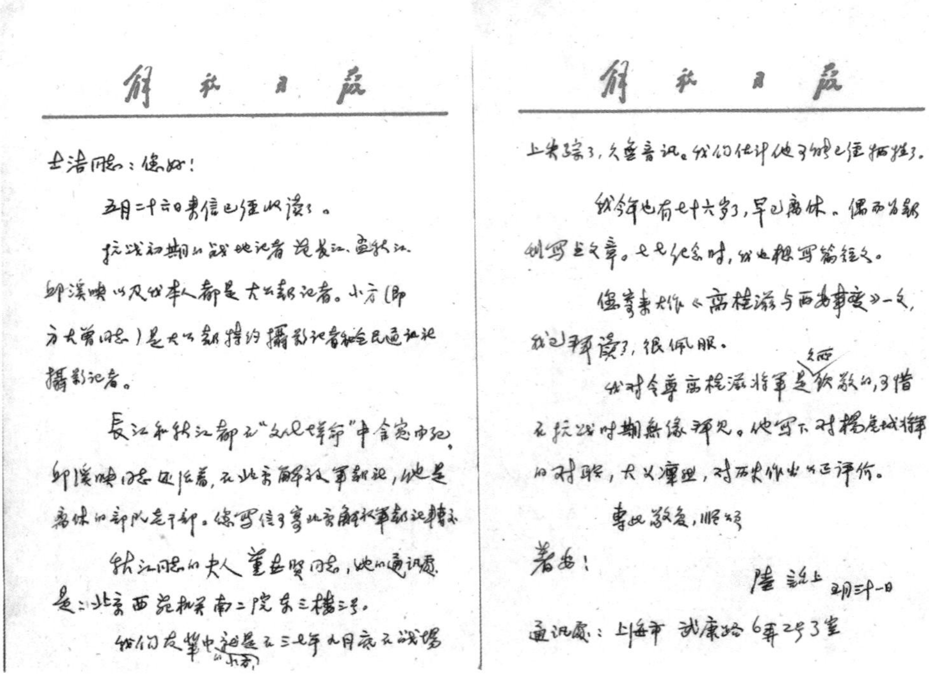

解放日报

士洁同志：您好！

五月二十六日来信已经收读了。

抗战初期的战地记者 范长江、孟秋江、邱溪映以及我本人都是大公报记者。小方（即方大曾同志）是大公报特约摄影记者和全民通讯社摄影记者。

長江和秋江都在"文化大革命"中含冤而死，邱溪映同志还活着，在北京解放军部记，他是离休的部队老干部。您写信可寄北京解放军报记转交。

秋江同志的夫人董妥贤同志，她的通讯处是：北京西苑机关南二院东三楼三号。

我们友辈中知道在三七年九月底在战场（小方）

解放日报

上失踪了，久无音讯。我们估计他可能已经牺牲了。

我今年也有七十六岁了，早已离休。偶而为报纸写点文章。七七纪念时，我也想写篇短文。

您寄来大作《高桂滋与西安事变》一文，我已拜读了，很佩服。

我对令尊高桂滋将军是很钦敬的，可惜在抗战时期无缘拜见。他写下对杨虎城将军的对联，大义凛然，对历史作出了正评价。

专此敬复，順颂

著安！

陆诒上 五月三十一日

通讯处：上海市 武康路6弄2号3室

陆诒在写给高士洁的信中提到小方

未婚青年，他的遗作就由你继承吧，我的意愿是：保存摄影资料，纪念这位无名英雄小方，无需报酬。（方澄敏写给张在璇的信）

2005 年的秋天，中国国家博物馆研究员张明从一位朋友处听说了小方的故事。几经周折，她和同事找到了张在璇先生。

“在成都张先生的家里，他小心地打开一个木盒，翻动着一张张底片，向我们讲述了这批底片不平凡的流传经过。”张明回忆，“淡淡的霉味一下把我们引到七十年前的时空隧道，泛黄的纸页和旧底片带给我们的竟是发自内心的震撼。”

经过认真审定，国家博物馆决定收藏这些珍贵的底片，这一消息隐约传到了病重的方澄敏耳中。行将生命的尽头，得知哥哥的作品有了理想的归宿，无疑是一种心灵的抚慰，几天后，九十一岁的方澄敏安详辞世。“我想，她

张在璇（右）和母亲方淑敏（左）、姨妈方澄敏合影

一定是带着满足的心境离开的。”张在璇说。

亲爱的昇年、恒年、松年三位表弟：

你们好！

2 月 14 日，收到中国国家博物馆（位于天安门东侧的原中国革命历史博物馆）函件，拟征集舅舅方大曾遗留下来的底片，2 月 23 日，国家博物馆又专门派出两名工作人员到成都对这些底片进行认定。这批珍贵的史料终于引起了国家重视并决定入藏中国国家博物馆，这是对大舅功绩的肯定，是大舅的荣誉，也是你们的好母亲为亲人八方奔走呼吁和辛劳工作的应有回报。

据国家博物馆工作人员讲，他们是从中国摄影家协会陈申先生处得知这批底片下落的，同时还了解到你们母亲生前曾向他表示过有意捐赠

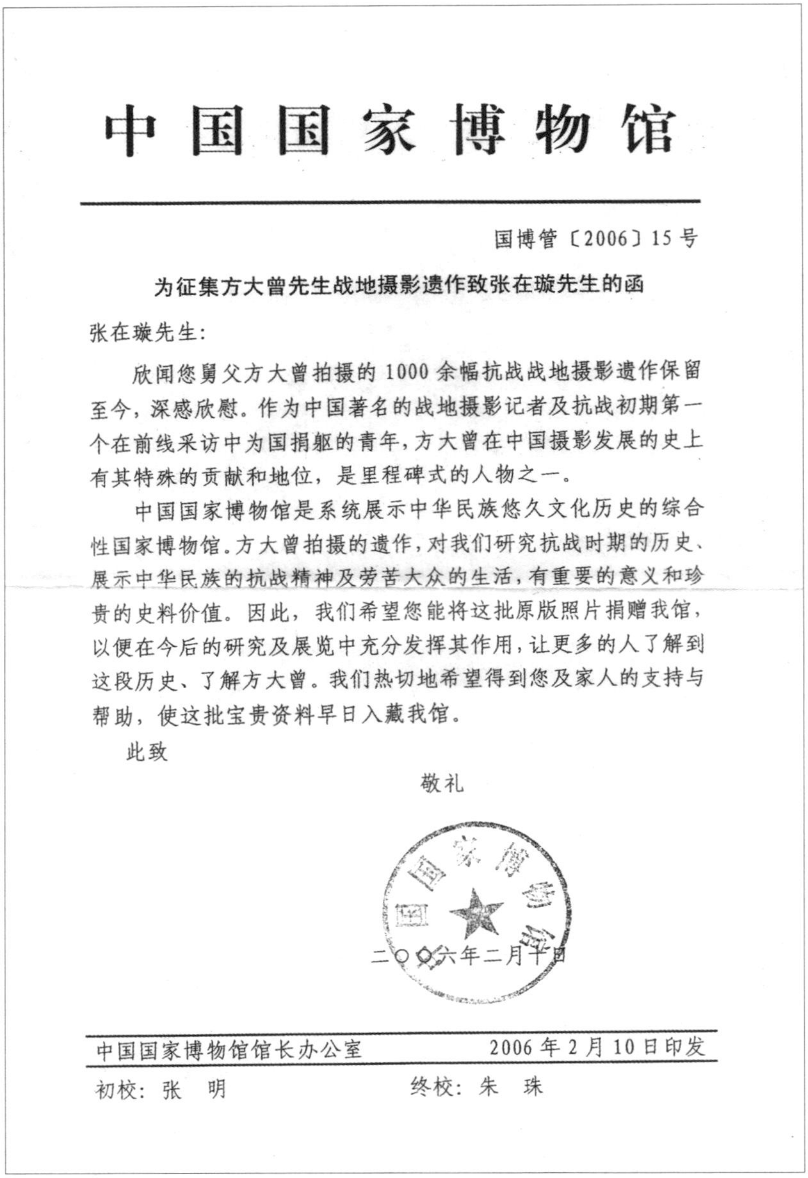

中国国家博物馆

国博管〔2006〕15号

为征集方大曾先生战地摄影遗作致张在璇先生的函

张在璇先生：

欣闻您舅父方大曾拍摄的1000余幅抗战战地摄影遗作保留至今，深感欣慰。作为中国著名的战地摄影记者及抗战初期第一个在前线采访中为国捐躯的青年，方大曾在中国摄影发展的史上有其特殊的贡献和地位，是里程碑式的人物之一。

中国国家博物馆是系统展示中华民族悠久文化历史的综合性国家博物馆。方大曾拍摄的遗作，对我们研究抗战时期的历史、展示中华民族的抗战精神及劳苦大众的生活，有重要的意义和珍贵的史料价值。因此，我们希望您能将这批原版照片捐赠我馆，以便在今后的研究及展览中充分发挥其作用，让更多的人了解到这段历史、了解方大曾。我们热切地希望得到您及家人的支持与帮助，使这批宝贵资料早日入藏我馆。

此致

敬礼

中国国家博物馆

二○○六年二月十日

中国国家博物馆馆长办公室　　2006年2月10日印发

初校：张　明　　终校：朱　珠

中国国家博物馆征集方大曾摄影作品的函

的意愿。我是大舅这批底片的受托人，自你们母亲把底片交到我手中以后，深感责任重大。这批珍贵的史料是1935年到1937年7月间中华民族英勇抗日和社会上民众生存状况的真实记录，它几经战乱能保存到现在很不容易。如今，能入藏中国国家博物馆而载入史册并且能得到科学的妥善保存，真乃幸事！我如释重负。如大舅和你们母亲在天上有知，也一定会感到欣慰的。

最近我将专程会为此事到北京一趟，届时国家博物馆将会举行一个捐赠仪式，颁发捐赠证书（我写的是你们母亲和大姨两姐妹），并会邀请家属参加。

我这样处理不知妥当否，希望你们大家支持。同时我也告知大姐，大哥及胖弟他们。

小哥 在璇

2006年3月2日

同年3月16日，历经波折、硕果仅存的837张方大曾摄影作品，在张在璇和家人的陪伴下，入藏中国国家博物馆。

恰恰据此七十年，1936年在第四期《市一中学生丛刊》（北平）小方翻译作品《一个作家的自述》发表，这是一篇关于游历、冒险和奇遇的文章，方大曾为什么选择它来译成中文？答案似乎不言自明。

游览的兴趣随着我的年龄而渐增，这时那些旅行的杂志和航海的书籍，已变成我心目中最爱的东西了。为着沉迷的它们——书籍——细致的引诱，我真疏忽了学校里的正式的功课。在一个怪可爱的天气，我漫游于神秘的码头的时候，多么的令人沉思啊！我注视着将开往远方的帆船，很深切的望着它，直至它的船桅渐渐的消失，而我的心灵这时已随

少年小方在长城眺望的自拍照，他的背影如同帆影远去

它飘荡于无涯的大洋了。（小方译《一个作家的自述》）

出发与远去，尚未归来，译文仿佛预言了一个至今都未能完成的句号。时光倒流七十年，爱旅行的小方，似乎通过华盛顿·欧文的优美文笔，透露了他的成长经历、喜好和志向，还给我们留下了一个颇为诗意的答案，他的背影如同帆影远去，渐渐地消失，他的心灵随之飘荡，永存无涯的大洋。

2017年5月11日初稿　纽约

8月28日二稿　北京

后记

找到自己

《方大曾：遗落与重拾》就要出版了，看着责任编辑乔天碧发来的版式设计，我竟说不出话来。

如同怀胎十月，第一次看到降生的婴儿，熟悉又陌生。眼前的一字一句，是用脚步行走出来的，是用日月编织出来的，是用悲喜浇灌出来的，各种甘苦我心自知。

一个声音提醒我，如果觉得苦就放弃吧！

一个声音打击我，如果觉得悔就离开吧！

一个声音奚落我，如果觉得难就逃走吧！

我知道这三个声音分别来自内心、世俗和成见，我曾经被它们揉碎、漠视、嘲笑，也曾惶恐、无助、惧怕，如今我心如止水，坚强无比！

方大曾让我找到了自己，作为一个人的价值存在！

方大曾让我找到了家人，作为一份爱的终极依归！

方大曾让我找到了朋友，作为一种义的无限信赖！

人生苦短，追寻路长，十八年来的这一切，让我找到了真实自己！

历史不言，概无知音。

生命不语，概待慧者。

穷物质极简而笃行，富精神丰厚以紧随。

一路行走，笑骂由人；一路蹒跚，未敢稍懈。

十八年光阴消失与重现，八十载岁月遗落与重拾，愿此成为传奇，使英雄不朽！愿此成为佳话，勉我辈不怠！

感谢新世界出版社总编辑张海鸥！感谢传记作者红娟！感谢家人和朋友！

此刻，我心欢喜！

2017 年 10 月 22 日夜晚　北京

方大曾生平及研究年表

—1912 年　7 月 13 日，生于北京。

—1929 年　8 月，发起组织青少年摄影社团，创立“少年影社”，参加过公开展览。

—1930 年　考入中法大学经济系。

—1932 年　因参加进步学生游行被捕，遂由校方降级一年。

—1935 年　大学毕业。

在天津基督教青年会任职员。

与吴寄寒、周勉之等人成立中外新闻学社。

一二·九运动后，参加中华民族解放先锋队（简称“民先”）。

—1936 年　夏天，到北平基督教青年会工作，任少年部干事，邀高尚仁（北平基督教青年会少年部负责人）看斯诺访问陕北延安革命根据地拍摄的照片。

6、7 月间，方大曾经山西前往绥远旅行采访，后完成了《从大同到绥远》等文。

11 月初，方大曾与许智方在天津青年会举办联合摄影展。

11 月 8 日，在北平写成《宛平之行》采访记。

11 月 23—28 日，到河北唐山、昌黎等地采访冀东伪政府辖区，写成《冀东一瞥》。

12 月初，离开北平到绥远前线进行了长达 43 天的抗战初期著名的“绥远抗战”采访，拍摄了数百张照片，写成《绥东前线视察记》等战地通讯，期间，与著名记者范长江相遇。

—1937 年　7 月 10 日，离家前往卢沟桥采访卢沟桥事变。

7 月 23 日，由北平寄出《卢沟桥抗战记》。《良友》第 130 期同时刊载方大曾有关卢沟桥事变的 4 组摄影报道。

7 月 28 日，与范长江再次相遇，并结识陆诒、宋致泉。

8 月，经范长江介绍，开始担任上海《大公报》战地特派员。

8 月中旬，由平汉线转至山西，在同浦铁路沿线进行采访。

9 月 18 日，从河北蠡县寄出《平汉线北段的变化》一文，为方大曾最后的消息。

9 月 30 日，《平汉线北段的变化》在《大公报》发表。

—1994 年　12 月，台湾《摄影家》杂志第 17 期推出方大曾专集。

—2000 年　11 月 8 日，中央电视台播出纪录片《寻找方大曾》（导演、撰稿冯雪松），同名书籍由中国摄影出版社出版。

—2002 年　7 月 1 日至 9 日，“追溯——方大曾摄影作品展”在成都举行，106 幅照片与公众见面。

—2006 年　3 月 16 日，方大曾的亲属将其 837 张底片捐赠给中国国家博物馆。

—2012 年　7 月 13 日，央视网举办方大曾诞辰一百周年纪念活动。

—2014 年　10 月，《方大曾：消失与重现》一书由上海锦绣文章出版社出版。

—2015 年　5 月 25 日，中国新闻工作者协会组织召开冯雪松追踪采写方大曾事迹座谈会。

6 月 29 日，香港大公报“一份报纸的抗战”论坛，冯雪松应邀发表主旨演讲《伟哉大公报　壮哉方大曾》，方大曾的外甥张在璇先生一同出席。

7 月 7 日，方大曾纪念室在保定光园落成，方汉奇先生题匾。

8 月 28 日，“为了正义与良知——七七卢沟桥事变战地记者方大曾遗作展”在澳门综艺馆举行，《方大曾：消失与重现》繁体字版同时首发，澳门特别行政区行政长官崔世安、中联办主要官员及方大曾亲属出席剪彩仪式。

9 月 23 日，“方大曾校园行”公益计划在清华大学启动。

12 月 5 日，北京大学举办“方大曾及抗战报人学术研讨会”。

—2017 年　5 月，“寻找方大曾”特别讲座应邀走进美国纽约州立大学。

6 月，《解读方大曾——方大曾作品及范长江新闻奖获得者的阅读笔记》由中国社会科学出版社出版。“方大曾校园行”公益计划在范长江新闻学院圆满收官。

7 月，《方大曾：消失与重现》由新世界出版社修订出版。

8 月，“小方眼中的抗日战争”图片展在中国人民抗日战争纪念馆展出。

12 月，《方大曾：遗落与重拾》由新世界出版社出版。

12 月 24 日，方大曾纪念室改陈布展开幕。

—2018 年　3 月，“寻找方大曾”特别讲座在澳门大学、澳门科技大学举办。

4 月，《方大曾：遗落与重拾》新书发布座谈会在中国外文局举办。

7 月 7 日，方大曾研究中心在保定成立，方汉奇先生题匾。

—2019 年　7 月 5 日，“寻找方大曾二十年学术研讨会”在保定召开。